현실을 직시하며

미래를 준비하는

경제 질문

경제 불평등과 먹고사니즘에 괴로운 대한민국 99%를 위한

현실을 직시하며 미래를 준비하는 경제 질문

김원장 지음

해냄

빵과 포도주는 더 풍성해지고,

시장은 더 공정해지길 바라며.

지민이와 민규에게

다 함께 사는 시장을 위하여

기원전 210년 어느 날, 진나라의 시황제는 순행 도중 병에 걸려 객사합니다. 그는 유서에 큰아들 부소에게 제국을 물려주라고 적었지만, 간악한 신하 조고가 음모를 꾸며 둘째 아들 호해가 시황제의 뒤를 이어 황제로 등극합니다.

인륜을 저버리고 권좌를 잡은 호해는 공포 정치를 일삼았습니다. 스물두 명의 형제와 일족을 말살하고 백성을 도탄에 빠뜨립니다. 만조백관들은 각자 살길을 찾아 떠났습니다. 각자도생各自圖生의 유래입니다. 백성들은 굶주린 채 스스로 살길을 찾아야 했습니다. 불멸을 원했던 시황제와 제국은 몇 년 안 돼 역사 속으로 사라집니다.

『조선왕조실록』에도 각자도생이 등장합니다. 임진왜란과 정유재란으로 삶이 피폐해진 백성들이 스스로 살길을 찾았다고 역사는 기록합니다. 조정과 권신들이 각자도생하면, 백성은 굶주림과 죽음으로 내몰릴 수밖에 없습니다. 그런데 이 불편한 단어 '각자도생'이 우리 시대의 화두랍니다.

미국은 미국대로, 기업은 기업대로, 소비자는 소비자대로 각자도생입니다. 그러고 보니 조직 안에서도 각자도생입니다. 나 하나 살기도 힘든 지금, 조직과 공동체는 뒤로 밀려나고, 여럿이 함께 모여 어울리기조차 부담스러운 사회가 되어갑니다. 혼술과 혼밥, 혼영(혼자 영화 보기)이 어색하지 않은 일이 된 지도 오래입니다.

시장경제의 핵심 덕목 가운데 하나가 인간의 이기심이라고는 하지만, 각자 살길을 찾아 홀로 트랙 위를 달리는 풍경이 우리가 추구해 온 시장의 '답'은 아니었을 텐데 말이지요.

『국부론』을 통해 시장을 발전시키는 핵심 요건이 이기심임을 간파한 애덤 스미스는 『국부론』을 발표하기 17년 전에 출간한 『도덕감정론』에서 삶의 토대가 되는 공감에 대해 말했습니다. 그는 인간이 자신과 이해관계가 없어도 타인의 기쁨과 고통에 공감하는 능력이 있다고 강조했습니다. '공감'이라는 뜻의 영어 단어 'sympathy'는 '함께'를 뜻하는 접두사 'sym'과 '고통'을 의미하는 'pathy'가 합쳐진 말입니다. 다른 사람의 고통을 느낀다는 의미입니다.

각자도생의 시대, 시장경제는 다시 애덤 스미스를 꺼내 들었습니다. 이건 아니다 싶었나 봅니다.

"국민 다수가 굶주리고 비참한 생활을 하는데, 그 나라가 부유하다고 할 수 있는가?"

— 애덤 스미스, 우리가 가장 오해했던 경제학자

2016년 3월, 미국 뉴욕 주에 거주하는 50여 명의 백만장자들이 앤드류 쿠오모Andrew Cuomo 뉴욕 주지사와 주 상원 앞으로 청원문을 보냈습니다. '우리는 뉴욕 주의 삶의 질을 소중히 여기는 뉴욕의 고소득자들입니다……'로 시작하는 이 편지는 백만장자들의 소득세 추가 과세 제도를 연장해 달라는 내용을 담고 있습니다.

　　"우리는 너무 많은 뉴욕 주민들이 경제적으로 고통 받고 있으며 뉴욕 주의 허약한 인프라에 관심이 절실하다는 사실에 깊이 우려하고 있습니다. 우리는 이런 문제들을 모른 척할 수 없습니다. 뉴욕 주의 아동 빈곤이 도심 일부 지역에서 50퍼센트를 넘어서는 등 기록적인 수준이라는 것은 부끄러운 사실입니다. 8만 명이 넘는 노숙 가족들이 뉴욕 주 전역에서 살아남기 위해 발버둥치고 있습니다."

　　그들은 '이 제도가 내년에 폐지되면 우리는 37억 달러(4조 2천억 원가량)가 넘는 뜻밖의 감세 효과를 누리지만, 뉴욕 주의 중산층은 줄잡아 10억 달러(1조 2천억 원가량)의 세금을 더 내야 한다'며 '더 많이 낼 수 있는 우리에게 더 많은 세금을 부과해 달라'고 말합니다. 그야말로 '부자의 품격'입니다. 그 편지의 끝은 이렇습니다.

　　"우리는 공정한 몫을 부담할 능력도 있고 책임도 있습니다. 우리는 얼마든지 지금의 세금을 낼 수 있습니다. 아니 더 낼 수 있습니다."

　　　　　　　　　　　　　　―추가 과세 연장을 요구하는 뉴욕 백만장자들의 청원문

각자도생의 시대이지만 이 세상에 공감은 여전히 건강하게 살아 숨 쉬고 있습니다. 조금 지쳤을 뿐이겠지요. 어쩌면 살기 힘들다는 이유로 우리 스스로 각자도생의 열차에 너무 쉽게 올라타는 것은 아닌지 모르겠습니다. 각자가 내 살길을 찾아 떠나는 사회가 건강하거나 지속 가능할 리 없습니다. 시대의 트렌드가 '각자도생'인들, 시대정신마저 '남이야 어떻게 한들'은 아닐 겁니다.

각자도생의 열차를 올라탄 우리가 무슨 선택을 해야 할지 고민할 시간입니다. 이 책이 그 고민에 한 줌이라도 도움이 됐으면 좋겠습니다. 이 여정을 통해 독자들과 함께 시장을 바라보는 시각을 넓히고, 그 여정의 종착역이 '다 함께 사는 시장'임을 다 같이 깨달아가기를 간절히 바랍니다.

오래전부터 이 책을 기다려온 KBS 1라디오 〈성공예감 김원장입니다〉 청취자 분들께 진심으로 감사의 말씀을 전합니다. 이 프로그램은 경제 상식을 전하는 프로그램에서 공감하는 법을 배우는 프로그램으로 진화하고 있습니다. 매일 아침 청취자 여러분의 목소리를 들으면서 생각합니다. 오래전에 세상을 떠난 전우익 선생의 책 제목처럼……

'혼자만 잘 살믄 무슨 재민겨……'

2017년 5월 여의도에서
KBS 기자 김원장

1장 통화, 돈에 대한 근본적인 질문들

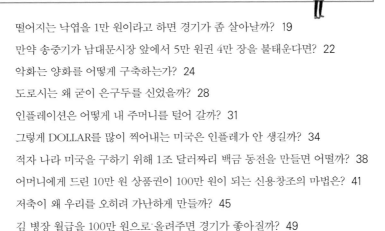

2장 부동산과 주택 시장에 대해 꼼꼼히 따져봐야 할 질문들

3장 증시에 대해 생각지도 못했던 질문들

6장 금리와 중앙은행에 대한 순도 높은 질문들

7장 세금, 재정과 정부에 대한 빈틈없는 질문들

8장 모르면 돈 잃기 쉬운 투자에 대한 질문들

1장

통화, 돈에 대한
근본적인
질문들

Q^{!?} 떨어지는 낙엽을 1만 원이라고 하면 경기가 좀 살아날까?

인플레이션 inflation
돈을 많이 풀면 반드시 만나게 되는 반갑지 않은 친구.

여의도에 비가 옵니다. 낙엽이 떨어지는데, 내년 1월 1일부터 한국은행이 이 낙엽 한 장을 만 원 지폐 한 장으로 쓰기로 했습니다. 이제 어떻게 할까요? 한 3천 개 정도 주워서 이참에 차도 바꾸고, 형편이 어려운 동생에게 송금도 좀 해야겠습니다.

하지만 화폐는 초과 공급된 만큼 그 가치가 떨어집니다. 인플레이션이라고 하죠. 정확하게 돈이 넘치는 만큼 그 가치가 떨어집니다. 아마 내년 1월 1일에 승용차 한 대 값이 수백 배 올라서, 여의도 낙엽을 모두 주워가도 안 될 겁니다. 화폐 역시 공급이 늘어난 만큼 가격이 떨어집니다. 암표상이 늘면 암표 가격이 떨어지는 것과 똑같습니다. 화폐 가격이 떨어졌으니 이제 우리는 더 많은 돈을 지불해야 합니다.

1492년에 콜럼버스가 신대륙을 발견하면서 16세기에 아메리카 대륙으로부터 금과 은이 대량으로 유럽에 들어옵니다. 당연히 금값과 은값이 폭락합니다. 당시 화폐였던 금화와 은화 가격이 폭락했다는 뜻입니다. 이후 500여 년 동안 시장경제는 수많은 인플레를 경험했습니다.

지난 몇 년간 지나친 화폐의 발행으로 화폐가치가 폭락한 짐바브웨는 1조 원짜리 짐바브웨 지폐를 발행하기도 했으니까요. 인플레의 대표적인 나쁜 예로 자리매김 중입니다(온라인에서 이 화폐가 수집용으로 우리 돈 3천 원 정도에 거래된다).

그런데도 왜 자꾸 돈을 더 풀까? 거래를 늘리기 위해서입니다(왜 거래를 늘려야 하는지는 다시 이야기할 기회가 있을 것이다). 이렇게 생각해 보죠.

A방송사는 야근이 잦은 회사다. A방송사 사장님이 야근 날짜를 한 번 바꿀 수 있는 쿠폰을 직원들에게 두 장씩 지급했다. 애꿎은 두 장의 야근 교환 쿠폰…… 직원들은 '다음에 혹시 무슨 일이 있을 때 써야지' 하며 야근 쿠폰을 잘 쓰지 않는다. 쿠폰이 좀처럼 유통되지 않는다. 효율적으로 야근을 할 수 있는 시장기회는 그만큼 줄어든다. 만약 이 쿠폰을 1인당 열 장으로 늘리면 어떻게 될까? 이쯤 되면 '이번 주말에 축구 한일전 있는데 쿠폰 하나 내고 다른 직원과 야근을 바꿀까?' 하면서 쿠폰 거래가 활성화된다.

이 쿠폰을 화폐로 바꿔보면 시장에 돈이 부족할 때 왜 더 유동성을 공급해야 하는지 알 수 있습니다. 거래를 늘리기 위해서입니다. 거래를 늘리는 것이 시장경제의 핵심입니다(6장에서 '중앙은행' 이야기를 할 때 두고두고 이 이야기가 나온다).

그런데 이번엔 사장님이 쿠폰 유통을 더 촉진하기 위해 이 쿠폰을 100장 발행하면요? 그럼 서로 쿠폰을 내고 야근을 하지 않으려 할 겁니다. 결국 "나는 그럼 쿠폰 다섯 장, 아니 열 장 낼게, 바꿔줘" 이렇게 되겠죠. 쿠폰의 가치가 떨어집니다.

화폐도 마찬가지입니다. 이렇게 화폐량이 늘면 화폐가치가 떨어지는 겁니다. 그래서 인플레를 적정하게 유지하는 적정 유동성이 중요합니다.

이렇게 보통 수요가 공급을 초과하면 인플레^{demand-pull inflation}를 불러오는데요, 예를 들어 크리스마스 전날은 누구나 야근을 하지 않고 싶겠죠. 그럼 "쿠폰 다섯 장, 아니야~ 열 장 줄게!" "나는 20장!" 이렇게 (그날 야근을 하고 싶지 않은 수요가 늘면서) 인플레가 일어납니다.

보통 개인의 소득이 늘어 소비지출이 늘거나 정부의 재정지출이 늘면 이렇게 수요를 높이고, 그럼 인플레가 일어납니다. 다들 사겠다는데 가격이 오르겠죠. 그만큼 화폐가치는 떨어집니다.

그러니 화폐량을 함부로 늘리면 안 됩니다. 당연히 떨어지는 나뭇잎을 화폐로 바꿔도 소용없습니다. 그러니 만약 누군가 낙엽을 화폐로 바꿔준다고 해도 서둘러 낙엽을 주우러 뛰어갈 필요는 없습니다. 낙엽 공급은 넘치고 곧 그 화폐는 낙엽 가격이 될 것입니다.

Q!? 만약 송중기가 남대문시장 앞에서 5만 원권 4만 장을 불태운다면?

유동성
시중에 유통되는 돈의 양을 기자들이 폼나게 일컫는 말.

송중기 씨가 5만 원권 4만 장, 20억 원을 서울 남대문시장 앞에서 태우면 어떤 문제가 있을까요? 실제로 1994년에 영국의 인기밴드 KLF가 스코틀랜드 작은 섬에 가서 전 재산 50파운드 지폐 2만 장, 즉 100만 파운드(우리 돈 20억 원이 넘는)를 카메라맨이 보는 가운데 다 태웠습니다. 일종의 퍼포먼스였습니다.

대중들이나 언론은 아주 화를 냈습니다. '르완다 난민 81만 명의 식사를 태워버렸다'는 비난이 쏟아졌습니다. 만약에 이 밴드가 캘리포니아의 초호화 주택을 샀으면 누구도 비난하지 않았을 텐데요. 이 밴드는 도대체 뭘 잘못한 것일까요?

영국 중앙은행^{Bank of England, 영란은행}이 만약 시중에 유통되는 100만 파운드를 회수해 소각한다면? 상대적으로 파운드화의 화폐가치가 올라 갑니다. 물가가 그만큼 떨어집니다. 유동성, 즉 시중에 유통되는 돈의 양이 줄어드는 겁니다. 물가는 그만큼 떨어집니다. 돈의 공급이 줄었으니까요.

반대로 시민들의 구매력은 올라갑니다. 같은 1파운드로 살 수 있는 재화나 서비스의 가치가 높아집니다. KLF도 100만 파운드를 태워버렸으니까 이론대로라면 그만큼 화폐가치가 올라갑니다. 이 사건으로 영국 시민들의 구매력이 아주 조금 올라가는 거죠.

결국 이들은 영국 시민들에게 100만 파운드를 N분의 1로 나눠준 것과 똑같습니다. 한 명당 1페니도 안 되겠지만요……. 그런데도 엄청 비난을 받은 이유는 우리가 아직 화폐를 뭔가를 살 수 있는 도구로 만 보기 때문인데요. 경제학 측면에서 보면 그들은 시중에 유통되는 화폐 수를 줄여 화폐가치를 올렸으니까 사실은 박수를 받아야 합니다.

그러니 송중기 씨가 거리에서 만 원짜리 수만 장을 태운다면 사실은 박수 칠 일입니다. 물론 그가 뭘 해도 박수를 받겠지만요…….

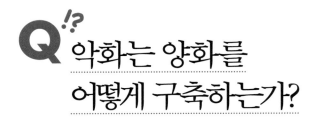

악화는 양화를
어떻게 구축하는가?

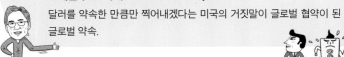

브레튼우즈 체제 Bretton Woods system
달러를 약속한 만큼만 찍어내겠다는 미국의 거짓말이 글로벌 협약이 된
글로벌 약속.

요즘은 반대로 세계 각국이 앞다퉈 자국 화폐가치를 떨어뜨리기 위해 경쟁이라도 하는 것 같습니다. 돈을 마구 찍어내고 마구 풀어냅니다. 화폐가치가 떨어지면 수출도 하기 쉽고 관광객도 더 많이 옵니다.

1달러에 1,000원에서 1달러에 1,200원으로 원화 가치가 떨어지면, 미국 시장에서 우리 제품을 더 싼 가격에 팔 수 있습니다. 우리 제품의 가격경쟁력이 생기는 겁니다. 또 한국을 찾는 미국 관광객은 예전에 1달러로 1,000원짜리 상품을 샀지만, 이제 같은 1달러로 1,200원어치의 상품을 살 수 있습니다. 당연히 한국을 더 많이 찾을 것입니다.

그러니 세계 각국이 자국 화폐가치 떨어뜨리기 경쟁을 하는 거지요(5장에서 더 구체적으로 이야기한다). 게다가 또 경기 부양을 위해 시장에 돈을 워낙 많이 풀다 보니 자동으로 화폐가치가 떨어집니다.

'돈을 더 찍어내고 싶다'는 욕심은 어쩜 인류가 화폐를 만든 그날부터 생겼을 겁니다. 그런데 왜 못 찍어냈을까? 시장에 화폐가 지나치게 많이 풀리면 화폐가치가 떨어지기 때문입니다. 인플레이션입니다.

1866년(고종 3년)에 흥선대원군이 기존 화폐 100배 가치의 당백전을 시장에 공급합니다. 하지만 당백전에 들어 있는 동의 가치는 100배가 아니었지요. 화폐가치는 급락합니다(졸업 시즌에 장미꽃 공급이 100배 늘어난 것과 똑같다. 장미꽃 가격은 곧 폭락한다).

그래서 당백전의 '당'을 세게 발음해서 '땡전'이라고 불렀답니다. '땡전 한 푼 없다' 할 때 그 땡전이 당백전에서 유래한 것이죠. 인류는 그래서 돈을 함부로 찍어내지 못하는 방법을 고민해 왔습니다. 그래서 나온 게 금화 또는 은화입니다. 금이나 은은 귀하니까요. 공급이 가장 한정된 자원입니다. 그러니 화폐를 더 찍어내고 싶어도 그러지 못하죠.

하지만 로마시대 이후 수많은 제왕들이 돈을 더 찍어내고 싶어 했습니다. 결국 금의 함량을 속여 금화를 발행했습니다. 또 그만큼 화폐가치가 추락했습니다. 그래서 이때부터 사람들은 금의 함량이 제대로 들어 있는 화폐는 집에 보관하고, 금이나 은이 부실하게 들어 있는 화폐를 먼저 사용했습니다. 이렇게 나쁜 돈이 좋은 돈을 시장에서 몰아내는 것을 '악화가 양화를 구축한다^{Bad money drives out good.}'라고 합니다.

그런데 한 가지 문제가 있습니다. 금으로 화폐를 만들다 보니 거래가 불편합니다. 그래서 100여 년 전부터 유럽과 미국에서 종이 화폐가 본격 등장합니다. 문제는 종이돈은 언제든 마음껏 찍어낼 수 있다는 것입니다. 그래서 '우리는 딱 은행에 들어 있는 금만큼만 지폐를 발행한다'고 약속합니다. 이걸 금본위제the gold standard라고 합니다. 이렇게 화폐는 처음엔 '금교환권'이었습니다.

> "어차피 땅속에 있던 금을 공들여 캐낸 뒤에, 이를 네모난 모양으로 다듬은 다음, 다시 땅속에 묻어두고 종이돈으로 이를 증명한 뒤 부자가 됐다고 행복해하는 모습이 얼마나 우스꽝스러운가……."
>
> ― 존 메이너드 케인즈, 금본위제를 매우 비웃었던 경제학자

그런데 또 몇 년 지나면 그 약속을 어깁니다. 은행에 있는 금보다 더 화폐를 찍어냅니다. 사람들이 화폐를 들고 은행에 가서 "이만큼 금으로 바꿔주세요" 해도 못 바꿔줍니다. 곳간에 금이 부족하니까요. 이 금태환의 약속을 주로 어긴 나라는 미국입니다.

1910년대, 포드자동차가 컨베이어 벨트 시스템을 도입하는 등 미국의 생산성은 눈부시게 발전했습니다. 유럽을 향한 미국산 제품 수출이 급증합니다. 유럽의 금이 빠르게 미국으로 유입됩니다. 반면 유럽 국가들은 주요국의 화폐를 주로 외환으로 보유했습니다. 영국은 프랑을, 프랑스는 파운드화를 비축했습니다.

중요한 것은 나라 간 화폐의 교환 비율입니다. 1944년 미국은 은행 곳간에 있는 금만큼만 달러를 발행한다고 굳은 약속을 합니다. 이를 브레튼우즈 체제라고 합니다. 미국 뉴햄프셔 주의 작은 도시에

서 기축통화 달러를 금만큼만 발행한다는 지구인들의 약속이 맺어집니다(카지노에서 미국이라는 참가자가 여러분이 맡긴 돈만큼만 칩을 유통시키겠다고 약속하는 것과 같다).

파운드화의 시대가 마감되고, 세계 각국은 이를 믿고 기축통화 달러를 사용합니다. 하지만 결국 또 보관된 금보다 더 많은 달러를 발행하죠(이는 미국이 다른 참가자들 몰래 카지노에서 칩을 찍어낸 것이다. 물론 현금을 맡기지도 않고).

결국 1971년, 미국의 닉슨 대통령은 "사실은 곳간의 금이 발행된 달러보다 턱없이 부족해" 하고 고백합니다. 금본위제는 이렇게 끝났습니다. 그리고 인간이 마음껏 화폐를 발행할 수 있는 시대가 시작됐습니다. 바야흐로 화폐 범람 시대의 서막입니다.

"자본주의 가치를 무너뜨리는 가장 좋은 방법은 화폐가치를 떨어뜨리는 것."

— 블라디미르 레닌

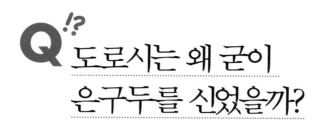

Q^{!?} 도로시는 왜 굳이 은구두를 신었을까?

금은본위제 gold and silver bimetallism
금과 은을 맡긴 만큼만 종이 화폐를 찍어내는 화폐제도.

은본위제를 사용하던 유럽 국가들도 1800년대 후반 은의 가치가 너무 떨어지자 하나둘 금본위제로 돌아섭니다. 미국도 1900년에 금본위제를 본격적으로 도입합니다. 이제 은행 곳간의 금 보관량만큼만 화폐를 발행해야 하는 거죠. 그렇지 않으면 늘 화폐를 더 발행하고 싶겠죠?

그런데 미국 경제가 빠르게 발전하고 갈수록 화폐 수요가 늘어납니다. 하지만 금 채굴은 한정돼 있습니다. 결국 화폐가치가 치솟습니다(인플레의 반대 현상. 그러니까 물가가 내리는 것이다).

이렇게 되면 경기가 자꾸 가라앉습니다. 거래를 못 하니까요(인위적으로 돈을 풀어 거래를 늘리는 요즘의 상황과 정반대라고 이해하면 쉽다). 이렇게 디플레가 오면 돈을 많이 갖고 있는 사람은 화폐가치가 오르니까 더 유리해집니다. 하지만 서민들은 불리해집니다.

예를 들어 돈의 가치가 올라가면 빚의 무게도 늘어납니다. 과거 1천만 원의 노동력으로 1천만 원을 벌었다면, 이제 돈의 가치가 높아져 1천만 원 이상의 노동을 해야 합니다. 그러니 동일 노동으로 갚을 수 있는 빚의 양이 줄어듭니다. 디플레가 오면 앉아서 빚이 자꾸 늘어나는 셈입니다.

그래서 나온 주장이 금본위제와 은본위제를 함께 하자는 '금은본위제'입니다. 흔히 '복본위제'라고 하는데요, 결국 미국의 보수 진영은 금본위제를, 진보 진영은 금과 은을 함께 쓰는 복본위제를 주장하게 됩니다. 이때 신문기자였던 프랭크 바움L. Frank Baum이 금은본위제를 지지하는『오즈의 마법사』를 발표합니다.

주인공 도로시는 평범한 미국 시민입니다. 허수아비는 가난한 농민, 양철 나무꾼은 자동차 공장 노동자를 의미합니다. 겁쟁이 사자는 복본위제를 주장하다 대선에서 패한 대선 후보를 가리킵니다. 서쪽 회오리바람은 서부에서 부는 복본위제 열풍입니다.

소설을 보면 도로시가 은구두를 신고 노란 벽돌길을 걷습니다. 노란색은 금을 의미합니다. 금과 함께 은도 추가하자! '복본위제'를 의미합니다. 오즈의 마법사의 'OZ'도 금은의 무게를 재는 온스ounce의 약자입니다.

그리고 동쪽 마녀, 서쪽 마녀는 당시 복본위제를 반대하던 정치세력을 말하겠죠. 도로시는 은구두를 신고 농민 노동자와 험난한 여행길을 지나 나쁜 마녀들을 물리치죠. 착한 마녀가 그럽니다. "네가 신

고 있는 은구두가 너를 사막 너머로 데려다줄 거야."

금은본위제가 이 불경기를, 디플레이션을 이겨내게 해줄 거라는 거죠. 하지만 이 무렵 금은본위제를 주장하던 민주당 후보가 공화당 후보에게 대선에서 패배합니다.

미국은 금본위제를 유지합니다. 복본위제를 바라던 서민들의 꿈은 이뤄지지 않았습니다. 그렇지만 그 뒤 금의 유입이 늘고 화폐 공급도 늘면서 미국 경제는 유례없는 빠른 발전을 경험합니다. 도로시의 꿈은 이뤄지지 않았지만요.

이제 화폐를 무작정 찍어내면 어떤 문제가 생기는지 더 구체적으로 살펴볼 시간입니다.

Q⁉ 인플레이션은 어떻게 내 주머니를 털어 갈까?

인플레이션 택스 inflation tax
인플레가 아무도 모르게 당신을 가난하게 만드는 현상.

화폐를 초과 공급한 만큼 화폐가치가 떨어집니다. 예를 들어 제 소득이 100만 원에서 110만 원으로 높아져도, 어제 100만 원에 살 수 있었던 오토바이가 110만 원이 됩니다. 제 주머니 형편(구매력)은 나아지는 게 없습니다. 동일한 수량의 상품과 서비스를 구매하는 데 종전보다 더 많은 돈을 지출해야 하는 게 인플레이션입니다.

이렇게 나아지는 게 없는데 어찌 됐건 소득은 늘었으니 세금은 더 내겠죠. 정부 입장에선 거래가 늘어 경기가 좋아지고, 세금을 더 거둬 더 좋습니다. '일거양득' '꿩 먹고 알 먹고'입니다. 정부는 사실은 적당한 인플레를 즐깁니다.

그럼 다시 돌아와서 판매가격이 110만 원으로 오를 경우, 추가로 오른 10만 원의 이익은 누구에게 돌아갈까요? 오토바이 가게 주인에게? 가게 주인도 그 110만 원으로 며칠 전까지 100만 원이면 살 수 있던 (지금은 110만 원인) 뭔가를 소비할 텐데요. 이래저래 그 10만 원은 정부로 갑니다. 그래서 '인플레이션은 세금'이라고 하는 겁니다.

그러니 돈을 곳간에 아무리 잘 모셔뒀어도, 올해 우리 경제 인플레이션이 2퍼센트라면 사실은 우리 주머니의 돈이 2퍼센트 정도 사라지는 겁니다. 정부가 가져가는 것이죠.

그러니 정부에게 안 뺏기려면 돈을 어딘가 쓰는(투자) 게 좋겠죠. 어딘가 쓰면 경기가 좋아집니다. 돈을 더 쓰는 게 경기가 좋아지는 겁니다. 누군가의 소비는 누군가의 소득이니까요(누군가 미용실에서 돈을 더 쓰면 미용실 주인은 소득이 늘어난다. 그러니 누군가 돈을 많이 쓸수록 누군가 부자가 되는 것이다). 정부는 또 이걸 노리고 금리를 내리거나 재정을 더 풀어서 적당한 수준의 인플레이션을 유도하는 겁니다.

여기서 눈여겨볼 게 하나 있습니다. 10퍼센트 인플레가 오면 1억 원 가진 사람은 1천만 원, 1천만 원 가진 사람은 100만 원을 손해보니까 공평한 것처럼 보입니다. 그렇지 않습니다. 만약 소득이 1억 원이라면 세금을 훨씬 더 내죠. 누진세 때문에 1천만 원 버는 사람보다 세금을 최소 10배 더 냅니다.

그런데 돈의 가치가 떨어지면 부자는 그만큼 상대적으로 이익입니다. 게다가 물가가 오르면 목욕탕 가격이나 자전거 가격, 시금치 가격이 다 오릅니다. 그런데 재산이 100억 원인 사람은 크게 부담이 없습니다. 하지만 서민은 이런 가격 인상도 부담이죠.

이렇게 인플레는 상대적으로 서민이 더 부담스럽습니다. 게다가 물가가 오르면 주로 배춧값이나 지하철 요금 또는 전세보증금이 오릅니다. 서민들이 더 크게 느낄 수밖에 없습니다. 인플레는 아무래도 서민들이 더 힘들어집니다. 아셨죠? 그래서 인플레이션은 tax입니다.

Q⁉️ 그렇게 DOLLAR를 많이 찍어내는 미국은 인플레가 안 생길까?

인플레이션의 수출
미국이 아무리 달러를 찍어내도 도무지 달러 가치가 안 떨어지는 진짜 이유.

그런데, 달러를 많이 찍어내는 미국에는 인플레이션이 생기지 않을까요? '달러'는 뭐가 '달러'도 다르니까요.

정부가 돈을 푸는 방식은 크게 두 가지입니다. 세금을 거둬 정부가 나라살림에 쓰는 돈은 재정ⁿᵃᵗⁱᵒⁿᵃˡ ᶠⁱⁿᵃⁿᶜᵉ이라고 합니다. 예를 들어 연초부터 추경을 편성한다는 말은 국회가 그해 통과시킨 재정 이외의 추가 재정을 쓰겠단 뜻입니다.

국민들에게 세금을 거둬서 재정 곳간에 넣어뒀다가 쓰는 정부의 지출이 재정입니다(7장에서 구체적으로 다룬다). 도로를 건설하고 공무원 임금을 주고 각종 복지사업을 하는 데 재정이 투입됩니다. 이런 게 재정지출, 재정정책입니다.

반면 미국이나 일본이 쓰는 양적완화는 일종의 통화정책입니다. 금리를 내리거나 돈을 푸는 데 발권력이 동원됩니다. 중앙은행이 화폐를 찍어내서 푸는 겁니다.

따라서 재정과 통화는 주머니가 다릅니다. 재정정책은 당연히 정부 곳간에서 나오니 곳간이 비면 국채Treasury Bill, TB 를 발행할 수밖에 없습니다. 나랏빚이 늘죠. 그런데 통화정책은 사실상 무제한 화폐 공급이 가능합니다.

물론, 중앙은행이 돈을 마구 찍어내면 그만큼 물가가 올라간다고 계속 설명드렸죠. 실제 지금 남미 베네수엘라에서는 8개월 만에 주식으로 먹는 빵값이 다섯 배나 올랐습니다(중앙은행이 물가 통계를 포기해서 통계도 안 나온다).

돈을 더 풀면 물가가 오르는 것은 마치 '야구에서 배트 스피드가 빠를수록 공이 멀리 간다'는 물리학 공식처럼 분명합니다. 그런데 일본이나 미국은 왜 인플레가 오지 않을까? 그렇게 돈을 찍어내는데…… 어쩌면 20세기 경제학이 가장 예측 못한 부분 같습니다. 지구촌 경제학자들에게 가장 힘든 문제이기도 하고요. 여러 분석이 있는데, 일단 정부나 중앙은행에서 나온 돈이 어딘가 잠깁니다. 정부가 돈을 풀어도, 예를 들어 가계로 흘러가도 빚이 있으면 은행 빚을 갚겠죠. 돈이 잠깁니다.

또 돈을 잔뜩 번 대기업들이 투자할 곳을 찾지 못합니다. 그래서 은행의 단기성 자금에 주로 넣어둡니다(이런 부동자금은 경제에 아무 도움이 안 된다).

이렇게 돈이 자꾸 잠깁니다. 이유는 그동안 너무 많이 찍어냈기 때문입니다. 돈이 특정한 지역으로 가서 돌지 않습니다. 논에 아직 마른 땅이 있는데, 물을 아무리 공급해도 그 마른 땅으로 흐르지 않습니다. 물이 어딘가 다른 곳에 계속 잠기기 때문입니다.

여기에 '기대 인플레이션'이라고 기업이 '이 정도 물가는 늘 오르지' 하면서 때가 되면 제품 가격을 올립니다. 우리도 물가가 오르는 데 익숙하죠! 그런데 요즘은 가격을 잘 안 올립니다. 왜냐면 안 사니까…… 못 사니까……. 이렇게 기대 인플레도 많이 꺾여서 또 투자를 하지 않습니다. 그래서 또 돈이 묶입니다.

또 하나 미국은 달러라는 기축통화를 찍어냅니다. 기축통화 달러는 전 세계 사람들이 함께 씁니다. 돈을 푼 만큼 화폐가치가 떨어져야 하는데, 미국 사람 손에 쥔 달러만 떨어지는 게 아니고 다른 나라 사람들 손에 쥔 달러 값도 함께 떨어지죠. 쉽게 말해, 인플레 효과가 물타기 되는 겁니다. 이걸 두고 '미국이 인플레를 수출한다'고도 말합니다. 미국은 인플레 수출국입니다.

'기승전달러'

게다가 투자자들이 자꾸 달러를 사들입니다. 글로벌 경기가 화끈하게 회복되지 않고 금융위기나 신용경색credit crisis이 되풀이되면서 선진국은 물론 신흥국의 투자자들도 여전히 달러나 미 국채를 최고의 안전상품이라고 생각합니다. '기승전달러'입니다. 결국 다시 투자자들이 달러를 찾으면서 2015년 이후 달러 가치는 오히려 오름세를 보였습니다.

결국 미국은 그렇게 달러를 찍어내는데 달러 가치가 좀처럼 떨어지지 않습니다. 인플레 부작용이 잘 나타나지 않습니다. 만약 우리가 우리 화폐인 원화를 그렇게 무한 발행하면 반드시 인플레가 발생합니다. 원화는 주로 우리만 사용하니까요. (미국은 거대한 강당에서 방귀를 뀌는데, 우리는 작은 방에서 문 닫고 방귀를 뀌는 것과 같다. 방귀 냄새는 금방 작은 방에 퍼진다.)

인플레도 마찬가지입니다. 덕분에 미국은 전가의 보도인 '달러 찍어내기'를 계속합니다. 미국 경기만 나 홀로 좋아집니다. VIVA LA DOLLAR!

Q⁉ 적자 나라 미국을 구하기 위해 1조 달러짜리 백금 동전을 만들면 어떨까?

예산관리법 Budget Control Act
천문학적인 재정적자를 지닌 미국 정부가 해마다 되풀이하는 균형재정
의 약속을 믿지 못해서 생겨난 법.

돈 풀기를 밥 먹듯이 하는 미국은 재정적자가 심각합니다(통화정책으로 달러를 많이 풀지만, 재정정책으로도 달러를 많이 공급한다는 뜻이다). 지난 2011년, 재정적자가 너무 심해지자 미국은 해마다 예산을 자동으로 삭감하기로 합니다. 10년간 1조 2천억 달러의 재정지출을 줄여보자는 예산관리법을 통과시켰습니다. 하지만 매년 여야가 합의해서 오히려 예산을 늘리면서 시행이 자꾸 미뤄집니다.

사실은 세계 모든 정부가 재정적자를 줄이자고 약속하며 당선되고, 당선되면 재정적자를 키워나가는 시행착오를 반복합니다.

미국의 예산 자동 삭감 제도를 '시퀘스터sequester'라고 합니다. 연말이 되면 미 의회는 이 문제로 홍역을 앓습니다. 실제 예산 지급이 끊어질

뻔한 적도 있습니다. 2012년 말에 재정절벽$^{fiscal\ cliff}$ 직전까지 간 적도 있습니다.

경기 부양을 위해 쓴 돈은 많은데 또 정부지출을 늘리자니 법으로 묶여 있는 거죠. 방법은 중앙은행이 계속 화폐를 찍어내는 것뿐인데, 그래서 나온 황당한 이야기가 '1조 달러짜리 백금 동전'을 발행하자는 주장입니다.

지금처럼 화폐 발행이 범람하기 전에는 금본위제가 시행됐다고 설명드렸죠? 금이 은행 곳간에 더 들어오지 않으면 더 이상 화폐를 발행할 수 없었습니다. 하지만 지난 1971년에 금태환이 끝나고 달러를 무제한 발행하면서 미국 정부의 천문학적인 재정적자도 시작됐습니다(미국이 어떻게 무제한으로 달러를 발행하는지 5장을 참고하자).

그래서 다시 연방은행에 금화를 넣어두고 그만큼만 달러를 발행하자는 주장입니다. 그런데 그만큼 금이 없으니까요. 이렇게 하는 겁니다. 구체적으로 1조 달러짜리 백금 동전을 연방준비제도이사회$^{Federal\ Reserve}$ $^{Board,\ FRB}$ 곳간에 넣어둡니다. 그리고 1조 달러 안에서 달러를 발행하자는 겁니다. 도대체 이런 요식행위를 왜 할까요? 사실 미국 내에 그만큼의 백금이 있는지도 의문인데요.

워낙 재정적자가 심하고 돈을 풀 명분도 없기 때문입니다. 무엇보다 법(시퀘스터)으로 정부지출을 묶어놓고 있다 보니, 정부재정 대신 중앙은행이 돈을 발행하는 꼼수입니다.

명분은 '중앙은행에 1조 달러짜리 백금 동전이 있으니까, 그만큼 달러를 찍어내도 되는 겁니다'라고 스스로를 속이는 겁니다. 게다가 이렇게 중앙은행에서 풀면 의회 승인을 받지 않아도 됩니다. 당연히 정부의 재정적자로도 잡히지 않습니다. 장부상 적자가 늘지 않는 거죠. 그러니 중앙은행에 1조 달러어치 백금화를 예치해 놓고 그만큼만 달러를 발행하자는 거죠. 창조적입니다.

이 허무맹랑한 주장을 심지어 노벨 경제학상 수상자인 폴 크루그먼[Paul Krugman] 교수도 찬성할 정도니까요. 물론 1조 달러만큼의 금을 구하지 못한다는 것을 전제로 한 찬성이겠죠. 이 주장에는 재정은 부족하고 돈을 풀어 경기는 부양해야 하는 미국 정부나 의회의 고민이 배어 있습니다.

돈을 더 풀어서 경기를 부양하고 서민과 중산층을 적극 지원하려는 오바마 행정부는 아예 시퀘스터 자체를 폐지하고 싶어 했습니다. 물론 이 주장에는 자꾸 달러를 풀어도 좀처럼 인플레가 생기지 않는 달러의 마법, 달러의 역설이 숨어 있습니다. 미국은 언제까지 인플레이션 걱정 없이 달러를 풀 수 있을까요?

"시중에 풀린 과잉 통화는 언젠가 범람해 홍수를 일으킬 것이다."

— 스한빙, 중국의 경제 전문가이자 『스한빙 경제대이동』 저자

Q⁉️ 어머니에게 드린 10만 원 상품권이 100만 원이 되는 신용창조의 마법은?

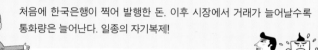

본원통화 reserve base
처음에 한국은행이 찍어 발행한 돈. 이후 시장에서 거래가 늘어날수록 통화량은 늘어난다. 일종의 자기복제!

이제 돈이 어떻게 스스로 증식하는지 이해할 차례입니다.

A는 어머니 생신에 10만 원권 백화점 상품권을 선물했다. 어머니는 그걸 큰며느리에게 줬다. 큰형수는 또 그걸 큰형에게 줬는데, 몇 달 후 그 상품권이 다시 A의 부인 지갑에서 발견됐다. 여기서 본원통화는 10만 원인데 신용은 30만 원이 창출됐다. 상품권은 여전히 10만 원권 한 장인데 가족들은 40만 원의 효용을 느꼈다. 만약 상품권이 화폐라면 본원통화는 10만 원이지만 시중 통화량은 이제 40만 원이 됐다.

A는 현금 1억 원이 있습니다. 그는 1억 원을 저축했습니다. 그리고

친구들에게 "나 1억 원 있다. 그 돈 예금해 놨어!"라고 자랑합니다. 이 말은 거짓이 아닙니다. 왜냐면 A가 은행에 가면 언제든 은행은 A에게 1억 원을 돌려주기 때문입니다.

　은행은 A에게 받은 예금 중 9천만 원을 다시 B에게 대출해 줬습니다. B는 손안에 9천만 원이 생겼습니다. B도 친구에게 "나 9천만 원 대출받아서 현금 9천만 원 있다!"라고 자랑합니다. A도 B도 거짓말이 아닙니다. 시중에 처음 풀린 돈은 1억 원인데, 이제 A와 B가 가진 돈은 모두 합쳐 1억 9천만 원이 됐습니다.

　돈은 이렇게 스스로를 복제해 유통됩니다. 처음 한국은행이 시중에 1억 원을 풀면 이게 본원통화입니다. 처음에 찍어낸 화폐 총량이죠. 은행이 이걸 그냥 금고에 넣어두면 통화량은 1억 원 그대로여야 합니다. 하지만 그렇지 않죠. 대출을 해주죠.

지급준비율
예금을 대출해 줄 때 약간은 중앙은행에 맡겨두세요. 혹시 모르니까요…….

지급준비율^{cash reserve ratio}이 10퍼센트라면 은행은 1억 원 중에 10퍼센트는 의무적으로 곳간에 남겨두고, 9천만 원을 시중에 풉니다. 즉, 대출해 줍니다. 이 9천만 원을 '투자'된 거라고 봅니다.

대출한 돈으로 사람들은 집도 사고 미용실도 차리고 합니다. 그래서 이 대출금은 곧 투자입니다. 은행에서 대출이 많이 이뤄질수록 시장에 투자가 활발한 것입니다.

이렇게 풀린 9천만 원이 10번 돌면 통화승수^{money multiplier}가 10, 20번 돌면 통화승수가 20입니다. 그러니 통화승수가 늘어날수록 경기가 좋아집니다. 돈이 도는 거죠.

너무 돌아서 인플레가 생기면? 이걸 줄이려면 기준금리를 올리거나 지급준비율을 높이면 됩니다. 만약 지급준비율을 20퍼센트로 올리면 1억 원 중에 8천만 원만 은행을 떠나겠죠. 이 돈이 10번 돌면 8억 원의 통화량이 늘어난 겁니다. 이걸 신용창조^{credit creation}라고 합니다.

시중에 유통되는 1억 원이 1억 원+8억 원이 됐잖아요. 그럼 본원통화 1억 원, 신용화폐는 8억 원이 늘어난 거죠. 우리가 만질 수 있는 화폐는 1억 원이지만 시중에는 결국 9억 원이 유통되는 겁니다.

물론 지급준비율은 통화량을 조절하는 직

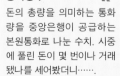

통화승수
돈의 총량을 의미하는 통화량을 중앙은행이 공급하는 본원통화로 나눈 수치. 시중에 풀린 돈이 몇 번이나 거래됐나를 세어봤더니…….

접적인 통화정책은 아닙니다. 시중에 돈이 더 유통되려면(승수효과를 높이려면) 지급준비율을 낮추면 되지만, 중앙은행은 보통 기준금리 정책을 통해 시중 돈의 양을 조절합니다. 현실적으로 지급준비율은 시중 은행 곳간이 혹시라도 텅 빌 경우를 대비하는 정책수단입니다.

물론 금리를 내리거나 지급준비율을 낮추면 돈의 공급은 분명히 늘어납니다. 돈이 더 거래될수록 우리는 모두 부자가 됩니다. 그러니 어머니에게 상품권을 드리는 것은 시중 통화량을 늘리는 매우 경제 적인 활동입니다.

Q⁉ 저축이 왜 우리를 오히려 가난하게 만들까?

자금잉여주체, 자금부족주체
은행에서 돈을 예금하는 사람과 돈을 대출받는 사람이 바뀌고 있다.

초등학교 때 이렇게 배웠습니다. '가계가 저축을 하면 은행이 그 돈을 모아 기업에 빌려줘서 그 돈으로 사업을 한다.' 돈을 빌려 공장을 짓고 미용실을 차립니다. 따라서 실제 대출은 대부분 투자로 이어집니다. '대출 = 투자'입니다.

그런데 기업이 투자를 줄이고 자꾸 저축을 합니다. 이 말은 기업의 여윳돈이 잠긴다는 뜻입니다. 경기 예측이 어렵고 상당수 대기업들은 현금이 너무 많기 때문입니다. 기획재정부가 분석을 해봤더니 기업의 저축(S)에서 투자(I)를 뺀 차이(S-I 갭)가 2007년에는 -3.9였습니다. 곳간의 돈보다 3.9퍼센트가량 투자를 더 한 겁니다.

하지만 2013년 무렵 플러스로 전환됐습니다. 기업이 투자(I)보다 저축(S)을 더 하고 있는 것입니다. 보통 기업을 자금부족주체라고 하는데 오히려 저축을 하고 있는 거죠. 자금잉여주체가 돼갑니다. 이제 교과서를 고쳐야 할 상황입니다.

반대로 가계는 자금잉여주체입니다. 돈을 저축해서 은행이 이를 대출해 줄 수 있도록 하는 주체입니다. 그런데 저축률이 해마다 떨어집니다. 1988년 서울올림픽 당시 저축률은 25퍼센트나 됐습니다. 100만 원 벌어 25만 원을 저축했습니다. 1990년대에 20퍼센트에 육박하던 저축률은 지금은 7퍼센트 정도밖에 안 됩니다. 100만 원 벌어 겨우 7만 원 저축하는 셈입니다(선진국의 저축률은 10퍼센트가량 된다). 그나마 몇 년 동안 조금 오른 수치입니다.

그렇다 보니 OECD 국가 중에 가계저축률은 평균 이하인데, 기업 저축률은 1위입니다. 기업이 좀처럼 곳간 문을 열지 않습니다. 저축이 자꾸 늘고, 특히 단기 부동자금이 늘고, 경기를 살릴 투자로 이어지지 않습니다. 저축이 우리를 가난하게 만드는 것입니다.

저축을 못하는 가계는 더 힘듭니다. 가계저축률이 1퍼센트 하락하면 국내총생산(GDP) 대비 민간소비 비중은 0.25퍼센트 줍니다(삼성경제연구소). 소비가 줄어드는 겁니다. 저축을 줄여서 소비를 늘리는 게 아니고, 소비할 돈이 없어서 저축을 줄이고 있는 것입니다. 저축이 줄면 총고정투자율도 0.36퍼센트나 줄어듭니다. 무슨 말일까요?

가계저축이 줄었다는 것이 소비를 늘려서가 아니고 소득이 줄어서라면 가계는 틀림없이 소비도 줄일 겁니다. 지갑을 덜 엽니다. 그럼 상품이 덜 팔립니다. 기업은 투자를 줄이게 됩니다. 결국 가계저축이 줄면 기업의 투자도 줄어드는 것입니다. 그러니까 소득이 늘고 저축이 늘어야 합니다. 당연한 이야기입니다.

주머니가 넉넉해져야 소비가 늘고 기업 투자로 이어집니다. 그런데 기업이 투자를 하지 않고 그래서 대출도 하지 않는 자금잉여주체가 돼갑니다. 반대로 가계는 좀처럼 소득이 늘지 않습니다. 저축도 늘리지 못하고 소비도 늘리지 못합니다. 이 때문에 기업도 투자를 늘리지 않는 악순환이 이어집니다.

부동자금은 투자로 이어지지 못한다

흔히 '부동자금'이라면 은행에 묶이는 돈, 잠기는 돈이라고 생각하기 쉽습니다. 기본적으로 은행에 들어간 돈은 대출을 통해 시중에 다시 투자됩니다. 대출을 받아 집을 사거나 기업이 빌려서 공장을 짓거나…… 모두 투자입니다. 우리 경제에 좋습니다.

그러나 모든 예금이 투자에 이용될 수 있는 것은 아닙니다. 부동자금은 투자로 이어지기 힘듭니다.

"제 돈 1년만 맡아주세요!" 이런 돈은 부동자금이 아니다. "잠깐만 맡아주세요. 그런데 언제 찾을지 몰라요." 이 돈이 부동자금이다. 부동자금은 언제든 다시 찾아갈 수 있는 불안한 돈이다. 그러니 제대로 된 투자로 이어지기 어렵다.

대표적인 게 수시입출금 예금입니다. '요구불예금'이라고 하는데,

이런 돈은 대출해 주기가 어렵습니다. 그래서 0.1퍼센트밖에 이자를 안 주는데도 자꾸 이런 예금이 늘어납니다. 여기에 증권사 MMF나 CMA 같은 곳에도 돈이 몰립니다. 공통점은 언제든 다시 빼 갈 수 있는 돈이라는 뜻입니다. 2016년 4월 기준 부동자금은 무려 945조 원이나 됩니다. 2010년에는 600조 원에 조금 못 미쳤습니다.

친구가 나에게 빌려준 1억 원을 언제든 다시 가져갈 수 있다면, 나는 사실 이 돈을 마땅히 투자할 수 없습니다. 그러니 945조 원은 우리 경제에 존재가치가 없는 돈입니다. 이런 돈이 자꾸 늘어납니다(언제든 떠날 준비가 되어 있는 애인은 애인이 아니다).

부동자금의 문제가 하나 더 있습니다. 부동자금은 투기로 잘 이어집니다. 일단 자금을 임시로 넣어뒀다가, 위례나 광교 신도시 아파트 분양에 웃돈이 붙으면 바로 가서 청약을 합니다(사실은 그러려고 임시로 넣어두는 것이다). 또 ELS 같은 데도 이미 한 해 수조 원이 투자됩니다. '채권형 펀드가 좋다'고 하면 수조 원의 돈이 채권형 펀드로 몰립니다. 심지어 대형 공모주 하나에 수조 원이 몰립니다. 부동자금은 이렇게 투기 목적으로 이용되기 쉽습니다(어디에 써야 할지 모를 여윳돈을 아버지가 자꾸 주식 투자에 쓰는 것과 비슷하다).

대표적인 게 서울 재건축 시장입니다. 전형적인 주식형 펀드처럼 변했습니다. 집을 사고 얼마 안 돼 재건축 사업 승인이 나면 1~2억 원의 시세차익을 얻습니다. 반대로 진행이 잘 안 되거나 중간에 소송이라도 걸리면 사업은 멀어지고 가격은 급락합니다. 전형적인 투기장입니다. 재건축 시장에 돈이 몰립니다. 돈이 갈 곳을 잃은 겁니다. 그래서 부동자금浮動資金입니다.

Q^{!?} 김 병장 월급을 100만 원으로 올려주면 경기가 좋아질까?

구축효과 crowding-out effect

정부가 경기 부양을 위해 공급하는 돈의 대부분은 사실 국민 호주머니에서 나온 돈이다. 그러니 효과가……

병장의 월급이 21만 6천 원까지 올랐더군요. 저는 1만 원 정도 받았던 것 같은데요. 그런데 병사들에게 매월 100만 원씩 준다면 대략 5조 원 정도 재정이 추가로 들어갑니다. 1년 400조 원 정도(2017년)인 정부재정에서 5조 원을 더 쓴다면 결코 적은 돈이 아니죠. 당연히 그만큼 재정 부담이 커집니다.

하지만 그 100만 원, 연 1,200만 원을 받은 사병들이 이 돈을 일단 저축했다가 제대 후 취업이나 학업을 위해 소비할 겁니다(아주 부유한 청년이 아니라면요). 옷도 사 입고 기본적인 소비도 하고요. 이 소비가 결국 누군가에게 소득이 되니까요. 특히 지금처럼 내수가 부진할 때는 내수 촉진 방법이 될 수 있죠.

일본 같은 경우 현금 쿠폰이나 실제 현금을 여러 번 지급해 봤는데 오히려 저축으로 이어지는 사례가 많았습니다. 2009년에만 우리 돈 20조 원가량을 서민들에게 지급했습니다. 현금 쿠폰이 또 잠기지 않게 심지어 사용기간까지 정합니다. "석 달 안에 안 쓰면 무효!" 이렇게라도 소비를 늘리려는 거죠.

2016년에도 저소득층 2,200만 명을 대상으로 1인당 1만 5천엔(약 16만 8천 원)을 나눠줬습니다. 모두 3,700억 엔의 예산이 쓰였습니다. 이런 현금을 줄 경우 그 현금이 바로 소비돼서 시장에서 돌고 돌아야 재정지출 효과가 높아집니다. 다시 말해 돈을 풀려면 가급적 통화승수를 높여야 하는 거죠.

그러려면 돈을 받아도 바로 쓸 수밖에 없는 계층에 지급하는 게 좋죠. 넉넉한 계층이 돈을 받으면 안 쓰고 저축을 하니까 돈이 또 잠깁니다. 그래서 우리 60만 병사들의 급여를 올려주는 정책은 상당히 매력적인 정책입니다. 사병은 아마 돈이 가장 궁한 계층 중 하나일 것입니다.

사실 이런 정책은 지금도 많이 실시하고 있습니다. 정부는 2009년부터 저소득층 청소년에게 월 최대 7만 원의 스포츠 강좌 이용권을 지급했습니다. 지난 2015년부터는 40만 가구에게 에너지 바우처^{voucher}도 지급합니다. 이 바우처로 전기, 도시가스, 연탄 중 필요한 연료를 구입할 수 있습니다.

소득 1분위(소득 하위 20퍼센트)는 평균적으로 월 소득보다 월 소비액이 높습니다. 늘 적자입니다. 그러니 정부가 돈을 입금하면 대부분 다시 소비로 이어집니다. 대표적인 게 어르신들에게 지급하는 기초노령연금 20만 원입니다. 기초노령연금은 소득 하위 70퍼센트에 지급합니다(논란이 있었죠). 여기에만 연 10조 원의 예산이 들어갑니다.

또 일하는 가구 중 어려운 집에 근로장려금을 현금 지급합니다. 2016년 기준 135만 가구가 1조 원의 근로장려금을 받았습니다. 자녀장려금이라고 형편이 어려운 국민이 아이 낳으면 또 현금을 조금 지원해 줍니다. 이것도 5천억 원 넘게 듭니다.

기본적으로 형편이 어려운 가정에는 국민기초생활보장제도가 적용됩니다. 정부가 매달 생활비를 지원합니다. 여기에도 연 10조 원 넘게 들어갑니다. 물론 현금을 지원하면 소주 사 드시는 분들도 일부 있지만요. 사회복지사가 쌀을 사다주면 그 쌀을 슈퍼마켓에 가져가서 소주로 바꿉니다……. 하지만 어찌 됐건 저소득층에 풀리는 돈은 대부분 다시 시중으로 돌아온다는 장점이 있습니다.

물론 사병들에게 월급을 100만 원씩 주려면 거기에 들어가는 5조 원만큼 세금을 더 거둬야죠. 그럼 모든 국민이나 기업의 주머니가 그만큼, 5조 원만큼 가벼워지겠죠. 그만큼 소비가 줄겠죠. 그래서 사병들로 인한 소비진작효과를 상당 부분 상쇄해 버릴 수도 있습니다. 일종의 구축효과인데요. 그래서 현금을 직접 지급하는 이런 정책은 의미 없다는 주장도 많습니다.

그러니 이제 문제는 '돈을 풀되 누구에게 풀까?'로 모아집니다. 확실한 것은 하나입니다. '돈을 풀려면 잠기지 않고 계속 소비될 수 있는 곳에 풀어야 한다.' 당연히 서민들에게, 곧 소비될 수 있는 곳에 풀어야 합니다. 물론 김 병장님도 그 유력한 후보 중 하나입니다.

2장

부동산과
주택 시장에 대해
꼼꼼히 따져봐야 할
질문들

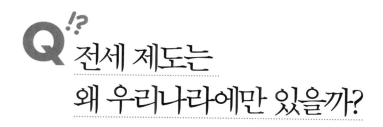

Q 전세 제도는
왜 우리나라에만 있을까?

전세 제도
한국에만 존재하다 점차 사라져가는 이상한 주택 임대 제도.

제가 5천만 원짜리 고급 승용차를 삽니다. 그리고 이 차를 누군가에게 3천만 원에 빌려줍니다. 앞으로 2년간 타는 조건입니다. 그리고 2년 후에 3천만 원을 돌려주고 차를 되돌려 받습니다. 그럼 차를 사는 게 좋을까요? 그냥 빌려 타는 게 좋을까요?

전세 제도는 이렇게 사실 말이 안 되는 제도입니다. 그래서 미국 경제학자들에게 한국의 전세 제도를 설명하기란 아주 어렵습니다. 아무리 설명을 해도 이해를 못합니다. "아니 왜 내 집을 5억에 사서 3억에 빌려주나요?"

그럼 과거에는 전세 제도가 어떻게 유지됐을까? 과거에는 집값이 계속 올랐습니다. 그래서 목돈은 없는데 3억 원짜리 집을 사고 싶다면, 내가 1억 원을 마련하고 2억 원 전세를 끼고 사는 방식이 보편적이었습니다. 우리 어머니 아버지 세대는 대부분 그렇게 집을 마련했습니다.

그런데 이제 무조건 집값이 오르는 시대는 지났습니다. 그러니 집을 구입하기보다 빌리려 합니다. 전셋값이 올라갑니다. 게다가 주택 공급량은 한정돼 있는데 1인 가구가 또 빠르게 늘어납니다. 전세 수요에 비해 전세 공급이 턱없이 부족합니다. 전셋값이 오를 수밖에 없는 구조입니다.

여기에 낮은 금리도 전세가격의 급등을 부추깁니다. 월세 50만 원은 전세 1억 5천만 원(전세대출 이자율 4퍼센트로 가정할 경우)과 같습니다. 따라서 월세를 선호하는 집주인이 월세 50만 원을 요구할 경우 세입자는 차라리 전세 보증금 1억 원을 올려주는 게 이익입니다.

이런 식으로 저금리가 전셋값을 올립니다. 금리란 곧 돈을 빌리는 비용인데, 돈을 빌려주는 비용이 더 싸졌습니다. 그러니 집주인의 실질이익이 줄고 그래서 월세를 더 선호합니다. 그래서 또 전세가 줄어듭니다. 전세를 찾는 수요는 늘어나고, 결국 전셋값이 올라갈 수밖에 없는 구조입니다.

그럼 전셋값은 더 오를까? 이론적으로 집값의 80퍼센트 이상 오르긴 어렵습니다. 세입자들이 무서워서 들어가지 못합니다. 집이 경매로 넘어갈 경우 집값의 80퍼센트에서 경매가 시작되기 때문입니다.

전세의 실종과 월세화는 피하기 어려워 보입니다. 실제 지금도 그렇게 되고 있고요. 이런 식으로 전 세계에서 우리나라밖에 없는 '전세'라는 주택 제도는 우리 생각보다 훨씬 빨리 한반도에서 소멸 중입니다.

이제 외국처럼 월세rents를 내게 됩니다.

월세 제도는 그 집의 시장가치가 정확하게 반영됩니다. 또 전세와는 다르게 집주인에겐 분명한 소득입니다. 전세는 그동안 '빚이냐 소득이냐' 논란으로 과세가 잘 안 됐습니다. 임대소득세에 대한 제도적 정비가 절실해집니다.

유럽의 집주인과 한국의 집주인은 뭐가 다른가?

임대소득세
한국에서는 안 내는 사람이 더 많은 이상한 세금.

세입자가 이사를 하고 주민센터에 가서 전입신고를 할 때 주민센터의 공무원이 물어봅니다. "보증금 얼마에 월세는 얼마죠?" 이처럼 월세를 시에 신고해야 합니다. 서울시가 시범 사업 중인데, 내가 집주인에게 내는 월세를 서울시가 왜 궁금해할까요?

우리 주택 임대시장은 전세가 대부분이었습니다. 하지만 빠르게 전세가 월세화되면서 월세라는 소득이 임대인에게 매우 중요한 소득이 됐습니다. 요즘 다들 그러잖아요. "오피스텔 하나 사서 월세나 받을까?" 그래서 이제 과세를 좀 제대로 해야 할 시점입니다.

과거 임대시장이 대부분 전세일 때는 세금을 부과하기가 애매했습니다. 전세 보증금이 과연 소득인가 빚인가? 일단 돈을 받기 때문에 은행에 예금할 경우 소득입니다. 그런데 이 돈은 전세 계약이 끝나면 다시 돌려줘야 합니다. 그래서 빚이기도 합니다. 과세를 하려고 해도 집주인 입장에서 '이게 무슨 소득이냐, 2년 있다 돌려주는 돈인데……' 반발이 커서 과세가 쉽지 않았습니다.

2014년 7월에 기획재정부가 2주택자 이상 전세에 임대소득세를 조금 부과해 보려고 했다가 실패했습니다. 여론의 몰매를 맞았습니다.

월세소득도 마찬가지입니다. 과거에는 '한 달에 몇십만 원 받는 월세까지 세금을 매기나?' 이런 정서가 강했습니다. 하지만 다른 소득과의 형평성 문제가 갈수록 커집니다. 특히 월세소득이 전체 소득에서 차지하는 비중이 자꾸 커집니다. 과세가 불가피합니다.

이를 위해 제일 중요한 게 누가 임대업으로 얼마나 버는지 정확하게 확인하는 것입니다. 주민센터가 당신의 월세를 묻는 이유도 여기 있습니다. 현행법상 임대사업을 하는 사람은 누구나 구청에 임대사업자로 등록을 할 수 있습니다. 의무 조항은 아닙니다.

이렇다 보니 어떤 집주인은 세금을 내고 어떤 집주인은 안 냅니다. 선진국에서는 상상할 수 없는 일입니다. 선진국은 워낙 임대사업의 역사가 오래됐죠. 100채, 200채씩 임대사업을 하는 사람도 많습니다. 하지만 그 임대인을 부동산 투기꾼으로 보기보단, 오히려 집 없는 사람들이 살 주택을 공급하는 주택 공급자로 봅니다.

이유는 그 임대인이 임대소득세를 당연하게 납부하기 때문입니다. 특히 임대소득은 탈세가 어려운 소득입니다. 임차인들이 모두 알고 있기 때문이죠. 그래서 우리나라에도 이런 전월세 신고 시스템이 빠르게 정비되고 있습니다. 대표적인 제도가 월세 소득공제 제도입니다.

소득공제를 받기 위해 연말정산 때 신고를 하면 집주인의 월세소득이 고스란히 드러납니다. 그 집을 떠난 뒤에도 얼마든지 신고가 가능합니다.

이미 실거래가 신고 시스템이 도입되어서 아파트를 사고팔거나 전월세 계약을 하면 중개인을 통해 해당 자료가 서울시나 정부로 들어갑니다. 부동산 정보광장이나 국토부의 실거래가 홈페이지에서 누구나 확인할 수 있습니다.

이 시스템은 거래가격의 추이를 알기 위해 도입됐지만, 사실은 전월세 소득을 확인하는 시스템으로 진화 중입니다. (확인해 보니, 서울 강남역 우정에쉐르는 16제곱미터가 보증금 4천만 원에 월 25만 원으로 계약됐다.)

이를 토대로 점진적으로 임대소득에 과세를 확대할 계획이라고 합니다. 가장 좋은 과세는 납세자의 반발이 가장 적은 과세니까요. '거위도 모르게 거위털을 뽑는' 과세가 가장 좋은 과세입니다.

집주인들의 반발은 계속됩니다. '한 달 월세 100만 원 조금 더 받는데 그걸 세금을 매기느냐!' 집주인들의 반발로 2015년 연 임대소득 2천만 원 미만 임대사업자에 대한 과세는 다시 2017년까지 2년 유예됐습니다.

또한 정부는 집을 두 채 가지고 있는 이들의 월세소득까지 과세를 하면 지역 건강보험료가 급증하는 문제 등이 발생한다며 강하게 반대합니다. 덕분에 집을 두 채 갖고 연 2천만 원 이하의 월세소득을 올리는 집주인들에 대한 과세는 또 어려워졌습니다. 정부와 정치권은 최근 이 과세를 2019년까지 미루는 방안에 합의했습니다.

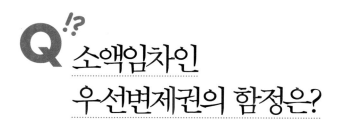

Q!? 소액임차인 우선변제권의 함정은?

소액임차인 보호제도

당신이 가난한 무주택자라면 반드시 알고 있어야 하는 전세 세입자 보호제도.

전세 계약을 할 때 집주인에게 이미 선순위 대출이 있다면 부동산 등기에 근저당이 설정돼 있습니다. 집주인이 은행에 1억원 빌렸으면 1억 2천만 원 정도 설정됩니다(보통 대출액의 20퍼센트 정도 더 설정한다. 혹시 갚지 않으면 연체이자까지 받아야 하니까).

하지만 이를 확인하지 않고 전세 계약을 했다가 뒤늦게 선순위 채권자가 나타나 전세 보증금을 떼이는 경우가 적지 않습니다. 특히 요즘은 워낙 전세 보증금이 주택 가격의 목까지 차올라서 더 위험합니다.

그래서 각 자치단체가 소액 전세 임차인의 보증금을 최소한이라도 지켜주는 제도를 운영합니다. 서울은 전세 보증금 1억 원 이하, 수도권은 8천만 원 이하, 광역시는 5천만 원 이하(해마다 변동)의 서민들

전세는 혹시 집이 경매로 넘어가 세입자가 후순위라고 해도 우선 얼마는 받을 수 있도록 법으로 정해놓은 겁니다. 바로 '소액임차인 우선변제권' 제도입니다. 선순위 채권자가 아니더라도 얼마까지는 전세 보증금을 돌려받을 수 있습니다.

그러니까 먼저 집주인에게 돈을 빌려준 선순위 채권자들이 있어도, 서민 세입자에게는 3,400만 원(수도권은 2,700만 원)을 먼저 돌려줘야 하는 겁니다. 그런데 여기서부터 복잡합니다. 꼭 다 돌려주는 게 아닙니다!

만약 집주인이 주택 가격의 대부분을 이미 대출을 받아놓고 뒤늦게 전세 세입자를 후순위로 받았다면 우선변제권을 적용받지 못합니다. 판례가 그렇습니다.

누가 봐도 해당 주택의 선순위 채권이 전세 보증금을 보장하지 못할 만큼 많은데, 세입자가 이를 알고도 (무책임하게?) 전세 계약을 했다면, 법원은 이런 세입자까지 보호하지는 않습니다. 대출금이 많은 집주인이 전세 보증금을 받아 써버릴 가능성이 높은 것을 알고도 전세 계약을 한 세입자까지 보호하지는 않겠다는 취지입니다. 이런 소송이 2015년 인천에서만 500건이 넘었습니다.

심지어 이런 법조항이 있다는 것을 악용해 선순위 대출이 많은 주택에 저렴한 전셋집을 알선해 주는 부동산 중개인들도 있습니다. 또 이런 중개인들 때문에 서민들이 잇달아 낭패를 본다는 것을 알아차린 법원의 젊은 판사들이 설명회까지 열어 이런 피해를 주의하라고 당부까지 할 정도입니다. 그러니 시세보다 턱없이 싼 전세를 소개하면서 우선변제권이 있어 안심하라는 부동산 중개인은 믿으면 안 됩니다.

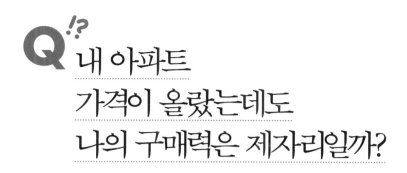

Q!? 내 아파트
가격이 올랐는데도
나의 구매력은 제자리일까?

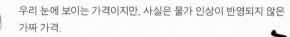

명목가격 nominal price
우리 눈에 보이는 가격이지만, 사실은 물가 인상이 반영되지 않은
가짜 가격.

　　명목가격에 물가를 반영하면 실질가격$^{real\ term\ price}$이 됩니다. 5년 전 가격이 1억 원이었던 아파트가 지금 1억 2천만 원이라면, 명목가격(명목가치)은 2천만 원 올랐지만, 만약 이 기간에 물가도 20퍼센트 올랐다면 실질가격(실질가치)은 오른 게 없는 겁니다. 간단하죠.

　실질가격이 오른 게 없다는 말은 내가 이 아파트를 팔아서 식당을 하나 인수하려 했는데, 식당도 그만큼 가격이 올랐단 뜻입니다. 내 구매력은 변동이 없는 겁니다.

　실제 최근에 나온 국제결제은행^{BIS} 자료를 보면, 2010년 한국의 집 값을 100이라고 했을 때, 2015년 1분기 한국의 집값은 111로 11만큼 올랐습니다. 그런데 실질가치로 치면 101.5에 그쳤습니다. 그러니까 그 사이 다른 가격도 그만큼 오른 거죠. 오른 게 오른 게 아닌 겁니다.

좀 멀리 15년 전부터 보면요, OECD 자료를 《이코노미스트》가 분석한 게 있습니다. 15년 전인 2000년 4월에 한국의 주택 가격을 100으로 보면, 2015년 1분기에는 180이 넘습니다. 명목가격은 크게 올랐습니다. 하지만 역시 실질가치로 보면 120이 조금 넘습니다. 15년 동안 오르긴 올랐는데 크게 오르진 않은 거죠. 그래도 다른 것보다 많이 오른 겁니다.

그럼 물가만큼 올랐으면 내가 손해는 안 본 것일까? 예를 들어 물가가 3퍼센트 올랐으니까 연봉도 3퍼센트만 올려주면 손해는 안 볼까? 그럼 내 구매력으로 살 수 있는 다른 재화나 서비스의 가치는 변화가 없을까?

예를 들어 제 월급이 100만 원에서 110만 원으로 올랐습니다. 물가도 10퍼센트 올랐습니다. 물가도 제 월급도 10퍼센트씩 올랐습니다. 사고 싶은 LCD TV 가격도 10퍼센트 올랐습니다. 그러니 최소한 손해는 아닐 것 같은데요.

월급 100만 원 ➡ 110만 원　　10퍼센트 ↑

　　　　　　물가　　10퍼센트 ↑ 올랐다면?

　　　　　　나는 손해는 안 본 걸까?

그런데 매장에 가보니까 못 보던 드론이 출시됐습니다. 이건 어떻게 구입하실래요? 지갑의 월급은 10퍼센트 올랐는데 시장에는 드론처럼 늘 새로운 부가가치가 만들어집니다(없던 물건이나 서비스가 생겨난다는 뜻이다). 그러니까 사실은 물가만큼만 올라도 안 되고, GDP 성장률만큼 올라야 본전입니다.

GDP 성장률은 새로운 부가가치의 합을 의미합니다. 그러니 기존 재화와 서비스 가격이 오른 것과 별개로 새롭게 만들어진 부가가치를 구매할 만큼의 소득도 올라줘야 한다는 뜻입니다. (이는 할아버지가 손자의 대학 등록금을 지원해 주시는데 물가 인상분만큼 등록금 인상분을 추가로 지원해 주신다고 해도, 손자의 TOEIC 학원비처럼 새롭게 추가되는 비용에 대해서는 지원을 해주지 않기 때문에 가계부는 더 힘들어지는 것과 같은 의미다.)

그러니까 아파트 가격이 물가만큼만 오른다고 해도 사실은 손해입니다. 월급도 오르고 뭔가 자꾸 오르는데, 내가 살 수 있는 재화나 서비스(구매력)는 자꾸 줄어든다는 느낌이 드는 이유도 이 때문입니다. 그 느낌은 정확한 것입니다.

물론 아파트라는 재화를 사용한 값이 또 있습니다. 아파트도 결국은 소비재입니다. 사용할수록 가치가 떨어지고 가격이 내리는 것은 당연합니다. 그런 측면에서 아파트 가격이 떨어지지만 않아도 사실은 이익입니다(이건 좀 다른 문제긴 하지만요).

그런데도 우리는 집값은 올라야 한다는 당위(?)에 빠지는 경우가 많습니다. 그래서 집값이 정체만 되어도 집주인은 어딘가 손해라고 생각합니다. 소비재인 주택을 온 가족이 이용하는 혜택[benefit]은 간과합니다. 그리고 집값이 오르길 바라고 또 바랍니다.

Q!? 너희 아파트 용적률만 올려주면 안 되는 이유?

용적률
당신의 집이 몇 층까지 올라갈 수 있는지 정해놓은 비밀 등급표.

　　몇억 원짜리 아파트를 구입하면서 이 아파트가 몇 종 주거지역인지, 용적률은 몇 퍼센트나 썼는지 확인도 하지 않고 사는 분들이 많습니다. 하지만 그런 사항들은 자동차의 연비나 주행거리, 배기량보다 우리의 미래에 훨씬 큰 영향을 미칩니다. 매우 중요합니다. 시간이 흐르면 사실상 용적률이 그 아파트의 시세를 결정하니까요.

　　만약 용적률이 300퍼센트까지 가능한 지역인데 용적률을 289퍼센트 사용한 아파트와 219퍼센트 사용한 아파트가 있다면, 미래 시세는 크게 달라집니다. 219퍼센트만 사용한 아파트는 훗날 더 높고 넓게 재건축이 가능합니다. 일반분양 물량이 많아져 그 수익이 조합원에게 돌아갑니다. 재건축이 많이 남는 장사가 됩니다. 당연히 재건축 추진이 훨씬 더 쉬워집니다.

아이의 키는 성인이 될 때까지 얼마나 자랄지 아무도 모르지만, 아파트는 블록마다 종이 결정돼 있어서 올릴 수 있는 층수와 면적이 정해져 있습니다. 그게 용적률과 주거지역 '종' 구분입니다. 그러니 반드시 알고 사야 합니다.

만약, 재건축이나 재개발 사업성이 떨어지는 지역의 용적률을 펑펑 올려주면 다 같이 부자가 될까? 불가능합니다. 일단 형평성에 맞지 않습니다. 재건축을 할 때 용적률 1퍼센트에 따라 해당 부지에 아파트를 얼마나 더 높게, 더 넓게 지을 수 있는지가 결정됩니다. 결국 용적률이 재건축 아파트의 가격을 결정합니다. 용적률 1퍼센트가 곧 돈입니다. 그런데 이 골목은 올려주고 저쪽 대로변은 안 올려주면요?

또 하나, 여기저기 다 용적률을 올려주면 새로 짓는 주택의 공급이 그만큼 늘겠죠. 공급이 늘면 가격이 떨어집니다. 다른 아파트 가격이 떨어집니다. 해당 아파트의 수익성이 높아진 만큼 공급 과잉으로 이 지역 다른 아파트 가격이 (눈에 보이지 않게) 떨어집니다. 다른 주민들은 영문도 모르고 손해를 봐야 합니다.

그리고 기본적인 기반시설들이 기존 아파트의 높이와 넓이에 맞춰져 있습니다. 도로며 가로등이며 하수 용량, 공원 부지, 학교 교실까지 '이 아파트 단지에 몇 명쯤 살겠구나' 하는 기준에 맞춰져 있습니다. 용적률을 자꾸 올려주면 이런 기반시설이 모두 부족해집니다.

그래서 올려주더라도 그 개발 이익이 공공 또는 서민들에게 돌아가도록 형평성을 고려하면서 조금씩 올려줘야 합니다. 가장 대표적인 방법이 용적률을 일정 정도 올려주는 대가로 공원 용지를 마련하거나 임대아파트를 지어 사회에 기부하는 방법입니다.

용적률은 지난 수십여 년 동안 우리에게 공짜로 새 아파트를 주는 마법 지팡이 같은 존재였습니다. 그래서 다들 재건축하면서 이 마법 지팡이를 마음껏 소비하고 있습니다. 과거 5층짜리 주공아파트는 이제 거의 다 15층에서 33층까지 올라갔습니다. 용적률을 다 써버린 아파트는 이제 우리 돈 주고 재건축해야 합니다.

그런데도 지금 용적률을 다 써버린 아파트를 구입하는 소비자는 언젠가는 또 공짜로 재건축이 될 것이라고 믿습니다. 심지어 해당 아파트가 용적률을 얼마나 사용 중인지도 모르고 아파트를 구입합니다. 세탁기 사면서는 용량을 확인하지만, 수억 원짜리 아파트는 용적률도 확인하지 않고 계약서에 도장을 찍습니다.

트럼프는 하늘의 용적률도 사고판다

진짜 하늘의 공간도 사고팝니다. 2016년 10월 미국 뉴욕 시 도시계획위원회^{CPC}가 맨해튼의 '피어40'이라는 선착장에 지어진 빌딩의 공중권$^{air\ right}$을 제3의 개발사에 1억 달러에 매각하는 방안을 승인했습니다. 이제 이 공중권을 산 개발사는 그 땅에 그만큼 더 높은 건물을 지을 겁니다. 주상복합 건물과 호텔이 들어선다는데요.

그러니까 A부지는 맨해튼의 10층 건물인데 15층까지 올릴 수 있다고 가정합시다. 우리로 치면 용적률이 15층까지 가능한 거죠. 그런데 옆의 B부지 빌딩은 30층인데 35층까지 올리고 싶어 합니다. 그럼 A부지 주인이 5층만큼의 공중권을 B부지의 빌딩 주인에게 파는 거죠.

지난 2013년까지 도널드 트럼프는 뉴욕 소호^{Soho} 지역에 최고급 호텔을 지으며 주변 건물의 공중권을 모두 매입했습니다. 자신의 호텔을 더 높게 지으려는 게 아니고, 자신의 호텔에서 맨해튼 소호 지역을 장애물 없이 내려다볼 수 있게 하려는 의도였다.

이 신기한 제도는 사실 우리나라에도 있습니다. '용적률 거래제'입니다. 비슷합니다. A부지 주인이 B부지 주인에게 자신이 쓰고 남은 용적률을 파는 겁니다. 아무래도 인접한 건물에서 대로변에 위치하는 등 수익성이 더 좋은 땅의 주인이 수익성이 떨어지는 건물의 공중권을 사겠죠.

이 제도는 2015년 12월에 국회를 통과했습니다. 조건이 있습니다.

두 거래 대상 건물이 100미터 안에 있고, 상업지역이나 역세권 개발 지역 등 좀 북적북적한 도심에만 가능합니다. 그리고 30년까지 유효합니다. 30년 후에는 그 땅의 용적률은 원위치!

물론 거래가격은 매수자와 매도자가 알아서 결정합니다. 그래서 "더 높게 올린 건물 한 층을 줄게 당신 네 용적률 8퍼센트를 주세요"도 가능합니다. 그런데 좀처럼 활성화가 안 됩니다. 그 공중권에 대한 가격을 어림잡아 추정을 못해서 좀처럼 거래가 이뤄지지 않습니다. 인허가를 내주는 구청에서 제도 시행도 안 해봤고요.

하지만 '하늘에 건축물을 어디까지 지을 수 있는 권리'는 분명히 법적으로 사고팔 수 있습니다. 봉이 김선달처럼 말이죠…….

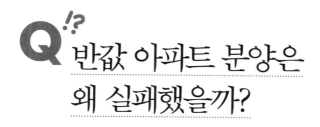

반값 아파트 분양은 왜 실패했을까?

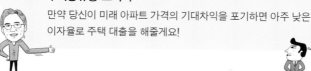

수익공유형 모기지

만약 당신이 미래 아파트 가격의 기대차익을 포기하면 아주 낮은 이자율로 주택 대출을 해줄게요!

보다 싸게 주택을 공급하려는 아이디어. 먼저 수익공유형 모기지입니다. 2013년에 도입됐습니다. 1.5퍼센트 고정금리로 집값의 70퍼센트까지 빌려줍니다. 3억 원 주택이라면 2억 1천만 원까지 대출이 가능합니다(실제 은행 창구에서는 대출 상한이 2억 원이다).

월 이자는 30만 원 미만입니다. 따라서 3억 주택을 수익공유형 모기지로 구입한다면 보증금 1억 원에 월세 30만 원에 거주하는 것과 비슷합니다. 단 생애 최초 주택 구입자나 5년 이상 무주택자로, 부부 합산 총소득 연 6천만 원 이하(생애 최초 주택 구입자는 연간 7천만 원 이하)인 분들이 대상입니다.

3억 원 주택에 거주하는 두 가지 방법

- 수익공유형 모기지 : 1억 원(내 돈)＋2억 원(대출)＝월 1.5퍼센트의 이자
부담 약 30만 원
- 반전세 주택 : 1억 원(전세 보증금)＋월 30만 원 월세

수익공유형 모기지에는 재밌는 조건도 들어 있습니다. 가입 7년이 지나 살고 있는 집의 가격이 올랐다면 이익을 은행과 나누는 겁니다. 집값을 반반씩 냈다면 이익도 반반씩(그래서 어느 신문기사에서는 양념 반 프라이드 반이라고 했다는!) 나눕니다.

하지만 7년 지나 집값이 떨어지면 이건 집주인이 혼자 책임집니다. 은행은 집값이 오를 경우에 이익만 가져갑니다. 은행은 집값이 떨어지면 책임지지 않습니다. 이 때문에 1.5퍼센트 금리 대출이 가능해지는 구조입니다.

이 상품은 정부가 개발했지만 운영은 우리은행 등이 합니다. 어떻게 민간은행이 1.5퍼센트로 대출을 해줄까? 주택도시보증공사가 은행에게 최소 수익을 보장해 준다고 약속을 했거든요. 주택도시기금으로요. 그래서 '왜 일부 국민의 혜택을 다수 국민이 나눠지느냐'는 논란이 일기도 했습니다.

중요한 것은 집을 소유하는 방법이 여러 금융기법을 통해 다양해진다는 거죠. 신용과 자본을 버무려서 부동산 같은 자산을 사들이는 여러 방법이 등장합니다. 문제는 '집＝소유'라고 생각하는 우리의 오랜 관념이 이같은 시도를 번번이 실패하게 만듭니다. 사실상 2015년 유명무실한 제도가 됐습니다.

대표적인 게 '토지임대부 아파트'입니다. 정부나 자치단체 땅에 아파트를 짓고 건물 소유권만 분양을 하는 거죠. 2000년대 후반 정치권에서도 꺼낸 카드입니다. 당시 여당이나 야당, 시민단체도 모두 이 반값 아파트를 들고 나왔습니다. 그게 대부분 토지임대부 아파트입니다.

예를 들어 30년간 안심하고 반값에 아파트를 분양받아 사는 거죠. 일정 기간 이후에 다시 토지까지 살 수 있는 선택권을 주기도 합니다. 사실은 1970~80년대에 이런 아파트가 꽤 있었습니다. 지금도 남아 있어요. 서울 한복판 남산의 남산맨션도 땅은 정부 소유입니다(재건축이 쉽지 않겠죠?).

토지임대부 아파트는 2006년에 다시 도입돼 경기도 군포시 부곡동 등에서 분양됐습니다. 하지만 대부분 청약이 크게 미달됐습니다. 실제로 월 임대료 등을 따지니 반값이 아니었습니다. 당시 군포 부곡의 토지임대부 H아파트를 선택한 389세대 중 끝까지 토지임대 조건으로 분양 전환을 선택한 가구는 단 3세대에 불과했고, 나머지 386세대는 다시 일반 분양됐습니다.

또다른 형태의 반값 아파트는 '환매조건부 아파트'인데요. 예를 들어 반값에 입주합니다. 4억 원짜리 아파트를 2억 원만 내고 사는 겁니다. 그리고 20년 후에 집주인이 원하면 정부나 자치단체가 다시 사주는 방식이에요. 이자비용까지 포함해서 다시 사줍니다. 대신 20년간 이 집을 팔 수는 없습니다. 집주인은 저렴하게 거주하고 정부나 자치단체는 개발이익(집값이 오른 값)을 가져가는 방식입니다.

그러니까 토지임대부 아파트나 환매조건부 아파트나 진짜 실수요자, 즉 '나는 집값 오르는 거 바라지 않으니까 우리 가족이 수십 년간 편하게 살 수 있는 집을 싸게 공급해 달라'는 실수요자에게 맞는 거죠. 실제 2007년에도 이런 아파트를 분양했습니다.

그런데…… 거의 청약을 하지 않았습니다. 분양은 실패했습니다. 일단, 반값이 아니라 이것저것 따져보니 분양가가 주변 시세의 거의 70~80퍼센트가 돼버렸습니다.

또 근본적으로 소비자들은 소유를 원했습니다. 내 집을 갖고 싶은 거죠. 마음속 깊이 내 집에 대한 욕구가 생각보다 강했습니다. 반값에 살아도 그때 가서 집값이 오르면 정부나 자치단체가 이익을 가져간다니까, '에이, 그거는 아니지……' 하면서 반값 아파트 실험은 번번이 실패했습니다.

정부는 2015년에 수익공유형 모기지의 가입 조건을 크게 낮추는 새로운 공유형 모기지를 도입하려 했지만, 수요가 너무 없어 사업 초기에 포기했습니다.

우리는 반값 아파트를 원하지만, 한편으로는 혹시 집값이 오르면 그 이익은 내가 가져가야 한다는 마음도 버리지 못한다.

그래서 정부와 땅을 공유하거나 20년 후에 되팔아야 하는 반값 아파트 시도는 계속 실패합니다. 우리에게 집은 여전히 사는 곳^{where we live}이 아니라 사는 것^{what we buy}입니다. 선진국에서는 일반화돼 가는 '다양한 소유 방식에 의한 거주'가 좀처럼 현실이 되지 못하는 이유가 여기 있습니다.

Q⁉️ 국민연금으로 임대아파트를 지으면 왜 문제가 될까?

임대아파트

정부가 다리도 지어주고 학교도 지어주는데 왜 집은 지어줄 거라고 생각하지 않나? 임대아파트는 정부의 시혜가 아니고 정부의 의무다.

2015년 전국의 주택보급률은 이미 100퍼센트를 넘었습니다. 전체 총 100가구가 있다고 할 때 주택은 100채가 넘는다는 뜻입니다. 그런데도 내 집이 없는 국민이 40퍼센트를 넘습니다.

심지어 주택보급률이 110퍼센트를 넘어가는 선진국도 최소 30퍼센트가량의 국민들이 남의 집에 얹혀 삽니다. 이는 아무리 국민 평균 소득이 높아지고 주택 공급이 늘어나도, 상당수의 국민은 결국 공공임대주택이 필요하다는 뜻입니다.

우리는 공공임대주택 재고율이 6퍼센트(2016년 기준) 남짓에서 좀처럼 높아지지 않습니다. 특히 2010년 이후 LH(한국토지주택공사)의 부채가 100조 원을 넘어가면서 좀처럼 공공임대주택 공급이 늘어나지 않습니다.

대신 뉴스테이$^{new stay}$ 같은 민간자본으로 공급하는 짝퉁(?) 공공임대주택만 늘어납니다. 이런 기업형 임대주택은 여러 장점이 있지만 결국 시장 평균보다 약간 낮은 수준의 임대료를 내고 들어가야 하는 임대주택입니다. 서민들에겐 그림의 떡입니다.

그래서 곳간이 500조 원이 넘는 국민연금이 투자해 공공임대주택을 짓고 서민들에게 저렴한 임대료를 받는 방식이 가능합니다. 예를 들어 정부가 공공 임대아파트용 채권을 발행하면 국민연금이 이 채권을 인수합니다(국민연금이 정부에 돈을 빌려준다는 뜻이다).

그럼 돈이 정부로 들어가고, 정부는 그 돈으로 저렴한 임대주택을 건설합니다. 적당한 전월세를 받아서 3~4퍼센트 정도 수익을 내서 그 돈으로 국민연금이 인수한 채권의 이자를 주는 방식입니다.

심지어 국민연금이 직접 임대사업을 할 수도 있습니다. 장점은 일단 부족한 전월세 주택이 늘어날 겁니다. 영국이나 독일 등 선진국 대부분이 정부 재정보다 공공이나 비영리법인이 임대주택을 공급하고 적정한 월세를 받아 수익을 내는 구조입니다.

서민들은 월 10~20만 원 정도만 내고 이 공공임대주택에 입주합니다. 이 경우 임대주택 공급이 늘어 중위소득 가구가 주로 입주하는 전세나 월세 가격도 내려갑니다. 결국 서민은 물론 중산층도 도움이 됩니다.

게다가 국민연금은 마땅히 투자할 곳이 없습니다. 곳간의 500조 원 중 400조 원이 국내 투자입니다. 단연 주식입니다. 그런데 워낙 증시에 투자를 많이 했습니다. 유가증권시장에 상장된 웬만한 우량기업은 대부분 10퍼센트가량 지분을 갖고 있습니다. 더 투자할 기업도 없어 보입니다. 삼성전자 주식을 무려 19조 원 넘게 갖고 있습니다 (2016년 8월 기준). LG상사는 지분의 13퍼센트가 국민연금 몫입니다. 국민연금은 이미 우리 거의 모든 우량기업의 대주주가 됐습니다.

국민연금이 임대주택 사업을 하면 이런 편중된 투자를 부동산으로, 특히 서민 주거로 돌릴 수 있다는 장점이 있습니다. 국민연금 곳간은 2020년 무렵에는 900조 원을 육박합니다. 수익률이 좋은 대체투자 비중을 늘리고 있지만, 대부분 해외투자입니다. 우리 투자금이 해외로 빠져나간다는 단점이 있습니다.

아무래도 국내에 투자하는 게 좋습니다. (해외투자가 간절하다면서 국민연금이 자꾸 수익률 높은 해외 대체투자로 눈을 돌린다.) 국내에 투자된 돈은 결국 국내에서 돌며 소비되고 또다시 투자됩니다. 누군가 소비하고 누군가의 소득이 될 겁니다.

문제는 이렇게 국민연금으로 임대아파트를 건설할 경우, 정부가 돈이 부족할 때마다, 또 사회적으로 투자가 필요할 때마다 국민연금 곳간을 쳐다보게 됩니다. 유치원이 부족하면 국민연금으로 짓고, 건강보험 재정이 부족하면 국민연금으로 보충하게 됩니다.

대학생 학자금이 부족해도 국민연금으로 해결하고, LH의 빚도 일단 국민연금으로 갚자는 주장이 나올 겁니다. 정치권에서 꾸준히 너무 부족한 공공임대아파트를 국민연금으로 짓자는 주장이 나옵니다. 많은 사람들이 공감합니다. 하지만 현실은 쉽지 않아 보입니다.

Q 아파트로 돈을 버는 것도 아닌데 왜 해마다 재산세를 낼까?

재산세 property tax
선진국에 비해 우리가 턱없이 적게 내는 세금의 한 종류.

국민개세주의國民皆稅主義. 모든 국민은 세금을 내야 합니다. 조건은 하나. 소득이 있으면 세금을 물립니다. 건물도 아파트도 임대소득이 있다면 과세는 당연합니다. 그런데 그냥 내가 거주하는 아파트에도 해마다 재산세가 나옵니다. 풀만 무성한 나대지에도 재산세를 부과합니다.

돈도 안 되는 부동산은 왜 소유만 해도 세금을 내야 할까요? 이 논란은 경제학자들의 매우 큰 먹거리 중 하나입니다. 이유는 땅이라는 재화가 한정돼 있기 때문입니다.

나무나 운동화나 자동차나 거의 대부분의 재화는 계속 생산이 가능하다. 그런데 땅이나 공기, 강이나 바다 같은 재화는 더 이상 생산할 수 없다. 그런데 인류는 수천 년 전부터 그중에서 유독 땅만 사적인 소유권을 인정해 왔다.

수천 년 전부터 땅을 갖고 있으면 삶이 매우 유리해지죠. 밭을 빌려주고 사무실을 임대해 주고, 상가를 임대해 주고, 앉아서 돈을 법니다. 이걸 경제학에서 '지대^{rent}'라고 합니다. 지구라는 별의 모든 자본은 사실 여기서 출발합니다.

사실 따져보면 분명합니다. 건물을 갖고 있으면 세 들어서 열심히 일하는 식당 주인보다 쉽게 돈을 벌잖아요. 그래서 경제학자들이, 특히 150여 년 전에 '헨리 조지$^{Henry\ George}$'라는 미국의 경제학자가 '땅의 소유권은 인정하되, 토지보유세를 엄정하게 부과하자'고 주장합니다. 이후 이런 주장을 하는 경제학자를 '조지스트^{Georgist}'라고 부릅니다. 알버트 아인슈타인도 헨리 조지의 열렬한 추종자였습니다.

"불행히도, 헨리 조지 같은 사람을 찾기는 쉽지 않습니다. 그처럼 지적인 날카로움과 예술가 같은 행동방식, 정의를 향한 뜨거운 열정을 고루 갖춘 사람은 없을 것입니다."

— 알버트 아인슈타인

물론 나라마다 보유세는 천차만별입니다. 보유세, 정확하게는 재산세죠. 우리나라 재산세는 선진국보다는 낮은 편입니다. 미국은 해마다 집값의 1퍼센트 정도 보유세를 냅니다. 10억 원짜리 집을 갖고 있으면 거의 1천만 원 이상 냅니다. 주마다 조금씩 다르지만요.

우리는 이런저런 공제를 빼면 재산세 실효세율이 0.1퍼센트에서 0.3퍼센트 수준입니다. 재산세로 연간 8조 원가량을 거둬들입니다. (참고로 담배세 세수는 2016년에 13조 원가량이다.)

헨리 조지는 1879년에 『진보와 빈곤』이라는 책을 썼습니다. 조지는 이 책에서 인류의 기술이 진보하는데도 여전히 극단의 빈곤이 존재하는 이유를 찾았습니다.

그는 근본적으로 임금이 자본으로부터 나오지 않고 인간의 노동으로부터 나온다고 믿었습니다(내가 곡식을 기르거나 닭을 사육해 달걀을 낳을 경우 누군가 나에게 임금을 준다면 그 임금은 근본적으로 어디서 나온 것인가?). 하지만 이를 통해 생산이 늘어도 임대료 등 지대가 상승하면 자연스레 노동자에게 돌아갈 임금은 줄어든다고 설명합니다.

『진보와 빈곤』은 당시에 20만 부 이상 팔려서 『성경』 다음으로 많이 팔린 책이 됐습니다. 그때도 사람들은 '격차를 어떻게 해소할까?'에 관심이 많았나 봅니다.

"왜 이토록 거대한 부를 만든 시장경제에서 왜 이토록 거대한 빈곤이 사라지지 않는가?"

— 헬렌 켈러, 조지스트

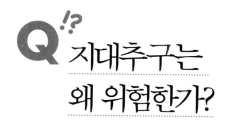

Q^{!?} 지대추구는 왜 위험한가?

지대추구 rent seeking
이익을 나만 사유하기 위해 담을 쌓는 나쁜 행위들.

지대를 유지하고 강화하려는 움직임을 '지대추구'라고 합니다. 여기서 지대란 별다른 노력 없이 얻는 기득권적 소득을 가리킵니다. 공정한 경쟁을 막고 특정한 제도와 자산을 이용해 자신만의 이익을 독점하려는 것이 지대추구입니다.

대표적인 게 부동산 등 땅을 이용한 지대추구입니다. 땅처럼 한정된 자원으로 얻는 이득은 불공정해지기 쉽습니다. 또 지나친 이윤 추구로 이어지기 쉽습니다. 누구는 땀 흘려 일하고 땀 흘려 일한 근로이윤의 상당 부분을 임대료로 내죠. 누구는 그 임대료로 땀 흘려 일한 사람보다 몇 배의 소득을 얻습니다.

시장경제의 불균형이 가장 적나라한 부분입니다. 그만큼 경제학자들의 관심이 이어집니다. 특히 땅을 가진, 또는 이런 한정된 공급 권리를 가진 사람들은 자연스럽게 지대추구를 이용해서 공급을 제한하거나 공급을 비탄력적으로 만들려고 합니다. 피부과 의사는 필사적으로 치과 의사의 미용 관련 시술을 막으려 합니다. 즉, 누가 그 일을 잘해도 그 업종의 일을 지나치게 하지 못하게 막는 것도 일종의 지대추구입니다.

동네 작은 담벼락이 무너졌다. 공사를 잘하는 슈퍼마켓 아저씨가 담을 다시 올리기 위해 시멘트를 사 왔다. 그런데 누군가 자격을 가진 사람이 찾아와 "건축사 자격증 있어요?" 이렇게 묻는다면 이것도 일종의 지대추구다.

진입장벽을 통해 또다른 공급을 제한하고 그것을 통해 이윤을 추구하는 거죠. 혁신과 노동을 통해서가 아니라 업종 간 담을 쌓아서 이윤을 얻으려 하면 시장경제는 발전이 어려워집니다.

"저도 면세점 할래요!" 대기업들이 서로 경쟁합니다. 하지만 면세점은 특정 기업만 세금을 안 받고 물건을 팔 수 있도록 허락한 특혜사업입니다. 이 특혜사업도, 또 이 특혜사업을 서로 제한하려는 움직임도 큰 틀에서 보면 지대추구입니다. 효율적이지도 않고 공정하지도 않습니다. 건강한 시장경제의 발전을 막습니다.

'우물을 팠는데 이건 내 땅이니까 여기서 돈 내고 물을 길어 가고 다른 우물은 파지 마세요.' 이런 태도가 지대추구입니다. 그래서 많은 보고서들이 지대추구가 늘어날수록 경제 성장에 장애가 된다는 것을 증명합니다.

　우리 주변에서 이런 지대추구를 찾는 것은 어려운 일이 아닙니다. 오늘도 초음파 진단기기를 한의사들에게 팔지 못하도록 압력을 넣은 의사협회가 공정위에 적발됐더군요.

"지대추구는 사회 구성원 다수를 희생시켜 특정 세력에게 이익을 몰아주는 것."

—조셉 스티글리츠, 2001년 노벨 경제학상 수상자

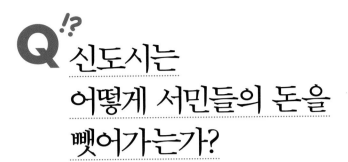

Q^{!?} 신도시는 어떻게 서민들의 돈을 뺏어가는가?

신도시 건설
노후 주택가에 사는 시민들의 돈을 몰래 훔쳐 가는 주택정책.

단기간에 대규모로 주택 공급을 할 수 있습니다. 아파트만 공급하는 게 아니고 도시 인프라가 들어섭니다. 도로며, 학교며, 공원이며, 심지어 교회 부지까지 다 자리가 정해져 있습니다. 도시가 잘 정돈되고 난개발이 없습니다. 신도시의 장점입니다. 일산이나 분당 신도시에 가면 단란주점이나 노래방은 특정 블록 한두 건물에 다 들어 있죠? 이런 계획적인 도시 건설이 가능합니다.

과거 이런 신도시를 공급하면서 우리는 분명 더 좋은 주거환경을 만들었습니다. 뛰는 집값을 잡는 데도 도움이 됐습니다. 그런데 지금은 이야기가 달라졌습니다. 경제성장률이 예전만 못합니다. 경제가 예전처럼 확대되지 않습니다. 특히 인구가 더 이상 늘어나지 않습니다(곧 줄어들기 시작한다).

그런데도 도시가 지금 속도로 계속 확대된다면 기존의 노후 주택에 거주할 인구가 부족해질 겁니다. 이 경우 신도시는 필연적으로 몇 가지 부작용을 낳습니다. 무엇보다 신도시에 아파트를 수만 가구씩 분양하고 나면, 구도심 재개발 여력이 떨어집니다.

그 도시에 필요한 아파트가 모두 100채라고 가정해 보죠. 산동네나 구도심 주택 10가구를 재개발해서 20가구로 늘려야 하는데, 갑자기 도시 저쪽 신도시에 아파트 50채가 들어섭니다. 이제 구도심 재개발 사업은 어려워집니다.

재개발의 첫 조건은 누군가 새 아파트를 사주는 것입니다. 분양이 돼야 합니다. 그 돈으로 재개발을 시작합니다. 그런데 이미 구매력을 갖춘 지역 주민 상당수가 도시 저쪽 신도시 아파트를 분양받았습니다. 이는 새로운 식당에서 고급 메뉴가 잘 팔리는 것과 비슷합니다.

이미 고급 메뉴로 식사를 한 사람들은 오늘은 기존 식당을 찾지 않을 겁니다. 두 번 식사를 할 순 없으니까요. 결국 기존 식당의 매출은 크게 줄어듭니다.

신도시 아파트가 많이 팔리면 구도심 아파트는 재개발 동력을 잃는 것도 이런 맥락입니다. 송도나 청라처럼 대규모 신도시가 들어서면 인천 구도심 안에서 좋은 아파트를 살 수 있는 중산층 수요는 그만큼 줄어듭니다. 서울의 중산층이 인천 부평구에서 아파트를 분양받는 경우는 거의 없을 테니까요.

게다가 신도시를 건설하면 몇천억 원, 많게는 송도처럼 몇조 원씩 예산이 투입됩니다. 시 재정에 적자가 심해집니다. 구도심 재개발 지원이 더 어려워집니다. 인천 구도심은 지금 계속 공동화가 빨라지고 있습니다. 폐교되는 초·중등학교도 많습니다. 그럴수록 더 깨끗한 신도시로 가려는 수요는 늘어납니다. 구도심의 집값은 더 떨어지기 쉽습니다. 실제 자산가치는 자꾸 떨어집니다. 이렇게 신도시는 서민들도 모르게 서민들의 주머니를 털어갑니다.

또 신도시를 너무 급하게 양산하면 인구가 줄 때 낭패입니다. 일본 도쿄도 인근 신도시들의 공동화가 심각해지고 있습니다. 인구가 줄면 아무래도 도심으로 더 인구가 몰립니다. 교육이나 의료 등 주택을 위한 도시 인프라가 더 도시 중심으로 집중됩니다. 외곽 신도시의 공동화가 심해집니다. 일본의 다마 신도시 같은 데는 아파트 한 동에 다섯 가구만 살고 있기도 하고, 불 꺼진 아파트 단지가 빠르게 늘고 있습니다. 그래서 정부도 설령 집값이 조금 오른다고 해도 신도시 정책을 다시 펼 것 같지는 않습니다.

오늘도 신도시의 화려한 불빛이 도시를 건너옵니다. 하지만 그 불빛 뒤에는 저 강 건너 구도심 서민들의 자산가치 하락이 숨어 있습니다.

Q⁉️ 우리 집주인의 수익률은 진짜 경제성장률을 앞서가고 있을까?

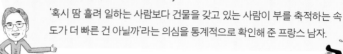

토마 피케티 Thomas Piketty

'혹시 땀 흘려 일하는 사람보다 건물을 갖고 있는 사람이 부를 축적하는 속도가 더 빠른 건 아닐까'라는 의심을 통계적으로 확인해 준 프랑스 남자.

토마 피케티. 22살에 박사학위를 받고 MIT 경제학과 조교수로 미국으로 건너갔습니다. 지금 파리경제대학 교수입니다. 그의 저서 『21세기 자본』의 핵심은 자본의 수익률이 경제성장률보다 높아질 경우 불평등이 심화된다는 것입니다. 통계적으로 이를 증명했습니다. 그는 아마 지난 십수 년 동안 이름이 가장 많이 거론된 경제학자일 것입니다.

그는 또 전 세계 소득 상위 1퍼센트 또는 10퍼센트의 소득이 전체 소득에서 차지하는 비중이 자꾸 높아진다고 주장합니다. 이건 사실 통계적으로도 그렇고, 우리 주변을 보면 더욱 쉽게 증명이 됩니다. 그 이유를 그는 '자본수익률이 경제성장률보다 높기 때문'이라고 설명합니다.

땀 흘려 우리가 시장에서 창출한 부가가치(자동차나 운동화, 탕수육 같은 재화를 만들거나 미용실에서 파마를 해주는 서비스가 얻는 새로운 이익)가 커지는 속도보다, 예금이나 건물 임대료로 얻는 수익이 커지는 속도가 더 빠르단 뜻입니다.

확장하면, 서울 영등포 사거리에 있는 18층짜리 빌딩의 임대료, 또는 100억 원어치의 삼성전자 주식에서 나오는 배당수익, 그리고 국민은행 골드앤와이즈 고객 A씨의 예금 등 자본소득이, 근로자가 땀 흘려 일해 만들어내는 노동산물의 값보다 더 빠른 속도로 성장한다는 뜻입니다.

이 주장은 현실에서 쉽게 가늠할 수 있습니다. 중국음식점이 장사가 잘되거나 커피전문점이 장사가 안 되어도, 이들 가게가 위치한 건물주의 수입은 안정적으로 유지됩니다. 장사가 잘되는 상가 임차인도 얼마든지 쫓겨납니다. 그 자리에는 또다른 임차인이 들어옵니다. 임차인 중에 수익을 내는 사람은 자꾸 바뀌지만, 그들에게 상가를 빌려주는 건물주의 자본소득은 훨씬 더 안정적으로 유지됩니다.

설령 건물주가 대출을 받아 이자부담이 더 크다고 해도, 이 건물주에게 이자를 꼬박꼬박 받는 은행이나 모기지 회사의 수익은 일정하게 성장합니다.

누구의 이익이 더 안정적으로 성장하는가?
중국음식점 사장님의 영업이익 < 중국음식점 건물주 < 그 건물주에게 대출을 해준 은행 < 그 은행에 투자한 대주주

피케티는 이 속도 조절이 안 되면 시장경제는 위험해진다고 믿습니다. 그래서 '누진세를 강화하자, 상위 3퍼센트의 소득세를 더 인상하자'라고 주장합니다. 또 '인상하더라도 전 세계가 같이 하자, 그래야 자본이 특정 국가에서 빠져나가지 않는다'라고 주장합니다. 이른바 글로벌 누진세입니다.

이 파격적 주장은 사실 오랫동안 시장경제가 고민해 온 부분입니다. "만약 시장경제가 다수의 가난한 사람을 구하지 못한다면, 소수의 부자들도 구하지 못할 것입니다." 1961년 케네디 대통령이 취임사에서 한 말입니다.

토마 피케티와 그레고리 맨큐

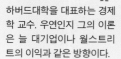

그레고리 맨큐

하버드대학을 대표하는 경제학 교수. 우연인지 그의 이론은 늘 대기업이나 월스트리트의 이익과 같은 방향이다.

그레고리 맨큐^{Gregory Mankiw}. 신케인즈적 관점에서 피케티와 가장 대칭적 위치에 있는 학자입니다. 『맨큐의 경제학』으로 잘 알려진 하버드대 교수입니다.

2015년 1월, 맨큐와 피케티는 전미경제인학회에서 마침내 한자리에 섰습니다. 맨큐 교수는 "So what?"으로 강의를 시작했는데요, 만약 자본수익률이 경제성장률보다 높지 않으면 자본가들이 투자를 하지 않을 것이라며 피케티 교수의 『21세기 자본』을 비판했습니다. '자본수익률(r)이 경제성장률(g)보다 높다'는 전제는 잘못됐다고 비판하면서, 자본수익률이 경제성장률보다 낮아지면 저축률이 떨어지고 금융시장이 비효율적으로 바뀔 것이라고 설명했습니다.

"투자는 리스크를 안고 하는 건데, 자본가들이 투자하지 않으면 우리 모두 어떻게 되겠느냐"는 것이 맨큐 교수의 논지입니다. 그는 또 "불평등이 문제가 아니고 공정하지 않은 불평등이 문제"라고 강조했습니다. 피케티와 나란히 앉아서요.

"부자가 되는 것을 왜 두려워하는가? 시장경제는 보다 잘사는 삶을 위해 발전한다. 사람들은 부자들에게 분노하지 않고 공정하지 않게 부를 쌓은 사람들에게 분노할 뿐이다. 월스트리트의 부자들에게 분노하지만, 실리콘밸리나 할리우드, 메이저리그의 부자들에게는 분노하지 않는다."

─그레고리 맨큐, 시장친화적, 기업친화적 이론을 대표하는 하버드대 교수

맨큐 교수는 시장 자유를 중시하는 경제학을 일관되게 주장해 왔습니다. 때문에 자본과 글로벌 기업을 대변한다는 지적을 자주 받아 왔습니다. 2008년 글로벌 금융위기가 터지자, 강의를 하던 맨큐 교수에게 일부 학생들이 '당신의 강의가 탐욕적인 자본의 학술적 기반이 된다'며 강의를 거부한 적도 있습니다.

다시 전미경제인학회. 피케티 교수는 맨큐 교수의 주장대로 자본수익률이 경제성장률보다 원래 높아야 한다는 주장을 인정하면서, 하지만 "자본수익률이 경제성장률보다 높은 것이 불평등의 기본 원인이라기보다, 이를 통해 불평등이 심화되는 것이 문제"라고 주장합니다. 이렇게 자꾸 자본으로 돈을, 돈으로 돈을 벌면 자본소득은 필연적으로 증가한다는 것이죠.

맨큐 교수의 주장에 반문하던 피케티 교수는 또 "자본가들이 옷이나 음식만 사들이는 게 아니다"라고 덧붙였습니다. "정치권력까지 사들이니까 문제다"라고 지적했습니다. "정치인도 사고 기자도 산다"라고 하면서 슬그머니 맨큐 교수를 바라봤습니다. 객석에서는 폭소가 터져 나왔습니다.

3장

증시에 대해
생각지도 못했던
질문들

Q^{!?} 주식투자로 수익을 냈다면 그 돈은 어디서 온 것일까?

유가증권시장
'그들'을 부자로 만들기 위해 당신이 기꺼이 참여하는 시장.

이해하기 쉽게 우리 코스피시장에 '딸기주식회사' 한 개 회사만 상장돼 있다고 가정합니다. 투자자는 ABC 세 명뿐입니다. A라는 투자자가 1만 원에 한 주를 갖고 있는데, B투자자가 이 주식을 2만 원에 샀습니다. 그럼 A투자자는 1만 원의 차익을 올렸죠.

이 주식을 또 C투자자가 5만 원에 샀다면 B투자자도 3만 원의 차익을 올립니다. 이 증시에서 모두 4만 원을 벌었습니다(증시에서 4만 원의 부가가치가 발생했다).

그런데 딸기주식회사가 새로 출시한 제품이 큰 인기가 없습니다. 영업이익도 별반 기대 수준에 못 미칩니다. 시장 반응은 시큰둥합니다. 상심한 C투자자는 이 주식을 1만 원에 팔고 A투자자가 이를 다시 샀습니다. C투자자의 손실은 4만 원. 이제 이 증시는 이익도 4만 원, 손실도 4만 원, 결국 손익을 더하면 0원입니다. 딸기주식회사가 제대로 수익을 냈다면 주가는 떨어지지 않았을 것이고, 증시의 손익은 플러스가 됐을 텐데요.

결국 기업이 새로운 수익, 새로운 부가가치를 만들지 못한다면 증시는 제로섬 게임zero-sum game이 됩니다(심지어 2016년 상장기업 절반 이상의 주가가 2016년 말에 공모가 이하로 떨어졌다). 결국 누군가 번 만큼 누군가 잃습니다.

그런데 지금처럼 기업 성장 속도가 더디고 몇몇 글로벌 기업들만 큰 수익을 내는 시대에는 좀처럼 증시 전체 파이가 커지기 어렵습니다. 그럼 증시도 자꾸 제로섬 시장이 될 수밖에 없습니다.

한 가지 방법은 투자자들이 계속 증시로 들어오는 겁니다. 증시 예탁금이 늘어나야 합니다. 그럼 주식을 사겠다는 수요가 늘어서, 기업들이 좀 부진해도 주가가 오르고 그 이익을 증시 투자자들이 나눌 수 있습니다. 그런데 오랫동안 손실을 본 개인 투자자들이 좀처럼 증시에 뛰어들지 않습니다.

다행히 우리 상장기업들은 꾸준히 성장하고 있습니다. 2016년 기준으로 유가증권시장(유가증권이란 주식이나 수표, 어음 등 돈으로 바꿀 수 있는 것을 말하지만, 보통 유가증권시장이라면 코스피시장을 말한다) 12월 결산법인 중 514개 사의 실적 분석 결과, 전체 순익은 20.17퍼센트, 영업이익은 14.44퍼센트 늘어났습니다. 그런데도 좀처럼 새로운 투자자들이 링 위로 올라오지 않습니다.

게다가 수익이 잘 나지 않으니까 상당수 개인 투자자들이 투기성이

더 큰 선물옵션시장으로 뛰어듭니다(선물옵션시장은 완벽한 제로섬 시장이다). 그리고 기관이나 외국인 투자자들과 경쟁해 대부분 또 손실을 봅니다.

그래서 한때 1조 원 이상 돈이 몰리던 주식워런트증권[ELW](주식워런트증권은 예를 들어 6개월 뒤 삼성전자의 가격을 예측해 지금 가격으로 매입하는 투자다. 만약 6개월 뒤 삼성전자 주식이 3퍼센트 오른다면, 지금 가격으로 매입했으니 3퍼센트 수익을 얻는다) 같은 파생 시장은 요즘 시들합니다.

기업들이 꾸준히 성장하지 못한다면, 상장된 기업들이 증자 등 꾸준히 돈을 조달하지 않는다면, 이도저도 아니면 증시 투자자라도 늘어나지 않는다면 증시는 제로섬 게임입니다. 개인 투자자는 그 제로섬의 링에 올라가서, 골드만삭스 같은 글로벌 투자자와 국민연금 같은 거대한 기관 투자자들과 한판 경쟁을 해야 합니다. 주식투자가 신중해야 하는 이유가 여기에 있습니다.

심지어 누군가는 대출을 받아 그 링에 오릅니다. 개인 신용거래 융자 잔액이 2016년 여름 7조 원을 넘었습니다. 신용대출 이자율이 10퍼센트를 육박합니다.

내가 증시에서 번 돈은 증시에 함께 참여하는 누군가의 주머니에서 온 것입니다. 월스트리트의 투자은행 대표가 타고 다니는 헬리콥터 역시 투자자들의 주머니에서 나옵니다. 비트코인에서 채굴하거나 달나라에서 이전된 부가 아닙니다. 그 대부분은 불나방처럼 무턱대고 증시로 뛰어드는 개인 투자자들의 돈입니다.

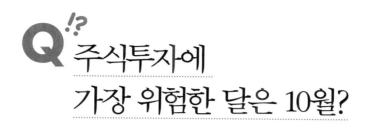

Q!? 주식투자에 가장 위험한 달은 10월?

동인도회사 East India Company
세계 최초의 주식회사, 세계 최초의 주식 투기.

17세기 네덜란드는 식민지를 직접 통치하지 않고 사실상 동인도회사에 맡겨서 통치했습니다. 식민지를 개척하거나 통치하려면 초기 투입 자본이 필요합니다. 그래서 동인도회사의 지분을 주식으로 팔았습니다. 주식회사의 원조입니다. 지분 투자를 한 만큼 돌려받는 것입니다.

그 무렵 암스테르담에 세계 최초의 주식거래소도 탄생합니다. 중세풍의 영국 옥스퍼드대학에서도 정오부터 오후 2시까지 주식증표의 거래가 시작됩니다.

"사람들은 악수를 나누고, 서로 예의를 저버리고 소리를 질러댔다. 어떤 투자자는 손톱을 물어뜯었고, 가끔씩 서로를 밀치기도 했다."

—니얼 퍼거슨, 『금융의 지배』 중 '1600년대 증권거래소 풍경'

그리고 100년이 지나지 않아서 1687년, '뉴잉글랜드호'라는 영국의 배가 침몰한 스페인 해적선에서 은 32톤을 건져 올리는 사건이 터집니다. 이후 영국에서도 본격적으로 이런 개척과 채굴사업을 노린 투자가 이어집니다. 형식은 주식회사입니다. 이 무렵 주식 거래는 물론 선물옵션에 대한 계약 규칙들이 속속 만들어집니다. 우리로 치면 조선 숙종 때입니다. 그러니 유럽의 자본시장은 참 유구한 역사를 갖고 있습니다. 물론 주식 투기의 역사도 이때부터입니다.

1693년에 이미 영국 증시에 140여 개 주식회사가 상장될 정도였으니까요. 상장만 되면 순식간에 주가가 급등했습니다. 새로운 선박 제조 기술이나 식민지 독점 개발권 등이 나오면 주가가 폭등했습니다.

이 무렵 남해회사South Sea Company 투기 사건이 터집니다. 회사가 식민지 무역항에 정박할 수 있는 권리나 식민지 금 채굴권을 독점한다는 소식이 알려지면서 주가가 폭등합니다. 그러다 주가가 떨어질 것 같으면, 회사가 망해도 투자금에 국채 이자율 수준의 수익이 보장된다든지, 어디 항구에서 대규모 금광이 발견됐다든지 하는 새로운 소문이나 금융기법이 등장합니다.

주가는 계속 올랐습니다. 이 무렵 런던의 마찻길이 주식을 사려는 행렬로 마비가 되곤 했다고 하니까요.

그러다 사실은 배도 한 척뿐이고 금광 소식도 대부분 거짓이었다는 사실이 드러납니다. 주가는 폭락합니다. 1721년 영국 의회의 남해

회사 진상 조사에서 'BUBBLE(거품)'이라는 용어가 등장합니다. 지금은 참 흔해졌지요. '증시 거품'이라는 용어는 참 유구한 역사를 지녔습니다.

그로부터 100년이 안 돼 주식시장은 미국으로 건너갑니다. 이제 18세기 후반, 미국에도 본격적인 자본시장이 만들어집니다. 'Gamble on the stock market in America'의 시작입니다.

월가^{wall street}는 네덜란드 이민자들이 붙인 이름입니다. 인디언의 공격을 막기 위해 네덜란드 이민자들이 쌓은 맨해튼 근처 성벽^{wall} 아래에서 금융업이 번성했습니다. 1792년 미국에 비로소 증권거래소가 들어섭니다. 월스트리트의 탄생입니다.

철도가 본격적으로 들어서고, 처음엔 주로 철도주들이 거래됐습니다. 물론 투기의 광풍도 함께 문을 엽니다. 그로부터 50여 년이 지난 1841년, 찰스 매케이^{Charles Mackay}라는 학자가 대중의 비정상적인 광기를 우려하는 책을 낼 정도였습니다. 그러니 주식의 역사는 투기의 역사입니다.

작가 마크 트웨인은 주식투자를 하기 가장 위험한 달로 10월을 꼽았습니다. 이와 함께 그는 다른 위험한 달로 1월과 9월, 그리고 5월과 3월, 2월, 또 12월과 6월, 4월, 11월을 꼽았습니다. 결국 언제든 주식투자는 위험하다는 뜻입니다.

마크 트웨인은 당시 광산주에 투자해 막대한 재산을 잃었습니다. 아마도 지금의 바이오주나 신성장동력주 같은 테마주였겠지요…….

Q 우리는 왜 주식을
제때 팔지 못할까?

보유효과 endowment effect
우리가 그것을 쉽게 포기하지 못하는 이유.

아파트도 주식도 과거처럼 오래 투자한다고 값이 오르지 않습니다. 10년 전 주당 22만 원 정도였던 SK텔레콤의 주가는 2016년 10월 기준 22만 원 정도입니다. 기본적으로 국가 경제의 성장 속도도, 기업의 성장속도도 과거만 못한 게 사실입니다. 지독한 공급 과잉의 시대입니다. 증시도 예외는 아닙니다. 좀처럼 손실이 나도 팔겠다고 마음먹기가 어렵습니다. 왜 그럴까요?

회사가 수주를 잘해서 갑자기 연말 보너스로 500만 원을 주기로 했다. 500만 원이 급여통장으로 입금됐다. 그런데 며칠 뒤 영업이익이 잘못 계산돼 보너스를 300만 원만 지급하기로 했다. 200만 원을 다시 회사 계좌로 송금해야 한다. 그래도 어쨌든 300만 원은 받은 건데, 직원들은 모두 200만 원을 뺏겼다고 생각한다. 보유효과 때문이다. 내 것은 더 소중하다.

보유효과란 어떤 대상을 소유하거나 소유할 수 있다고 생각하는 순간 그 대상에 대한 애착이 생겨서 객관적인 가치 이상의 가치를 부여하게 되는 심리 현상입니다. '내가 갖고 있는 게 더 소중하고 값져 보인다'는 심리 상태죠.

듀크대학의 경제학 교수 댄 애리얼리가 대학 농구 결승전 입장권을 밤새 줄 서서 사는 사람들을 관찰했습니다. 매진되어 결국 입장권을 구매하지 못한 사람들에게 지금 입장권이 얼마면 구입하겠는지 물었습니다. '지불 용의' 가격은 평균 150달러 정도였습니다.

그런데 운 좋게 표를 구입한 사람들에게 그 표를 얼마에 팔겠느냐 했더니 평균 2,400달러가 나왔습니다. 한 번이라도 내 것이 되면 사람들은 그것을 더 크게 평가합니다.

손실이 나는 주식을 냉정하게 못 파는 것도, 수익이 났는데도 더 오를 것 같아 주식을 쉽게 팔지 못하는 마음도 보유효과 때문입니다. 특히 부동산 시장에서는 보유효과가 훨씬 더 강해집니다.

10년 동안 가족이 함께 산 아파트, 정이 들었습니다. 사실 내 재산의 전부입니다. 지금 실거래가는 3억 원 정도인데 매물도 많이 나와 있습니다. 하지만 집주인은 이 가치를 3억 원으로 인정하지 않습니다. "예전에는 5억까지 받았다는데 뭐……." 보유효과 때문입니다.

기업들은 이걸 마케팅에 적극 이용합니다. '안마의자 한 달간 무료로 이용해 보세요.' 한 달간 무료로 안마의자를 이용한 소비자는 이를 반납하기가 쉽지 않습니다.

백화점에서 20만 원짜리 유명 면도기를 12만 원에 한정판매합니다. 사실 온라인에서는 얼마든지 12만 원에 구입이 가능합니다. 그러나 소비자들은 서둘러 백화점을 찾아갑니다. 그런데 바로 내 앞에서 준비한 물량이 뚝 마감됐습니다.

이제 지불용의는 13만 원, 14만 원까지 높아집니다. 직원은 자연스럽게 15만 원짜리 다른 모델을 권합니다. 눈앞에서 내 것(?)을 놓친 소비자의 지불한계가 높아집니다. 15만 원짜리 면도기를 구입합니다……

Q!? 동창생 카톡방에서 본 정보로 주식을 샀다면 처벌받을까?

2차 정보 이용자
친구가 알려준 정보로 주식을 매입한 바로 당신!

지난 2013년에 CJ E&M의 한 직원이 회사 실적이 안 좋게 나온 사실을 증권사 애널리스트에게 미리 알려줬습니다. 그리고 그 애널리스트는 알고 지내는 펀드매니저에게 그 사실을 전해줬습니다. 그 말을 들은 펀드매니저는 미리 CJ E&M의 주식을 매도해서 손해를 면했습니다. 120억 원의 손실을 피해갔습니다.

'자본시장과 금융투자업에 관한 법률'은 내부 정보를 이용해서 얻은 이익 또는 회피한 손실액이 50억 원 이상이면 '무기 또는 5년 이상의 징역'에 처하도록 규정하고 있습니다.

그때 처음 정보를 준 직원과 애널리스트는 처벌을 받았습니다. 하지만 마지막에 주식을 실제 매도한 펀드매니저는 '2차 정보 수령자'

라는 이유로 처벌을 면했습니다. 그래서 이 일이 있고 나서 법이 개정
됩니다. 이제 1차 정보 수령자는 물론 2차 정보 수령자도 처벌받습니
다. 한 다리 건너 제일 늦게 정보를 들은 사람도 처벌받는 것입니다.

예를 들어 어떤 기업의 수주 사실을 공시도 하기 전에 그 기업의 A임
원이 B공무원에게 말했는데, B공무원이 C펀드매니저에게 그 사실을
알려줘서 주식을 사서 이익을 남겼다면 A, B는 물론 C도 모두 처벌
대상입니다.

그러니까 친구들끼리 모인 자리에서 한 친구가 "이거 진짜 나만 아
는 정보야. 아직 공시도 안 된 자료야!" 하고 말해 주면, 내가 우연히
들었어도 나는 2차 정보 이용자가 됩니다. 불법입니다. 그 정보를 이
용해 주식을 매매하면 처벌받습니다. 1차 정보 이용자는 보통 형사

처벌을 받고, 2차 정보 이용자부터는 과징금 처벌을 받습니다. 과징금은 부당 이득 금액의 1.5배까지 상한 없이 부과가 가능합니다.

만약 이들 1·2·3차 정보 이용자가 올린 정보를 우연히 봤다면요? SNS 등으로 내 의지와 상관없이 우연히 본 정보로 거래를 해도 처벌받습니다. 대학 동창들이 모인 단체 카톡방에서 '어느 회사 신제품 공개하는데, 내가 지금 그 행사를 치를 호텔을 섭외 중이야!'라는 정보를 보고 주식거래를 했다면요? 처벌될 수 있습니다.

중요한 것은 '미공개 정보인가 아닌가? 그 정보를 이용해 주식거래를 해서 차익을 남겼는가?'입니다. 그러니까 우연히 본 정보로 거래하거나, 고의성이 없는 정보를 이용해 주식을 매매해도 처벌받습니다.

2015년, 한미약품의 수조 원대 수출계약 건과 관련해, 한미약품의 직원과 애널리스트가 구속됐습니다. 수많은 펀드매니저들이 검찰 수사선상에 올랐습니다. 기관투자자들이 한미약품이 계약을 발표하기 일주일 전부터 34만 주나 주식을 사들였습니다.

가뜩이나 불공정하다는 주식시장에서 누군가 자기들끼리 정보를 주고받고 이익을 남긴다면 일반투자자들은 증시를 떠날 겁니다. 그래서 더 엄격하게 처벌해야 한다는 목소리가 높습니다.

2016년 여름, 한미약품의 항암제 수출계약이 파기된 사실을 먼저 안 계약 담당 직원은 증권사 직원인 애인에게 이 사실을 SNS로 알려줍니다. 애인은 주식을 미리 매도해 수천만 원의 손실을 회피합니다. 하지만 2016년 10월, 검찰이 청구한 구속영장은 기각됩니다.

잡기도 쉽지 않고 처벌도 쉽지 않습니다. 검찰은 2차 정보를 이용해 시세차익을 남긴 투자자를 대대적으로 스크린 중이라고 밝혔습니다.

Q⁉ 스스로 상장을 폐지하는 기업들이 늘고 있다?

고의 상장폐지

투자자들에게 "당신들이 낸 돈을 돌려줄 테니 나 좀 간섭하지 마!"라고 하는 최신 유행 경영 패턴.

기업의 상장이 폐지되려면, 그러니까 코스피나 코스닥시장에서 쫓겨나려면 몇 가지 조건이 필요합니다. 부도가 나거나 감사의견이 거절될 경우입니다. 공인회계사가 회계장부를 감사했더니 이건 도저히 제대로 된 감사를 할 수 없다고 판단하는 경우입니다.

또 자본금이 전액 잠식되면 상장폐지가 결정됩니다. 그럼 정리매매가 이어집니다. 보통 주당 100원, 심지어 10원에 거래됩니다. 투자자들의 피눈물이 이어집니다. 그렇게 정리한 다음 상장이 폐지됩니다. 주주(투자자)는 이렇게 잘못 투자한 행동에 대해 책임을 집니다.

그런데 멀쩡한데도 상장을 폐지하려는 기업들이 있습니다. 이유는? 일단 이런저런 상장시장의 규정을 지키고 간섭받기가 싫은 겁니다. 그럼 회사에 투자한 사람들(주주)에게 돈을 돌려줘야 하는데요, 보통 주식을 공개매수합니다. 이 경우 주식을 95퍼센트 이상 사들여야 자발적 상장폐지가 가능합니다. 최근에도 SK브로드밴드 같은 회사는 스스로 상장을 폐지하고 증시를 떠났습니다. 시장의 룰에 간섭받기 싫은 거죠.

증시를 떠나는 방법은 이렇습니다. 만약 지금 1만 3,000원에 거래가 되고 있다면 1만 4,000원 정도 가격에 공시하고 공개매수를 하는 거죠. 웃돈을 얹어주고 투자자들이 갖고 있는 주식을 사들인 뒤 소각하는 것입니다.

물론 나는 그 가격에도 팔기 싫다는 주주가 5퍼센트 이상 있으면 자발적 상장폐지는 어려워집니다. 어떤 경우는 소액주주들이 뭉쳐서 5.1퍼센트 지분을 확보하고 '주당 얼마는 달라' 이렇게 협의(?)를 하는 경우까지 생깁니다.

최근에는 천문학적인 자본을 가진 사모펀드^PEF들이 코스닥 회사를 인수한 다음 이런저런 간섭을 받기 싫으니까 자꾸 상장을 폐지하고 떠납니다. 예를 들어, 어떤 회사가 화학회사인데 배터리회사에 갖다 붙이고 싶을 경우, 이사회에서 회사 정관을 수정하고 주주들의 동의를 받아야 합니다. 그런데 몇몇 주주들이 자꾸 인수합병에 반대하고 자금 조달을 투명하게 해야 한다고 반대하면, 아예 투자자들에게 돈을 돌려주고 상장시장을 떠나버리는 겁니다(기본적으로 이런 모든 현상이 자본 조달이 쉬워졌기 때문이다. 시장에 돈이 흔해진 것이다).

어찌 보면 당연한 거죠. '상장'이란 시장에서 공개적으로 투자를 받고, 그 대신 몇 가지 룰을 지키겠다는 약속입니다. 회계는 투명해야 하고, 외부 감사를 받아야 하고, 무엇보다 장부를 공개해야 합니다. 이런 간섭이 싫은 사모펀드는 이미 뒤에 수천억 원, 수조 원의 투자자들이 있습니다. 그러니 공개적인 투자금은 돌려주고 떠나는 겁니다. 그러니 기업이 자본 조달을 위해 증시에 들어오는 것이 아니라, 돈이 넉넉한 기업이 투자자들에게 투자금을 돌려주고 떠나는 시대가 찾아왔습니다.

게다가 증시 상장 여건이 되는데도 상장을 마다하는 기업도 늘었습니다. 전경련 조사를 보면, 2016년, 600여 개 기업이 유가증권시장(코스피시장) 상장 조건을 갖췄는데도 상장을 한 기업은 단 7개에 불과했습니다.

예를 들어 이랜드그룹은 계열사 25개 중 상장한 곳이 1곳뿐입니다. 파리바게뜨로 알려진 SPC그룹도 매출이 1조 원이 넘는데 좀처럼 상장을 안 합니다. 상장사는 'SPC삼립' 하나뿐입니다.

이유는 같습니다. 곳간이 넉넉한 기업들이 굳이 상장해서 주주들의 공적인 간섭을 받는 것을 꺼리기 때문입니다. 게다가 상장하면 매년 주주들에게 크고 작은 배당을 해야 합니다.

롯데그룹이 대표적입니다. 81개 계열사 중에 상장한 기업은 8개뿐입니다. 예를 들어 롯데시네마는 주식회사도 아닙니다. 롯데쇼핑의 사업부문에 들어 있는 한 부서입니다. 매출이 5천억 원이 넘는데 그냥 하나의 사업부서입니다.

그러니 정보가 투명하게 공개가 안 되고 투자자들이 정보를 요청할 수도 없습니다. 몇 해 전에 팝콘 판매권(영화관에서 돈이 되는 알짜배기죠)을 총수 가족에게 몰아줬다가 논란이 됐습니다. 주식회사라면 상상할 수 없는 일입니다.

시장경제는 공정하고 투명한 경쟁이 전제조건입니다. 그래서 공개적으로 상장해서 자본 조달을 하고 대신 시장의 룰을 지켜야 하는 원칙이 있습니다. 하지만 기업들의 곳간이 든든해지면서 이제 상장도 원하지 않습니다. 자꾸 비밀이 많아집니다. 어릴 적 사회 시간에 배웠던 '자본 조달 시장 = 증시'의 역할은 자꾸 색이 바래갑니다. 증시에서 자본을 조달하기엔 그들은 애초부터 돈이 너무 많았습니다.

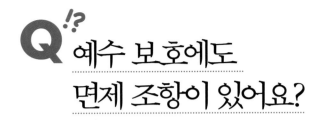

예수 보호에도 면제 조항이 있어요?

보호예수

상장으로 사람들이 당신 회사에 돈을 투자했으니 일정 기간은 당신도 주식을 팔지 마세요!

　　보호예수. 예수님과는 상관이 없습니다. '상장'이라는 것은 회사를 공개하고 투자자들에게 공개적으로 투자를 받아 회사를 운영할 자본금을 채우는 겁니다.

　　그렇게 다들 믿고 투자를 해줬는데 갑자기 대주주가 "고맙습니다!" 하고 자기 주식 다 팔고 떠나버리면 낭패입니다. 대주주가 상장 직후 지분을 팔아버리면 주가가 급락하기 쉽습니다. 믿고 투자한 소액주주들이 피해를 봅니다. 무엇보다 책임투자가 안 됩니다.

　　그래서 대주주는 일정 기간 자신의 주식을 팔지 못하게 합니다. 보호예수 제도입니다. 지금 유가증권시장(코스피시장)에서 최대주주와 지분 5퍼센트 이상 갖고 있는 특수관계인은 신규 상장일로부터 6개월간 의무 보호예수를 적용받습니다. 이 기간에는 주식을 팔고 떠나지 못합니다.

코스닥시장도 6개월에서 길게는 1년까지 보호예수가 걸립니다. 코스닥은 가뜩이나 상장하고 얼마 안 되어서 기업 매출이 줄거나 주가가 떨어지는 경향이 심합니다. 이맘때 대주주가 자신의 지분을 급히 팔려고 내놓으면 주가는 더 급락하겠죠? 소액투자자들이 더 손해를 볼 수 있습니다. 그래서 보호예수 기간이 더 깁니다.

이미 상장된 기업에 제3자 유상증자로 들어온 경우도 1년 정도 보호예수를 묶어놓습니다. 누군가 새로 발행되는 주식을 인수하고 주가를 올린 다음 쏙 빠지는 것을 막기 위해서입니다. 제3자 유상배정 때 이른바 특수관계인에게 새로 발행되는 주식을 우선 배정하기도 합니다(특수관계인이란 주로 대주주의 가족이나 친척이다. 대주주가 지분을 많이 갖고 있는 법인도 특수관계이다).

쉽게 말해 대주주와 한편인 특수관계인도 보호예수 대상입니다. 그러니까 대주주나 대주주의 같은 편은 일정 기간 동안 주식을 팔지 못하게 하는 겁니다.

그런데 호텔롯데처럼 경영권 분쟁을 겪고 있으면 특수관계인이 상장을 반대할 수 있습니다. "내 주식이 상장 후 팔 수도 없도록 묶이는데, 저는 형이 추진하는 상장에 동의 안 해요." 그럼 상장을 못합니다.

이런 경우는 상장에 대해 동의를 안 받아도 되도록 최근에 거래소가 시행 규칙을 바꿨습니다. 상장에 동의하지 않는 특수관계인의 주식은 보호예수 대상에서 제외하기로 한 겁니다. 상장에 반대하면 팔고 떠나도 좋다는 뜻이죠. 그래서 '호텔롯데 상장을 위해 바꾼 것 아니냐'는 지적도 나옵니다.

Q 기업은 왜 주식을 공짜로 나눠줄까?

배당성향
기업이 돈을 벌었다면 그중 얼마나 주주들에게 돌려줄까?

　　회사를 차리려면 종잣돈이 필요합니다. 주식을 발행하고 투자자들이 주식을 인수하면서 돈을 냅니다. 이 돈이 자본금입니다. 이 자본금을 낸 사람들에게 주는 증서가 주식입니다. 예를 들어 1주당 1만 원일 때 제가 100만 원 냈으면 저는 100주의 주주가 되는 겁니다.

　　그런데 회사가 저에게 주식을 10주를 더 주겠답니다. 여기서 공짜로 주면 무상증자, 액면가만큼 돈을 받고 주면 유상증자입니다. 무상증자인 경우 회사가 벌어들인 이익금으로 주식 대금을 대신 내주고, 주주들에게 주식을 공짜로 나눠주는 겁니다. 회사의 이익금이 기업의 자본금 곳간으로 가고, 주식 증서는 투자자에게 갑니다. 일종의 보너스입니다. 그래서 영어로 'BONUS ISSUE'입니다. (유상증자의 경우 회사가 돈 받고 주식 수를 늘리는 것이다. 물론 원하는 투자자만 새로 발행되는 주식을 인수하겠죠.)

그럼 왜 회사는 주식을 공짜로 줄까? 회사가 장사를 잘했는데 수익을 어디에 쓸까요? 이 돈을 종업원이나 공장에 쓰는 것을 '투자'라고 하고, 그냥 곳간에 아껴두는 것을 '유보'라고 합니다. 그리고 투자해 준 주주들에게 주식을 보유한 비율만큼 돈을 지급하는 '배당'도 있습니다.

또 한 가지 방법은 공짜로 주식을 주는 무상증자입니다. 무상증자를 하는 이유는 먼저 인기 관리를 위해섭니다. 주주는 공짜로 주식 수가 늘어납니다. '주식을 공짜로 줄 만큼 장사를 잘했나 보구나' 칭찬도 듣습니다. 게다가 그 회사가 무상증자를 한다는 소식이 알려지면 회사 이미지도 좋아집니다. '저 회사는 주식을 공짜로 나눠줄 만큼 컸나 보구나!' 바꿔 말하면 주가를 올리기 위해서 무상증자를 하는 경우도 있습니다.

그래서 형편이 어려운 기업이 회사가 어려운 것을 숨기려고, 또는 주가를 단기간 급등시켜 차익을 챙기려고 무상증자를 하는 경우도 간혹 있습니다. 이렇게 무상증자를 하면 유통 주식 수가 늘어납니다. 만약 1만 주였던 주식 수가 2만 주가 된다면? 이론상으로 주가는 반토막이 나야 합니다. 그런데 꼭 그렇게 되지는 않습니다.

만약 내가 1만 원짜리 주식을 100주(100만 원어치) 갖고 있었는데, 무상증자로 유통되는 주식이 100퍼센트(2배) 늘었다고 가정해 보죠. 유통량의 증가로 주가는 절반으로 떨어져야 하는데 사실은 30퍼센트 정도만 떨어집니다. 그럼 내 주식 보유 가치는 '200만 원×(-30퍼센트)=160만 원'입니다. 그러니 이 경우 주가가 30퍼센트 떨어져도 60만 원이 이익입니다.

주식 수가 늘며 주가가 희석되지만, '무상증자를 할 만큼 회사가 튼튼하구나!' 하는 믿음이 호재로 작용해 주가가 꼭 반토막 나지는 않습니다. 프로야구에서 3할 타자가 엔트리 아웃돼서, 대신 1할 5푼 치는 타자가 나오면 이상하게 2할 대는 치는 경우와 비슷합니다……

또 하나, 만약 내일 기준으로 무상증자 권리를 주는데, 모레 이 주식을 사는 사람은 손해잖아요. 그래서 대신 '좀 저렴하게 사세요' 하는 의미에서 이틀 뒤에는 주식의 주가를 조금 낮춰 거래합니다. 이를 '권리락'이라고 합니다.

늘어난 주식을 공짜로 받을 권리를 잃었다는 뜻의 권리락權利落입니다(배당을 받을 권리를 잃는다는 배당락과 다르다). 이날 아침에는 주가가 조금 떨어진 가격으로 거래되는데, 통상 거래가 시작되고 얼마 안 돼 원래 가격을 회복하곤 합니다.

배당에도 성향이 있다

아마 증시에 대한 매력이 자꾸 줄어드는 이유 중 하나는 배당이 적어서입니다. 우리나라 기업들의 평균 배당률은 1.8퍼센트 정도입니다. 1만 원 주식을 보유하면 1년 평균 180원을 배당한다는 뜻입니다. 기업의 주인은 주주입니다. 주인 대접이 영 시원치 않습니다. 그러니 차라리 은행에 넣는 게 낫다는 푸념이 나옵니다.

이때 기업이 벌어들인 수익을 얼마나 주주에게 돌려주는지 나타내는 수치가 있습니다. 배당성향입니다. 그러니까 이익의 몇 퍼센트를 주주에게 돌려주는지를 알려주는 수치입니다. 《블룸버그》에 따르면 우리나라 기업들의 배당성향은 평균 16.75퍼센트에 불과합니다(2015년 5월 기준). 집계 대상 51개국 가운데 가장 낮습니다. 미국은 35.87퍼센트, 영국과 프랑스는 50퍼센트가 넘습니다.

그러니까 우리 기업은 연 100억 원의 순이익을 올리면 17억 원 정도만 주인인 주주에게 돌려주는 겁니다. 반면 선진국은 투자한 사람들에게 기업의 이익을 절반 이상 돌려주니까, 유럽은 주식투자가 그야말로 이익을 기다렸다가 회수하기 위한 투자입니다. 하지만 우리는 배당으로 수익을 돌려받는 게 아니고, 주식을 산 뒤 주가가 오르기만 기다리는 천수답식 투자입니다.

물론 LG그룹 같은 곳은 배당성향이 보통 30퍼센트 이상입니다. 2013년까지 5년간 당기순이익 2조 1천억 원 중에 8천억 원 정도를 배당으로 주주들에게 돌려줬습니다. 다른 대기업들은 여전히 인색합니다.

배당성향이 높다고 무조건 좋은 회사는 아닙니다. 예를 들어 대주주의 지분이 워낙 높은 중소기업은 신규 투자나 기술 개발 대신 배당률을 우선 높여서 이익 대부분을 대주주가 챙겨갈 수도 있습니다. 그래서 배당률이 높다고 무조건 좋은 건 아닙니다. 기업이 이윤이 남으면 고용도 더 하고 저축도 하고 기술 개발도 해야죠. 이걸 '투자'라고 합니다.

시가배당률
배당 지급액이 지금 주가에
서 차지하는 비율

그럼 우리 기업은 왜 배당에 짤까? 우리 대기업 총수들은 '이건 내 회사야!' 그런 생각이 강합니다. 지분율은 고작 1퍼센트 남짓인데, 한 해 1천억 원 벌어 배당으로 유럽처럼 이익의 절반가량을 주주들에게 주려니 아깝습니다. 이 경우 대주주 몫은 전체 배당액의 1퍼센트밖에 돌아오지 않으니까요. 차라리 투자를 하거나 유보하는 것을 선호합니다. '내 돈이니 내 곳간에 넣어두고 싶은' 마음입니다.

배당은 한 주당 얼마 이렇게 결정하죠. 삼성전자는 2016년에 주당 1,800원 정도 배당했습니다. 주가 대비 1.6퍼센트 정도입니다. 이걸 '시가배당률'이라고 합니다. 워낙 덩치가 커서 이렇게 배당으로 나가는 돈이 3조 원가량 됩니다.

현대자동차는 주가의 2퍼센트나 배당을 합니다(시가배당률 2퍼센트). 요즘 예금 이자율을 따져보면, 1년 예금한 것보다 현대자동차에서 배당받는 게 더 나은 거죠.

어떤 기업들은 차등 배당을 합니다. 대주주에게 더 많이 줄까요? 아닙니다. 대부분 대주주보다 소액주주들을 더 챙겨줍니다. 대주주에게는 0.5퍼센트를 배당하고 소액주주에게는 1퍼센트 배당하는 식입니다. 상장기업 수십 곳이 이렇게 차등 배당을 합니다.

한 발 더 나아가 아예 대주주는 배당을 받지 않는 기업도 10여 곳 있습니다. '나는 안 받을 테니 투자해 준 주주들에게 배당하자'는 취지죠. 멋지죠?

배당은 이렇게 투자자들에게 환원하는 차원인데요, 몇 가지 생각해 볼 문제가 있습니다. 기업이 이익을 내도 투자를 잘하지 않으니까 정부가 기업 소득 환류 세제 등을 도입했어요. 기업 이익 중 배당 더 하고 임금 더 올려주면 세금을 깎아주는 제도인데요, 그렇게 해서라도 기업 곳간의 여윳돈을 시장으로 돌리려는 겁니다.

문제는 배당을 하면 아무래도 대주주나 해외 투자자들이 크게 가져가죠. 삼성전자만 해도 전체 주주 중 외국인 투자자들이 절반 가까이 되기 때문에 배당 절반은 외국인에게 가는 거죠. 이런 부분이 아쉽습니다.

또 기업이 수익이 나면 R&D나 고용 등 투자에 써야 하는데, 주주에게만, 특히 단기적으로 투자한 주주에게만 이익이 가는 문제도 있습니다. 심지어 '이자보상배율'이라고 기업이 번 이익으로 이자도 못 내는 상장기업(이자보상배율이 1 이하인 기업)들도 100여 곳이나 배당을 합니다. 당장 회사 문 닫게 생겼는데 배당을 하는 거죠. 당연히 회사는 더 부실해지기 쉽습니다. 그러니 배당은 적게 해도 문제고, 많이 해도 문제입니다.

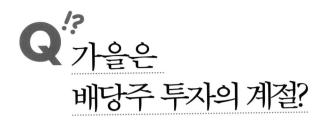

Q^{!?} 가을은 배당주 투자의 계절?

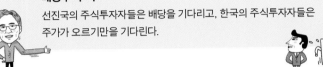

배당주 투자
선진국의 주식투자자들은 배당을 기다리고, 한국의 주식투자자들은
주가가 오르기만을 기다린다.

가을은 배당주에 투자하기 좋은 시즌입니다. 그래
서 '찬바람 불면 배당주'라는 말도 있습니다. 2퍼센트쯤 배당해 주는
주식을 10~12월에 사면, 정확히는 12월 27일(2016년의 경우)까지 주
식을 사면 그해 주식 명부에 등재가 돼 주주로 인정해 줍니다. 그럼
다음 해 초에 열리는 주주총회에서 시가배당률을 2퍼센트로 결정하
면 내가 갖고 있는 주식 가치의 2퍼센트를 입금해 줍니다.

2006년 12월 5일 171만 원 정도였던 삼성전자 주식은 삼성전자가 배당
을 확대한다는 전망에 힘입어 12월 27일까지(배당을 받을 수 있는 마지
막 날까지) 180만 원까지 올랐다. 이후 삼성전자는 9조 3천억 원어치의

주식을 매입해 소각한다는 기쁜 소식을 알렸고, 주가는 1월 200만 원을 돌파했다(회사 가치는 그대로인데 유통 주식 수가 줄어드니 이 어찌 기쁜 소식이 아닌가).

실제 삼성전자는 보통주 한 주당 2만 7,500원씩 모두 3조 8,503억 원에 달하는 현금 배당을 하기로 결정했다. 만약 12월 27일 이전에 1천만 원으로 5주를 매입했다면, 불과 며칠 보유로 10만 원이 넘는 배당수익을 올리는 것이다(여기에 주가 상승으로 인한 수익을 또 챙기겠지만). 이번 배당으로 삼성전자의 주식을 9퍼센트나 갖고 있는 국민연금은 3,467억 원의 배당수입을 챙길 예정이다.

문제는 2퍼센트가량 배당을 해줄 것으로 믿고 주식을 샀는데, 주가가 2퍼센트 더 떨어질 수도 있습니다. 게다가 12월 28일 이후에는 다들 팔려고 할 겁니다. 배당만 받고 파는 거죠. 다들 생각이 비슷하겠죠? 이렇게 12월 29일 이후 배당받을 권리를 잃는 것을 '배당락'이라고 합니다(그만큼 당일 주가가 떨어져 거래되는 것도 배당락이라고 한다).

물론 주가가 오르면 시세차익에 배당이익까지 챙기겠죠. 그래서 배당을 많이 해주는 기업들만 묶어서 증권사에서 배당주 펀드를 팝니다. 배당주 펀드도 인기입니다. 아무래도 여러 기업들이 묶여 있으니까 변동성이 적겠죠. 기업 배당은 기업의 수익에 좌우되는데 우리 경제에 그나마 기업들 수익은 나쁘진 않거든요.

그다음에 기본적으로 우리 기업들이 조금씩 배당을 늘리고 있어요. 정부도 '투자나 배당을 일정 규모 이하로 너무 짜게 하면 세금 10퍼센트 더 물려요!'라는 '기업소득환류세제'를 도입해서 기업들을 압박합니다. 이렇게 기업 곳간의 돈을 시장에 풀게 하는 겁니다. 그래서 우리 기업들의 배당성향이 조금씩 오르는 추세입니다.

물론 배당주 펀드는 이렇게 배당성향이 특히 높은 기업들을 바구니에 주워 담죠. 주가가 견조한 기업들 중에요. 여기에 짬뽕 상품들도 나옵니다. 각종 채권형 펀드 70퍼센트에 배당주 30퍼센트를 묶은 상품들입니다.

요즘은 해외 배당주 펀드도 많습니다. 이건 환율도 생각해야 합니다. 주가도 오르고 배당도 받았는데 그 나라 화폐가치가 떨어지면 말짱 도루묵입니다. 물론 펀드이기 때문에 1퍼센트가 넘는 이런저런 수수료도 생각해야 합니다. 2퍼센트 배당받으려 배당주 펀드에 가입했는데, 판매나 운용수수료가 1.8퍼센트 나오는 경우도 부지기수입니다.

Q⁉️ 친구의 식당에 투자했는데 식당이 망해서 내가 인수한다면?

출자전환 conversion of investment
돈을 빌려줬다가 얼떨결에 주인이 되는 경우.

자본잠식 상태에 빠진 유명 기업들이 의외로 많습니다. 티몬이나 위메프 같은 소셜커머스 기업들이나 현대상선, 삼성엔지니어링 등 유명 기업들도 자본이 잠식된 곳입니다. 장사 밑천, 종잣돈마저 써버린 것입니다.

예를 들어 이런 겁니다. '성공기업'이라는 회사가 사업을 하려고 투자자를 찾습니다. 기업을 공개하고 상장하면 투자자들이 자본금을 내고 그 비율만큼 주식을 나눠 갖습니다. 그러니까 '자본금 = 발행한 주식 수 × 액면가'입니다.

5천 원짜리 주식을 10만 주 발행했다면, 자본금은 5억 원!

기업을 공개하고 자본금을 받아 튼튼해진 성공기업이 성공주식회사가 됐습니다. 성공주식회사가 번 돈(이익)이 잉여금입니다. 그런데 장사를 잘못해서 손해를 봤어요. 이 순손실을 결손, 결손금이라고 합니다.

그런데 결손이 나서 벌어둔 돈(잉여금)을 다 써버렸으면요? 그럼 투자자들이 모아준 종잣돈(자본금)을 쓸 수밖에 없습니다. 그래서 자본잠식이 시작됩니다. 잠식! '누에 잠蠶 먹을 식食', 누에가 뽕잎 먹듯이 먹어 들어간다는 뜻입니다.

물론 자본이 잠식됐다고 기업이 다 망하는 것은 아닙니다. 은행 대출을 추가로 받거나 회사채를 발행하는 방법이 있습니다. 빚을 내는 겁니다. 그리고 또다시 자본금을 모으는 방법이 있습니다. 주식을 더 발행해 투자자들에게 한 번만 더 자본금을 모아달라고 부탁하는 거죠. 주식을 통해 돈을 받아 자본금을 늘린다. 그래서 '유!상!증!자!'라고 합니다.

그리고 출자전환이 있습니다. 요즘 뉴스에 부쩍 자주 등장하죠. A은행이 성공주식회사에 1억 원을 빌려줬는데, 못 받게 됐잖아요. 그 대출채권을 5천 원짜리 주식 2만 주(5천 원 × 2만 주 = 1억 원)로 전환하는 겁니다. 그럼 은행은 채권자에서 주주가 됩니다. 이렇게 대출채권을 주식으로 바꾸는 게 출자전환입니다. 친구 식당에 돈 빌려줬다가 못 받으니까 식당 지분 인수하는 거랑 똑같습니다. 식당의 투자자(채권자)에서 식당의 주인이 되는 겁니다.

산업은행도 현대상선이 빌려간 돈을 더 이상 갚지 못하자 출자전환을 했습니다. 덕분에(?) 현대상선 주식 2,500만 주, 지분 14퍼센트를 가진 대주주가 됐습니다. 그래서 이제 현대상선의 주인은 산업은행(채권단)입니다.

사장도 임원도 산업은행이 뽑고 경영 책임도 산업은행이 집니다. 물론 기다렸다가 현대상선이 정상화되면 제값 받고 매각을 해도 됩니다. 하지만 현대상선이 결국 넘어지면 모든 손실을 떠안아야 합니다. 물론 몸값이 더 올라 시세차익을 올릴 수도 있습니다.

부실해진 현대건설에 돈을 빌려줬다가 떼이게 된 외환은행 등 채권단은 2001년 출자전환을 통해 채무 재조정에 합의합니다. 빌려준 돈만큼의 채권을 주식으로 바꾸는 것입니다. 이렇게 원치 않게 현대건설의 주인이 된 은행들은 2011년 현대건설이 건실해지자 이를 현대자동차에 매각해 4조 6천억 원이나 되는 시세차익을 올렸습니다.

문제는 '이 회사 진짜 가능성 없다' 싶으면 이 세 가지 방법이 모두 어려워진다는 점입니다. 회사채 발행도 안 되고, 유상증자도 안 되고, 채권단이 출자전환조차 안 해준다면, 진짜 어려워집니다. 자본잠식이 50퍼센트 이상인 상황이 3년 이상 지속되면 상장이 폐지될 수 있습니다. 사실상 이 기업은 침몰한 것입니다.

Q 흑기사?
백기사?
백김치?

백기사

KCC는 삼성물산의 백기사다.

'엘리엇 매니지먼트^{Elliot Management}'. 전형적인 헤지펀드입니다. 글로벌 투기꾼입니다. 삼성물산이 제일모직과 합병을 하려고 하는데, 엘리엇이 삼성물산 주식 7퍼센트를 사들였습니다. 그리고 외칩니다. "나 이 결혼 반댈세!"

삼성 입장에선 우호지분을 늘려야 합니다. 그래야 주주총회에서 이길 수 있습니다. 그런데 문제가 생겼습니다. 삼성이 갖고 있는 자기 회사 주식인 자사주는 의결권이 없습니다. 손 들어 표결할 때 자사주는 자격이 없습니다.

그래서 이걸 믿을 만한 KCC에게 서둘러 팝니다. 6,700억 원어치 정도 팔았습니다. 이 주식을 인수한 KCC는 이제 의결권을 행사할 수 있습니다. KCC는 삼성물산 합병을 위한 주주총회에서 삼성 편에 서서 손을 들게 됩니다.

물론 KCC로부터 합병에 찬성해 주겠다는 약속을 받고 주식을 매도했을 겁니다. 여기에는 '이후 삼성이 특정 가격에 비싸게 되사준다'거나 하는 당근도 숨어 있었을 겁니다. 이렇게 적대적 M&A를 하거나 하는 과정에서 내 편 들어주는 우호적인 주주를 '백기사'라고 합니다. 쉽게 말해 '내 편'입니다.

지난 2003년에 외국계 헤지펀드인 소버린^{Sovereign}이 SK 지분 15퍼센트를 기습적으로 인수합니다. 기습적인 경영권 침탈입니다. 이때 신한·하나·산업은행이 SK의 백기사 역할을 해 적대적 M&A를 막았습니다.

하지만 적대적 M&A 사실이 알려지면서 주가는 치솟았습니다. (보통 M&A 시도가 드러나면 기존 대주주는 주식을 더 매입해 지분율을 올리려 한다. 이 경우 주가가 오르고, 이를 눈치챈 다른 투자세력이 주식을 또 매입하면서 주가는 치솟기 쉽다.) 소버린은 지분을 모두 팔고 막대한 차익을 남기고 떠났습니다.

반대 의미의 흑기사도 있습니다. 흑기사는 당연히 남의 편입니다. 나에게 적대적인 의결권을 행사합니다. 지난 2015년 채권단이 금호산업을 팔려고 입찰에 내놨습니다. 호반건설이 공격적으로 입찰에 참여했습니다. 경영권을 되찾고 싶어 하는 금호아시아나그룹(박삼구 회장)에게서 경영권을 뺏어가려는 '흑기사'라는 분석이 많았습니다.

그런데 입찰금액이 채권단 기대에 한참 못 미쳤습니다. 매각은 물 건너 갔습니다. 원래 주인인 박삼구 회장이 다시 주인이 될 수 있는 기회가 생겼습니다. 그러자 시장에서는 호반건설이 혹시 '흑기사를 가장한 백기사 아니었을까?' 하는 분석도 이어졌습니다.

헤지펀드가 달려들어 M&A를 시도하면 주가가 급등합니다. 헤지펀드는 이렇게 주가가 오르면 주식을 매도하고, 막대한 차익을 챙겨 떠납니다. 그런데 가만히 생각해 보면 주가는 누가 올려주나요? 기관과 개인투자자들이 올립니다. 투기자본 붙었다고 하면 다들 그 주식에 뛰어들죠(상식적으로는 팔아도 시원치 않을 주식을……). 주가가 급등합니다. 그럼 헤지펀드는 주식을 다 팔고 엄청난 차익을 챙겨 떠납니다. 결국 헤지펀드에게 백기사는 어쩌면 '개인투자자'인지도 모르겠습니다.

투기자본의 M&A 시도를 막기 위한 안전장치

이렇게 헤지펀드 등 투기자본의 M&A 시도를 막기 위해 자본시장에는 몇 가지 안전장치들이 도입됐습니다. 사실 엘리엇과 삼성의 싸움처럼 지금 거대 투기자본이 들어오면 안전하다고 할 우리 대기업이 별로 없습니다.

기본적으로 웬만한 우량기업은 외국인 지분이 이미 다 30~40퍼센트가 넘습니다. 삼성전자는 외국인 지분이 51퍼센트나 됩니다(2016년 8월 기준). 총수 지분의 몇 배나 됩니다. 다만 외국인 투자자들끼리 마음을 모으지 않을 뿐이죠. 그래서 선진국에서는 이런 M&A 세력으로부터 경영권을 보호해 주기 위해 여러 제도가 있습니다.

대표적인 것이 포이즌 필^{poison pill}입니다. 우리말로 '독이 든 알약'쯤 됩니다. M&A 시도가 들어오면 기존 주주들(오랜 친구들)에게 현 주가보다 싼 가격에 지분을 살 수 있도록 미리 권리를 부여하는 것입니다.

포이즌 필
그들의 M&A 공격이 시작되면 내 친구에게 주식을 싸게 살 수 있는 권리를 주는 제도

그럼 기존 주주들이 헐값에 주식을 사들여서 제값에 주식을 사야 하는 투기자본으로부터 경영권을 방어합니다. (지난 1985년 미국 델라웨어 법원이 처음으로 포이즌 필 제도를 허용할 때, '기업의 주식을 매입해 경영권을 가져오는 시장원리를 지나치게 침해한다'는 반대가 많았다. 하지만 법원은 주식을 매입한 후 이사회에서 정식으로 포이즌 필 제도를 삭제한 뒤 M&A를 하면 된다며 포이즌 필을 허용했다.)

또 하나는 차등의결권입니다. 보통은 주식 1주에 의결권이 1개죠. 그런데 어떤 주식은 발행하면서 "이건 1주당 의결권이 5개요! 10개요!" 이렇게 정해버립니다.

구글은 2004년 상장 때, 1주당 1개의 의결권이 있는 클래스A 주식과 1주당 10개의 의결권이 인정되는 클래스B 주식을 함께 발행했습니다. 당연히 경영진은 클래스B 주식을 많이 사뒀습니다. 혹시 다음에 M&A 시도가 들어와도 경영진이 들고 있는 주식은 주주총회에서 1주가 10주가 되는 겁니다. 그러니 헤지펀드는 경영권을 뺏으려면 대주주보다 10배의 주식을 매수해야 합니다.

《뉴욕타임스》의 경우 설즈버거^{Sulzberger} 재단이 오직 0.6퍼센트의 지분으로 의결권 100퍼센트를 행사한다. 《뉴욕타임스》는 설즈버거 재단에 차

등의결권을 부여해 작은 지분으로도 기업의 의사결정을 독점하도록 한다. 자칫 자본세력이 지분을 인수해 《뉴욕타임스》를 경영하고, 언론사가 지향할 가치보다 수익 위주의 경영을 할 수 있는 가능성을 미리 차단하는 것이다.

주주들의 의사결정은 이익 극대화로 치우칠 수밖에 없습니다. '진실의 파수꾼, 정론직필'의 길을 걸어야 할 언론사가 지녀야 할 가치와는 차이가 있습니다. 때문에 《뉴욕타임스》는 재단에 의결권 전부를 위임해 기업의 전통과 지향점을 지키도록 했습니다.

구글과 페이스북도 같은 맥락으로 황금주 제도를 도입했습니다. 황금주는 주식의 보유 비율을 떠나 특정 기업의 결정에서 단 1주만으로(또는 특정 비율만으로) 거부권을 행사할 수 있습니다. 이를 통해 처음부터 기업을 키운 창업자의 권리를 보호합니다.

미국이나 영국, 일본 같은 나라들이 차등의결권을 허용합니다. 지분을 7퍼센트밖에 보유하지 않은 마윈 회장이 알리바바를 상하이 증시가 아닌 미국 증시에 상장한 이유도 이 때문입니다.

우리도 차등의결권을 도입하자는 주장이 꾸준히 나옵니다. 하지만 선진국에 비교하면 우리는 대기업의 지배구조가 아직은 너무 얼기설기 얽혀 있고 또 이를 이용해서 경영권을 승계하는 방법도 여전히 후진적입니다. 그렇다 보니 대기업 총수 일가를 위해 이런 제도를 도입하기는 아직 시기상조라는 주장도 만만치 않습니다. 덕분에 투기 자본의 M&A 시도는 계속됩니다.

차등의결권
미안하다. 너도 나도 주식이 100주씩 있지만, 내 주식은 의결권이 1,000개다!

Q⁉ 나폴레옹은 왜 공매도를 금지했을까?

공매도 short stock selling
그들은 주식을 빌려서 팔면서도 돈을 번다.

　도대체 누가 그렇게 공매도를 할까? 공매도는 남의 주식을 빌려서 먼저 팔고 주가가 내리면 싼값에 되사서 주식을 되갚는 제도입니다. 삼성증권과 NH투자증권 같은 큰 증권사는 요즘 대차 잔고가 보통 1조 원이 넘습니다. 남의 주식 빌려 투자하는 사람들이 이렇게 많습니다. 그럼 빌려주는 사람은 주식을 왜 빌려줄까?

　이자처럼 수수료를 받습니다. 한 100억 원어치 주식 빌려주고 많게는 4~5퍼센트, 최대 5억 원 정도 수수료를 받습니다. 어차피 팔지 않고 보유할 주식을 빌려주고 최대 5퍼센트의 수수료를 챙기는 겁니다. 물론 주식은 곧 돌려받고요. 이를 중개하는 증권사도 0.5퍼센트 정도 (5천만 원)의 수수료를 챙겨갑니다. 그러니 누이 좋고 매부 좋습니다.

피해는 고스란히 이 주식을 들고 있는 다른 투자자들에게 돌아갑니다. 특히 개인투자자들이 자주 피해를 봅니다.

공매도를 위해 주식을 빌리면서 최대 5퍼센트의 수수료를 준다는 말은, 바꿔 말하면 공매도 하는 사람(주식을 빌려 파는 사람)은 5퍼센트는 남겨야 본전이라는 뜻입니다. 그러니 정말 확실하게 떨어질 주식을 공매도합니다. 아니면 확실하게 물량을 밀어내서 주가를 떨어뜨리는 방법도 있습니다.

그러니 힘없는 개인투자자 입장에선 공매도하는 사람이 밉기만 합니다. 괜히 멀쩡한 주식 무더기로 매도해서 주가를 떨어뜨린다고 믿습니다. 공매도는 전형적으로 '그의 행복이 나의 불행'이 되는 구조입니다.

유명 주식사이트에서는 공매도를 폐지하자는 서명운동이 늘 이어집니다. 하지만 공매도가 주식거래를 늘려주고, 또한 주가가 떨어지지 않고 오를 경우 공매도 주체는 큰 피해를 본다는 형평성(?)이 있어, 공매도를 금지하는 나라는 거의 없습니다.

이미 400년 전에 동인도회사 주식으로 공매도를 해서 떼돈 번 사람이 있었다니까요. 100년쯤 뒤에 공매도 부작용이 너무 심해 나폴레옹은 공매도를 금지했다는 기록도 있습니다.

공매도를 막으려는 개인투자자들

요즘은 참다 못한 개인투자자들이 온몸으로 공매도를 막으려 합니다. 그 첫 번째는 공매도를 위해 주식을 빌려주지 말자고 서로 약속하는 것입니다. 주식투자를 하면 증권사가 '해당 주식을 빌려줄 수 있습니까?' 하고 묻습니다. 그리고 동의하면 '대차거래 약정'을 합니다.

'○○약품을 사랑하는 소액주주 모임'은 2016년 한 일간지에 소액주주들이 공매도를 위한 주식 대여를 절대 하지 말자는 광고를 냅니다. 증권사와의 주식 대차 약정을 해지하자는 거죠. 이들은 '공매도를 위해 내 주식을 빌려주면, 이를 통해 공매도가 이루어져 주가 하락을 부추긴다'며, '이는 곧 내 발등을 내가 찍는 것이다'라고 주장했습니다.

실제로 ○○약품의 경우 광고가 나기 며칠 전에는 하루 28.21퍼센트 하락하며 장을 마감했지만, 그날의 공매도 물량은 상장 이후 최고치인 33,598주에 달했습니다.

개인투자자들의 두 번째 항거(?)는 공매도를 위해 대차거래를 하지 않는 증권사로 계좌를 옮기는 겁니다. 증권사들에게 공매도를 중개하지 말라는 압력을 넣는 겁니다. 이처럼 공매도에 항의하는 움직임이 자꾸 현실화됩니다.

2015년에는 코스닥시장에 중국원양자원의 소액주주들도 공개적으로 주식을 빌려주지 말자는 약속을 하는데요, 그러자 갑자기 주가가 급등했습니다. 공매도 세력이 빌려서 내다 팔지 못하고 빌려 판 주식은 빨리 갚아야 하니까 오히려 주가가 올라버린 겁니다. 이후 무려 6일간 상한가를 쳤습니다.

위기를 대박으로 바꾼 겁니다. 공매도 세력 입장에서는 한 30억 원어치 주식을 빌려서 팔고 주가가 떨어진 뒤에 되사서 갚으려 했습니다. 그런데 갑자기 소액투자자들이 '주식을 안 빌려주고, 빌려간 주식도 갚아라' 하니까, 공매도를 포기하고 서둘러 주식을 되사면서 주가가 반대로 급등한 것입니다. 공매도 세력은 크게 손실을 봤을 겁니다.

개인투자자뿐 아니라 공매도 대상이 된 상장기업들도 애가 탑니다. 2016년, 한 모니터 생산업체가 주주들에게 주식 대차 서비스를 하지 않는 증권사로 보유 주식을 옮겨달라고 호소할 정도였습니다.

하지만 전체 공매도 중에 개인의 주식을 빌려서 하는 공매도는 10퍼센트 정도밖에 안 됩니다. 주로 기관의 주식, 특히 국민연금처럼 주식을 많이, 또 오래 보유하는 곳에서 주식을 빌려서 공매도를 합니다. 그래서 개인이 공매도 흐름을 막기엔 한계가 있습니다. 계란으로 바위 치기입니다.

Q 국민연금이 공매도를 위해 주식을 빌려주는 게 과연 옳은가?

ESG투자

환경environment과 사회적social 책임, 그리고 기업의 지배구조governance 개선을 위한 투자.

공매도에 대해 살펴보다 보니 한 가지 궁금한 게 있습니다. '국민연금은 공적 연금인데, 공매도 투기꾼들에게 주식을 빌려주고 수수료를 받는 게 옳은 일인가?'

공매도를 위해 주식을 빌려주면 이자처럼 수수료를 받습니다. 국민연금처럼 오래 주식을 보유하는 투자자 입장에선, 잠깐 주식 빌려주고 수수료를 버는 것이 나쁘지 않습니다. 이렇게 한 해 100억 원 정도 대차수수료를 얻는 것으로 알려졌습니다. 이 이익은 모두 국민연금 가입자에게 돌아갑니다.

하지만 이렇게 주식을 빌려주면 해외 공매도 세력은 해당 주식을 팔고, 개인투자자는 주가 하락의 피해를 봅니다. 그런데 개인투자자도 국민입니다.

그래서 개인투자자는 국민의 돈인 국민연금이 자꾸 주식을 빌려주는 게 밉습니다. 물론 공매도한다고 주가가 다 떨어지는 것은 아니지만요. 여기서 생각해 볼 문제가 있습니다. 이렇게 국민연금은 이익인데 공공이나 대중이 손해를 본다면?

예를 들어 국민연금은 서울외곽순환고속도로에 투자해서 막대한 이익을 남깁니다. 국민연금 가입자에게는 좋은 일입니다. 특히 2060년쯤 기금 고갈이 예상되는 국민연금은 이런 투자를 계속 늘려야 합니다. 그런데 지역 주민들은 2.6배나 높은 통행료를 내고 출퇴근을 해야 합니다. 오죽하면 국토부가 나서서 요금을 내리라고 할 정도입니다.

국민연금은 해외 대체투자alternative investment 비중을 해마다 늘리고 있습니다. 그런데 해외 유명 카지노나 다국적 위스키회사를 사들여 수익성을 높인다면요? 그래서 글로벌 공적 자금들은 나름의 투자조건을 갖고 있습니다. 사행성 사업이나 환경이나 인권 등에 나쁜 영향을 주는 사업체에는 투자하지 않습니다.

최근 일본 국민연금은 올해 안에 환경, 사회적 책임, 기업 지배구조를 중시하는 기업에만 투자한다는 원칙을 확인했습니다. 이를 'ESG 투자'라고 합니다. 캐나다 국민연금은 아마존 밀림을 해치는 기업에, 호주 국민연금은 인종차별 기업에 투자하지 않습니다.

"남아공 정부가 1980년대 들어서도 아파르트헤이트Apartheid 정책을 포기하지 않자, 미국의 노동조합과 종교계 펀드가 남아공의 인종차별 기업에 투자했던 돈을 거둬들이기 시작했다. 1983년 매사추세츠 주 정부는 남아공에서 사업을 하는 모든 기업에 대한 주 연기금 투자를 금지했다. 뉴욕 시와 캘리포니아 정부는 남아공에 대한 투자 가이드라인을 발표했다. 1985년 남아공 정부는 채무불이행을 선언했다."

— 고영·전병길, 『새로운 자본주의에 도전하라』

지금도 세계적인 대형 연금인 미국 캘퍼스^{CalPERS}(캘리포니아 공무원 연금. 공격적인 투자로 유명하다) 등은 사회책임투자를 중요한 투자요건으로 삼고 있습니다.

우리 국민연금도 여러 원칙을 하나둘 만들어가고 있습니다. 하지만 최근 옥시 같은 부도덕한 기업의 주식을 보유하고, 문제가 드러난 뒤에도 이를 보유한 사실이 드러나면서 또 곤욕을 치렀습니다. 국민연금은 서둘러 선진 공적 연금에서 도입 중인 ESG 평가지표를 개발 중입니다.

스튜어드십 원칙

국민연금이 투자 대상 기업을 선택할 때 어떤 기준으로 할까도 중요한 문제지만, 투자 이후 '어떻게 주주의 역할을 할 것인가'도 문제입니다. 국민연금의 지분율이 갈수록 높아지고, 그럴수록 그에 걸맞은 주주의 역할이 필요하기 때문입니다.

'국민연금은 아직 사면도 되지 않은 ○○○ 부사장의 등기이사 선임을 반대합니다'라는 목소리가 간절한데, (국민연금을 비롯한) (대)주주들은 여전히 제3자입니다. 또한 우리 주주총회는 여전히 원시적입니다.

친구 10명이 돈을 모아서 회사를 차렸습니다. 누가 대표이사를 할 것인가, 수익을 어디에 쓸 것인가, 이런 중요한 결정을 1년에 한 번, 그것도 한 30분 만에 끝냅니다. 국내 주식회사의 주주총회가 그렇습니다. 상장회사협의회 조사에 따르면, 우리 주식회사들의 주주총회는 평균 33분 만에 끝납니다.

이 시간에 출석 주식 수 보고, 의장 인사, 감사 보고, 영업 보고를 마치고, 재무제표 승인, 사내외이사 선임, 정관 변경, 이사 보수 한도 승인까지 다 의결합니다. 흔히 '주총꾼'이라 불리는 사람이 "찬성합니다!" 하고 먼저 외치면 일사천리로 진행됩니다.

특이한 점 하나! 국내의 상장회사가 모두 1,933개인데 그중 1,600여 기업이 3월에, 그리고 그중 1,330개 기업이 금요일에 주총을 엽니다. 왜 한꺼번에 주총을 열까? 여러 주식을 보유한 주주가 한 주총에만 참석하고 다른 주총에는 못 가게 하기 위해서입니다. 그럼 왜 유독 금요일을 선호할까? 토요일에 신문이 안 나오니까요(그만큼 대충 넘어가고 싶은 게 많다는 뜻이다).

그래서 이런 엉터리 주총문화를 바꾸자며 나온 게 '스튜어드십 원칙stewardship code'입니다. 주식을 갖고 있는 기관투자자들이 제대로 역할을 하자는 원칙입니다.

"수익률이 좋아지더라도 환경을 해치고 지역 주민들의 반대가 예상돼 반대합니다." "대주주 조카가 지분을 갖고 있는 A회사 말고, 훨씬 검증된 B회사와 이번 사업을 추진하면 어떨까요?" 이렇게 정당한 목소리를 내자는 원칙입니다. 특히 소액주주는 소유 주식 수가 적어 쉽

지 않으니, 국민연금이나 자산운용사 같은 기관투자자들이 제 역할
을 하자는 목소리입니다.

스튜어드^{steward}는 '집사'라는 뜻입니다. 스튜어드십 원칙은 집사가
집을 원칙에 맞게 성실하게 가꾸고 관리하듯 기관투자자들도 성실하
게 투자자의 역할을 하자는 뜻으로 2010년 영국에서 도입됐습니다.

우리 금융당국도 기관투자자들이 주가나 배당에만 관심 갖지 않
고 적극적으로 경영에 참여해 의사를 밝히고, 나아가 모든 주주가 이
익을 보는 경영이 이루어지도록 유도하기 위해 '한국식 스튜어드십'을
만들고 있습니다. 일종의 기관투자자를 위한 주총의결권 행사 지침
같은 겁니다. 물론 국민연금도 이 지침을 따르게 될 것입니다.

Q 정의를 부르짖는 행동주의 주주들은 뭐가 문제일까?

주주행동주의 shareholder activism
그런데 그들의 행동이 꼭 정의로운 것은 아니다.

　　삼성전자의 총수 일가 지분은 5퍼센트 정도입니다. 만약 국민연금이 삼성전자 주식 10퍼센트 정도 갖고 있다면요? 그런데 경영권은 지분이 5퍼센트 남짓한 총수 일가에 99퍼센트 이상 집중돼 있습니다. 그래서 지분만큼 경영에 적극 개입하자는 움직임이 이어집니다.

　　2016년 초, 최태원 SK그룹 회장이 그룹 지주사인 SK(주) 등기이사로 2년 만에 그룹 지주사 경영에 공식 복귀할 때도 국민연금은 반대했습니다. (국민연금 투자 원칙에는 투자 기업의 주주총회에서 횡령·배임 혐의로 법원 1심 판결을 받은 해당 기업 총수를 포함해 함께 재임했던 이사들의 연임까지 반대할 수 있다는 조항이 포함돼 있다.) 당시 국민연금의 지분율은 8.5퍼센트로, 2대주주였습니다.

갈수록 목소리가 높아집니다. 지난 2006년 국민연금이 주주로 있는 상장기업의 주주총회에서 국민연금이 내놓은 반대의견의 비율은 3.7퍼센트에 불과했지만, 10년이 지난 2016년에는 10퍼센트를 넘었습니다.

주주행동주의. '보유한 지분만큼 목소리를 높이자'는 주장입니다. 특히 우리나라에서는 소액주주들의 움직임이 뚜렷하게 강해지고 있습니다. 작은 지분도 뭉쳐서 회사 경영에 적극 개입하는 것입니다. 문제는 투기자본입니다.

글로벌 헤지펀드들의 손이 갈수록 커집니다. 덩달아 매입하는 지분도 커집니다. 칼 아이칸 같은 유명한 기업사냥꾼들은 보통 몇억 달러씩 매입을 합니다. 그리고 그만큼 경영에 참여합니다. '감 놔라 배 놔라' 경영에 개입을 합니다. 이것 역시 주주행동주의입니다. "그 중국 사업 계속 적자 나니까 매각해 버리세요! 그 사업군 통합하고 담당 임원 내보내세요!" 이런 식입니다.

특히 투기자본은 빨리 수익을 뽑고 떠나고 싶습니다. 그래서 배당을 많이, 그리고 자주 요구합니다. 예를 들어 GS홈쇼핑의 지분을 사들인 헤지펀드 SC펀더멘털밸류펀드는 배당성향을 80퍼센트로 올려 달라고 요구하기도 했습니다. 100억 벌었으면 80억을 배당하라는 뜻입니다. (우리 유통업체들의 평균 배당성향은 10퍼센트 정도이다.)

헤지펀드 등 투기자본의 지분은 겨우 1퍼센트 남짓이지만, 대주주 지분도 많지 않은 우리 대기업들 입장에선 여간 신경이 쓰이는 게 아닙니다. 특히 글로벌 기업들은 더 어렵습니다. 헤지펀드들이 많게는 몇백억 달러씩 지분을 사들입니다.

애플은 그래서 최근에 이사 후보자 지명권proxy access을 주는 방안을 승인하고 항복(?)했습니다. 애플의 주식 3퍼센트 이상을 3년 이상 보유한 주주가 이사 한 명을 추천할 수 있도록 하는 겁니다. 이렇게 되면 더 합법적으로 경영에 간섭하겠죠. 화이자나 AT&T 같은 미국의 대표 기업들이 지금 다 이 행동주의 주주들에게 이사 추천권을 주는 추세입니다.

주주행동주의는 두 얼굴을 갖고 있습니다. 첫째, 헤지펀드 같은 투기세력이 단기적으로 이익을 내서 팔고 떠나려는 움직임이 있고, 둘째 시민단체 등 소액주주들이 주주의 정당한 권리를 찾기 위해 노력하는 움직임도 있습니다.

이는 자본시장의 '메기' 같은 역할을 합니다. 기존 시장질서를 위협하지만, 긍정적인 면도 없지 않습니다. 가뜩이나 총수 지분이 많지 않은 우리 대기업들은 갈수록 이런 변화를 피하기 어려워 보입니다.

Q 누가 월가의 목줄을
풀어줬는가?

볼커룰 Volcker rule
은행들은 고객이 맡긴 돈을 너무 투기적인 데 투자하지 마세요!

    2008년 9월 15일에 리먼 사태가 터졌습니다. '리먼
브라더스'라는 자산 규모 6천 억 달러가 넘는 글로벌 투자은행이 무
너졌습니다. 글로벌 경제는 뭘 잘못했을까요? 글로벌한 반성이 시작
됐습니다.

    핵심은 금융 규제를 너무 풀어줬다는 것입니다. 1930년 도입된 글
래스-스티걸법Glass-Steagall Act은 상업은행과 투자은행의 업무를 엄격히
제한했습니다. 고객의 돈을 맡아주는 은행과 투자자의 돈을 받아 투
자해 주는 은행을 엄격하게 구분했습니다.

    고객의 돈을 투자은행이 고객의 동의 없이 함부로 주식에 투자하지
못하도록 했습니다. 글래스-스티걸법은 지난 1929년 미국 대공황에

대한 반성에서 만들어졌습니다. 하지만 글로벌 금융시장의 담장이 해마다 낮아지고, 글래스-스티걸법은 1999년에 결국 폐지됐습니다. 그리고 10여 년 뒤인 2008년에 금융위기가 터졌습니다. 글로벌 금융시장의 반성도 되풀이됐습니다. "우리가 왜 글래스-스티걸법을 폐지했을까?"

금융자본의 투자범위가 지나치게 위험해졌다는 지적이 이어졌습니다. 그래서 새롭게 '볼커룰'이라는 법이 도입됩니다. '금융 규제를 강화하자!'라는 취지에서 폴 볼커Paul Volcker 전 연준FED 의장의 이름을 따서 '볼커룰', 볼커의 법칙이 만들어집니다. 이후 폴 볼커는 오바마 대통령의 경제회복자문위원회 의장을 맡았습니다. 볼커룰의 핵심은 미국 은행들의 자기자본을 규제하는 것입니다.

특히 자기자본으로 주식이나 파생상품 등 고위험 상품에 투자하는 것을 금지합니다. 헤지펀드, 사모펀드 등에 대한 투자도 자기자본의 3퍼센트 이내로 규제합니다. 무리한 투자로 은행이 망해서 고객이 손실을 보는 일이 없도록 했습니다. 은행이 망하면 고객의 대출금은 남아도 고객의 예금은 날아갑니다.

2008년 리먼 사태 이후 미국에서는 은행 수백여 곳이 문을 닫았습니다. 결국 수백 조 원의 국민 세금이 투입됐습니다. 월가의 트레이더들이 국민 세금으로 도박을 한다는 지탄이 이어졌습니다. 그 반성은 월가에 대한 규제 강화로 이어졌습니다. 그 산물이 '볼커룰'입니다. 월가의 외양간을 다시 고친 것입니다.

월가는 반발합니다. 거대 은행들이 위험 투자를 줄이면 수익률이 떨어지고, 결국 손해는 은행을 찾는 투자자들이 떠안을 것이라고 말합니다. 금융시장이 퇴행할 거라고 경고합니다.

엘리자베스 워런
현존하는 최강의 월가 저격수

볼커룰은 논란을 거듭하면서 계속 시행이 미뤄졌습니다. (이 무렵 힐러리 클린턴 국무장관이 25개 헤지펀드 매니저의 한 해 연봉이 미국 전체 유치원 교사 수만 명의 연봉을 합친 것보다 많다고 월가의 연봉 인플레를 지적한다.) 결국 볼커룰은 2014년 4월 1일 발효됩니다.

월가와 월가 개혁세력의 대립은 계속됩니다. 그 중심에 민주당 엘리자베스 워런Elizabeth Warren 상원의원이 있습니다. 대표적인 월가 저격수입니다. 워런은 월스트리트(금융경제)를 공격하는 메인스트리트(실물경제)를 상징합니다.

2005년 1월 안토니오 웨이스Antonio Weiss가 재무부 차관으로 지명됩니다. 워런은 그가 클린턴 행정부 때 재무장관을 지낸 로버트 루빈Robert Rubin의 사람이라고 공격합니다. 로버트 루빈은 금융자본 월스트리트를 상징합니다. 그는 실제 재무장관 임기를 마치고 시티그룹 회장이 돼 수백 억 원의 연봉을 받았습니다. 우리로 치면 기획재정부 장관을 마치고 미래에셋에 가서 회장이 된 겁니다.

공교롭게 시티그룹은 글로벌 금융위기 때 가장 많은 공적자금의 지원을 받았습니다. 미국 시민의 세금으로 기업을 살려냈는데, 그 기업의 수장으로 전 재무장관이 기용됩니다. 루빈은 시티그룹에서 우리 돈 1천억 원 가까운 성과급도 받습니다. 참 납득하기 어려운 일들이 금융제국 미국에서 일어납니다.

워런 의원은 안토니오 웨이스를 향해 "저 커튼 뒤에는 항상 루빈이 있다"고 공격합니다. 며칠 뒤 안토니오 웨이스에 대한 재무부 차관직 지명이 철회됩니다. 언론은 메인스트리트가 월스트리트와의 전투에서 승리했다고 전했습니다.

워런은 법학자이자 경제학자 출신 의원입니다. 2013년에 오바마 대통령이 차기 연방준비제도이사회 의장으로 래리 서머스[Lawrence Henry "Larry" Summers] 전 재무장관을 추천하려 했을 때도 워런은 반대표를 던졌습니다. 래리 서머스는 시티그룹 자문역을 지냈습니다. 그녀의 월가를 향한 공격은 계속됩니다. 지속적인 투기자본의 규제를 강조합니다.

"워런이 금융시장을 제대로 알고 그러는지 모르겠다."

— 제이미 다이먼, JP모건 회장

"나는 금융시장을 잘 압니다. 그리고 당신이 어떻게 돈을 버는지도 압니다."

— 엘리자베스 워런, 미 민주당 상원의원

4장

대기업에 대해
던져야 할
불편한 질문들

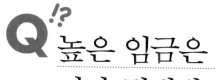

높은 임금은
진짜 경제에 해로울까?

소득 주도 성장
너무 당연한 이론인데도 기업들이 유독 의심하는 성장 이론.

　　소득이 높아지면 소비가 늘어납니다. 이를 통해 성장을 하자는 이론이 '소득 주도 성장'입니다. 굳이 이분법으로 나눌 것은 아니지만, 근로자의 임금을 올려주면 소비여력이 높아져서 소비를 많이 하고 그럼 기업은 매출이 올라갈 테니까요(소득 주도 성장 이론은 기업의 매출이 늘어 먼저 기업이 부자가 되면 월급을 올려주고 그럼 소득이 자동으로 높아진다는 이론과 반대편에 있다).

　이렇게 유효수요를 늘려 경제를 살리는 것을 소득 주도 성장이라고 부릅니다. 2012년에 국제노동기구[ILO]가 '임금에 기반한 성장은 지속적이고 안정적'이라는 보고서를 내면서 본격화된 겁니다.

　실제 지난 10여 년 동안 임금이 지독하게 안 오릅니다. 이미 우리 근로자 두 명 중 한 명은 사실상 월급여가 200만 원 이하입니다(전체 취업자 중 46.8퍼센트가 임금 200만 원 이하. 2016년 10월. 통계청). 정부 통계를 전경련이 분석한 자료를 보면 우리 근로자의 중위소득(근로자 100명이 소득 순으로 줄을 섰을 때 50번째 근로자 소득)은 연 약 2,500만 원입니다.

게다가 고용노동부 통계를 봐도 노동생산성이 제일 많이 올랐고, 그다음 경제성장률, 그다음 임금인상률입니다. 그러니까 열심히 일해서 그 성과는 많이 오르고, 성장률은 조금 오르고, 임금은 더 조금 오른 것이죠.

정부가 기업소득환류세제를 도입한 배경도 같은 맥락입니다. 하지만 배당을 많이 할수록 사실 근로자보다 주주, 특히 외국인 주주들에게 혜택이 돌아갑니다. 그래서 정부는 2016년에 기업소득환류세제를 개정해, 배당보다 일자리를 더 늘릴 기업에 더 많은 혜택을 주기로 했습니다. 세금이 줄어듭니다. 결국 기업의 이익을 근로자에게 조금이라도 이전하는 방향입니다.

"국가는 사회적·경제적 방법으로 근로자의 고용의 증진과 적정임금의 보장에 노력해야 하며, 법률이 정하는 바에 의하여 최저임금제를 시행하여야 한다."

─대한민국 헌법 제32조

기업의 소득이 좀처럼 시장으로 흘러들지 않는 시대, 정부가 다음으로 꺼내든 카드는 최저임금을 올리는 겁니다. 이건 오바마 대통령도, 심지어 아베 총리도 마찬가지입니다. 미국에선 시간당 15달러를

받으려는 근로자들의 목소리가 높습니다. 'Fight for $15.'

실제 캘리포니아 주는 2022년까지 시간당 최저임금을 15달러로 점진적으로 인상하기로 했습니다. 뉴욕 시는 2018년까지 시간당 최저임금 15달러를 적용하기로 했습니다. 하루 여섯 시간 일할 경우, 90달러(10만 원가량)의 소득으로 하루 생활이 가능해집니다. (미국의 최저임금에는 주 최저임금과 연방 최저임금이 있다. 연방 최저임금은 2009년 이후 시간당 7.25달러다. 만약 특정 주의 최저임금이 이보다 낮으면 연방 최저임금을 적용받지만, 미국에서 이보다 최저임금이 낮은 주는 찾아보기 어렵다.)

그런데 우리 대기업은 분명하게 임금 인상을 반대합니다. 임금 비중이 커지면 기업이 경쟁력을 잃는다고 주장합니다. 실제 좋은 고용의 대부분을 기업이 담당하는데, 임금이 자꾸 오르면 이마저 힘들어진다는 것이죠. 오히려 기업이 먼저 성장해야 사람도 더 뽑고 결국 근로자에게 좋다고 주장합니다.

한때 유행했던 '낙수효과'입니다. 컵을 층층이 쌓아놓고 위에서부터 물을 부으면 결국 아래쪽 컵까지 물이 찬다는 이론입니다. 기업이 먼저 부자가 되면 고용이 늘어 일자리가 늘어나는 식으로, 그 이익이 아래로 흘러간다고 믿습니다(지난 미국 대선 당시 트럼프가 하도 과장됐다고 해서 클린턴은 'Trumped-up trickle-down'이라고 비난했고 이어 언론의 유행어가 됐다). 이 주장을 믿는 관료도 정치인도 생각보다 많습니다.

경제학자들 간에도 논쟁이 본격화되고 있는데, 문제는 설령 정부가 임금을 올리는 정책을 선택한다고 해도 기업이 고용을 줄여버리면 어

쩔 수 없습니다. 정부는 사실 '소득 주도 성장'이라는 용어 자체도 매우 부담스러워합니다(시장경제와 잘 안 어울리는 말인 것은 사실이다). 임금 인상을 위해 정부는 각종 세제혜택을 강화하는 등의 간접적인 지원밖에 할 수 없습니다.

결국 임금은 시장경제에서 기업의 몫입니다. 하지만 지금처럼 투자 과잉, 공급 과잉으로 노동수요가 부족한 상황에서 기업이 자진해서 임금을 올릴 이유는 찾아보기 어렵습니다. 노동시장의 균형추가 기업으로 쏠리면서 임금 협상 등을 위한 각종 노동 관련 제도도 뒷걸음질 칩니다.

모든 기업이 임금 인상에 반대하는 건 아니다

물론 모든 기업이 임금을 줄이려고 하는 것은 아닙니다. 2015년 4월, 미국의 신용카드 결제시스템 회사인 그래비티 페이먼츠^{Gravity Payments}의 댄 프라이스^{Dan Price} 대표가 직원 120명의 임금을 최저 7만 달러(우리 돈 8,100만 원 정도)로 올렸습니다. 파격적이죠.

대신 자신의 연봉을 7만 달러로 낮췄습니다. 이유는 간단합니다. '연봉 올리면 직원들이 행복해지고 그럼 매출도 늘 것이다'라는 믿음 때문입니다. 그럼 왜 굳이 7만 달러일까?

> "행동경제학자 대니얼 카너먼^{Daniel Kahneman}과 앵거스 디턴^{Angus Stewart Deaton} 프린스턴대 교수는 돈과 행복의 상관관계를 분석한 소논문을 발표했다. 이들은 2008~2009년 미국 시민 46만 명을 대상으로 한 갤럽의 설문조사를 분석했다. 시민들에게 '지금 당신의 삶에 만족하십니까?'를 물었고 최악의 상태를 0점으로, 더없이 좋은 상태를 10점으로 분석했다. 그랬더니 '미국 근로자의 행복도가 소득이 연간 7만 5천 달러가 될 때까지 꾸준히 올라갔지만, 이 금액을 넘어가면 크게 오르지 않는다'는 사실을 확인했다."
>
> —《조선비즈》

재밌죠. 연봉이 5천만 원인 사람이 6천만 원이 되면 아주 기쁜데, 연봉이 5억인 사람이 6억이 되면 그만큼 행복하진 않다는 이론입니다. 전자는 1천만 원 오르고 후자는 1억이 올랐는데도요.

그리고 어떻게 됐을까? 댄 프라이스가 1년여 뒤에 미 NBC 뉴스와

인터뷰를 했습니다. 성과가 좋았습니다. 이직률이 크게 낮아졌습니다. 또 직원들이 회사 근처에 집을 구해서 출퇴근 시간이 짧아졌습니다. 신입사원 모집에 3만 명이 몰릴 정도로 홍보효과도 봤습니다. 무엇보다 매출은 35퍼센트나 올랐습니다.

이처럼 임금이 올라야 경기가 좋다는 이론(경기가 좋아져서 임금이 올라가는 것과 전혀 다른 이론!)은 사실 매우 낯익은 이론입니다.

지난 1929년 미국 대공황의 원인을 임금 인상이 성장률에 크게 못 미쳤기 때문으로 풀이하는 학자들도 많습니다. 20세기 초, 눈부신 기술의 발전으로 기업들의 생산성과 매출이 크게 높아졌습니다. 하지만 노동 공급은 충분했고, 기업들은 굳이 자신들의 수익이 높아진 것만큼 임금을 올려주지 않았습니다.

늘어나는 공급만큼 근로자들의 소득은 오르지 않았고, 결국 주머니가 가벼운 근로자들은 넘쳐나는 재화를 모두 소비하지 못했습니다. 재고가 갑자기 늘어나고, 1929년 대공황이 터졌다는 주장입니다.

여기서 궁금해집니다. 경제는 성장하는데 임금은 잘 안 오릅니다. 경기가 안 좋아서 임금이 안 오를까요? 혹시 임금이 안 올라서 경기가 좀처럼 풀리지 않는 것은 아닐까요? 그래비티 페이먼츠의 직원들은 돈을 모아 댄 프라이스에게 테슬라 승용차를 선물한 것으로 알려졌습니다.

Q‼️ 살찐 고양이는 무엇이 문제인가?

살찐 고양이법 Fat Cat Legislation
그들이 혹시 너무 많이 가져간다면 상한선을 둬볼까?

근로자 임금의 하한선(최저임금)을 고민해 온 시장경제는 최근에 고임금 사용자의 상한선을 고민합니다. 20대 국회가 문열자마자 나온 이른바 최고임금법은 대기업 임원의 급여가 최저임금의 30배를 넘지 못하도록 하는 법안입니다.

2016년 기준 최저임금(시간당 6,030원)을 계산해 보면 연봉이 대략 4억 5천만 원을 넘으면 안 됩니다. 통과될 가능성은 높지 않지만, 월 200만 원도 못 받는 근로자가 이미 천만 명이 넘는 상황에서 상징적 의미는 있어 보입니다.

최저임금을 올리려는 움직임은 뚜렷하지만, 최고임금을 제한하는 나라는 거의 없습니다(사실 따져보면 참으로 시장원리를 거스르는 법이다).

스위스는 얼마 전 월 300만 원 기본소득 법안을 국민투표에 부쳐 부결됐는데요, 이 특이한(?) 나라는 2013년에도 CEO가 제일 낮은 임금의 12배 이상 받지 못하도록 하는 법안을 국민투표에 부치기도 했습니다. 그때도 부결됐습니다. 대신 주주들이 CEO의 연봉을 관여할 수 있도록 법안을 개정했습니다.

프랑스는 2012년 공기업의 연봉 최고액이 해당 기업 최저 연봉의 20배를 넘지 못하도록 법제화하기도 했습니다.

결국 격차의 문제입니다. 자꾸 격차가 커지다 보니 이런 고민들이 나옵니다. 특히 2008년 금융위기가 터지자 미국은 천문학적인 세금을 투입해 투자은행[IB]들을 살렸습니다. 그때 파산한 리먼 브라더스의 CEO 리처드 풀드[Richard S. Fuld Jr.]는 8년간 임금을 5억 달러(6천억 원가량) 받았습니다.

미국인들은 분노했습니다. 그때 오바마 대통령이 월가의 이런 일부 CEO들을 향해 '살찐 고양이[Wall Street fat cats]'라고 비난했습니다. 아마도 그래서 최고임금법을 '살찐 고양이법'이라고 부르는 것 같습니다. (미국 풍자만화를 보면 살찐 고양이가 턱시도를 입고 시가를 피워댄다.)

Wall Street fat cats

비슷한 시기에 스위스에어[Swissair]도 스위스 국민들의 세금으로 파산위기에서 살아났습니다. 그런데 최고경영자가 퇴직금으로 1,300만 달러를 받은 사실이 드러났습니다. 스위스 국민들도 잔뜩 화가 났고, 결국 최고임금법이라는 시장경제를 대놓고 무시(?)하는 법안이 국민투표까지 올라갔습니다(스위스는 인구 800만의 작은 국가라서 툭하면 국민투표를 통해 직접민주주의를 실현한다).

최고임금법은 이 같은 부당한 격차뿐 아니라 수백억 원 이상의 연봉을 받는 CEO들의 잘못된 의사결정을 막는다는 취지도 있습니다. 연봉이 천문학적인 CEO라면 회사의 손해를 무시(배임)하면서 연임을 노릴 수 있기 때문입니다.

하지만 이 같은 시도는 우리는 물론 유럽 사회에서조차 시기상조로 보입니다. 게다가 임금에 상한선을 두는 것 역시 일종의 가격통제입니다. 시장경제가 가장 유지하기 힘든 정책 중 하나가 인위적인 가격통제입니다. 또 우리 대기업 CEO들의 연봉은 아직 규제를 할 정도로 높은 것 같지는 않습니다(국내 최고 수준인 삼성전자 권오현 부회장의 연봉이 2015년 150억 원 정도였다. 이는 미국의 로컬 은행 총수의 연봉 수준이다).

이보다 좀처럼 오르지 않는 근로자들의 소득을 끌어올리는 게 더 시급해 보입니다. 사실 그들의 임금을 끌어내린들 대다수 근로자들의 임금이 올라간다는 보장도 없으니까요.

Q
광주형 일자리, 무엇을 얻고 무엇을 양보할 것인가?

광주형 일자리
서로 양보해서 답을 찾자는 어느 고용 해법.

기업들이 국내 투자를 꺼리는 이유는 정규직 고용이 너무 경직돼 있기 때문입니다. 해고가 쉽지 않습니다. 일부 대기업의 경우 노조의 힘은 여전히 막강합니다(전체 기업의 노조 가입률은 겨우 10퍼센트 남짓이지만). 특히 정규직은 임금이 계속 올라가는 구조입니다. 그런데 대기업의 성장세는 점점 더뎌집니다. 정규직 고용을 꺼리는 이유입니다.

그래서 자꾸 해외로 나갑니다. 2016년에도 삼성전자의 백색 가전 라인이 베트남으로 이전했고, 현대자동차는 중국 창저우에 또 대규모 공장을 준공했습니다. 좋은 일자리가 좀처럼 늘어나지 않습니다. 자꾸 해외로 눈길을 돌리는 대기업에게 '법인세율 인상' 같은 구호를

들이밀기도 여의치 않습니다.

일자리에서 굳이 우선순위를 정하라면 그것은 임금보다 안정일 겁니다. 정규직 일자리가 더 간절합니다. 그래서 나온 게 '광주형 일자리'입니다.

근로자 입장에선 임금을 조금 덜 받아도 정규직 신분 안정을 원합니다. 광주광역시는 광주형 일자리를 현대자동차 등 대기업에 제안했습니다. 핵심은 정규직 채용과 임금 인하입니다. '4,000×4,000.' 연봉을 대략 4천만 원에서 유지하고 4천 명을 정규직으로 채용합니다. 대신 근로시간을 줄이는 방식입니다.

연평균 4,000만 원은 노동연구원 조사를 통해 적정 임금으로 제시된 금액입니다. 현재 기아자동차에서 일하는 직원들의 평균 연봉이 9,700만 원이니까, 절반도 안 되는 2분의 1 수준입니다.

여기에 광주광역시는 근로자가 품질을 책임지는 형태를 추가했습니다. '임금을 낮추고 품질을 보장할 테니, 숙련된 노동자를 정규직으로 고용해 달라'는 것입니다. 광주형 일자리는 노동자에겐 고용 안정을, 사업주에게는 품질과 적정 임금을 보장하는 고용모델입니다. 물론 일자리를 잃은 숙련공들에게는 복지모델입니다. 사실은 유럽에서 이미 여러 차례 실증된 고용모델입니다.

지난 1999년 독일 폭스바겐이 '5,000×5,000 프로젝트'를 노조에 제안했습니다. 일자리가 자꾸 줄고 독일 기업들이 하나둘 임금이 낮은 해외로 떠났습니다. 대량 실업이 현실화될 무렵 폭스바겐은 '우리는 독일의 숙련된 노동자를 원한다'는 제안을 내놨습니다. '월급 5,000마르크를 받는 정규직 5,000명'을 고용하는 신설 법인을 지역사회에 만드는 것입니다.

월급 5,000마르크는 당시 폭스바겐 노동자들의 임금보다 20퍼센트 낮은 수준입니다. 한 공장 안에서 같은 노동을 하는데, 급여가 더 낮은 정규직 실험이 진행된 것입니다. 지역 노동계는 이를 받아들였습니다.

실제 독일 북동부 볼프스부르크의 폭스바겐 공장은 이 방식으로 3,500명 넘는 고용을 창출했습니다. 독일 정부는 새 법인의 지분 일부를 인수해 이 사업의 지속 가능성에 힘을 보탰습니다. 노동계 입장에서는 '동일 노동 다른 임금'을 받아들이는 아픈 양보였지만, 현실을 인정해 일자리를 만들었습니다.

유일호 전 경제부총리도 당시 광주형 일자리가 참신한 아이디어라고 밝혔습니다. 물론 현대자동차 등 대기업이 선뜻 나설지는 의문입니다. 대기업은 이 '4천만 원의 약속이 지켜질 것인가' 의심합니다.

노동계는 다른 정규직의 평균임금도 떨어뜨리게 되면 어쩌나 걱정합니다. 실제 이 지역 노조가 '동일 노동 낮은 임금'을 받아들일 것인가도 과제입니다. 이 고민들은 폭스바겐이 5,000×5,000을 제안할 때 이미 경험한 것입니다. 넘어야 할 산이 많습니다.

하지만 고용이 얼어붙은 고용 절벽의 시대, 뭐라도 해야 하지 않을까요. 그 어떤 시도라도 말이죠. 광주광역시는 광주형 일자리 모델을 컨트롤하기 위한 시의회, 노동단체, 사용자단체, 시민사회단체 대표 15인으로 구성된 '더 나은 일자리 위원회'를 지난 2016년 7월 출범시켰습니다.

Q⁉️ 골목길 박 사장님의 가게는 대기업이 운영하는 가게보다 경제에 더 좋은가?

스타벅스 Starbucks
커피 팔아 한국에서 매출 1조 원, 영업이익 845억 원을 버는 독특한 기업.

골목에서 박 사장님이 운영하는 가게와 대기업이 운영하는 가게는 모두 우리 경제에 좋습니다. 두 가게 모두 장사가 잘되어야 합니다. 굳이 우선순위를 정하자면 동네 자영업자의 커피전문점이 경기 부양에 효과가 더 좋습니다.

먼저, 박 사장님의 커피전문점을 이용하면 그 매출이 대부분 다시 소비됩니다. 박 사장님이 큰 부자가 아니라면 돈이 다시 시장으로 흘러나올 겁니다. 아들의 사교육비와 부인의 병원비 등에 소비됩니다.

그런데 바로 옆에 다국적 커피전문점이 들어섭니다. 그런 커피전문점의 운영자는 대부분 글로벌 주주들입니다. 그러니 5,000원짜리 카푸치노의 이익금 중 일부는 바다 건너 맨해튼으로, 런던 카나리 워프의

주주에게로 갑니다. 그렇게 돈이 떠난 뒤에 돌아오지 않습니다. 이게 문제입니다.

명동으로 가보죠. 예전에는 옷가게며 커피전문점, 오징어볶음집 등 대부분 자영업자 가게였습니다. 다들 동네 사장님들이 운영했습니다. 돈을 벌면 그 돈이 우리 시장에서 소비됐습니다. 그중 일부는 다시 우리 지갑으로 들어옵니다. 우리는 또 그 돈을 소비합니다.

이렇게 거래가 늘수록 경기가 성장하는 것입니다. 돈이 유통됩니다. 돌고돕니다. 누군가의 소비는 누군가의 소득이 됩니다. 이를 '경제가 성장한다'고 합니다.

그런데 요즘 명동에 가보면 유니클로나 스타벅스, 올리브영 같은 다국적기업이나 대기업의 가게들이 많습니다. 사장님은 없고 다들 종업원들입니다. 물론 계약직이나 파견직 등 비정규직이 많습니다. 사장님은 만날 수도 없습니다. 사장님은 저 바다 건너 《뉴욕타임스》나 《포춘》에 가끔 등장합니다.

이들 기업은 투자를 하면 크게 합니다. 하지만 공급 과잉의 시대, 좀처럼 투자를 하지 않습니다. 고용을 줄입니다. 고용을 해도 계약직 중심, 일용직 중심입니다. 그러니 우리가 쓴 돈이, 기업이 올린 소득이 빨리 다시 시장으로 돌아오질 않습니다.

이런 다국적기업은 투자를 한다고 해도 상당 부분 해외에서 이뤄집니다. 결국 우리가 소비한 돈이 우리에게 온전히 돌아오지 않습니다. 대기업과 다국적기업의 곳간에 자꾸 돈이 쌓입니다. 그래서 돈이 돌지 않습니다.

물론 대기업 중심 경제도 장점이 많습니다. 특히 대기업의 거대 자본이 있어야 수천억, 수조 원씩 들어가는 R&D도 가능합니다. 다국적기업 애플이 없었으면 아이폰이 없었을 것이고, 인류는 스마트폰 문화를 경험하지 못했을 것입니다. 현대자동차의 새로운 모델은 오직 자본과 기술이 집약된 대기업이기 때문에 탄생할 수 있습니다. 또 대기업 고용은 질이 좋습니다. 다수의 중산층이 대기업에 근무합니다. 안정적인 소비를 지탱하는 축이 됩니다.

하지만 중요한 것은 쏠림입니다. 지난 30여 년 동안 거대한 금융기관이나 대기업으로 부가 지나치게 쏠려왔습니다. 어느 한 곳이 넘칩니다. 그 부가 시장으로 빨리 돌아오지 않습니다.

이 문제의 근본에 대기업이 휘발유도 팔고, 참기름도 팔고, 식용유도 파는 대기업 편중 문제가 자리 잡고 있습니다. 그래서 돈이 더 돌기 위해선 동네 사장님들이 더 많이 더 부자가 되어야 합니다. 그러니 오늘 점심은 대기업 프랜차이즈 식당보다 동네 식당을 이용하는 것은 어떨까요? 그러고 보니 저희 KBS 신관 구내식당도 대기업이 운영하는 거네요.

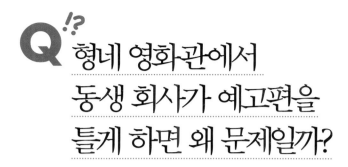

Q^{!?} 형네 영화관에서
동생 회사가 예고편을
틀게 하면 왜 문제일까?

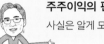

주주이익의 편취
사실은 알게 모르게 주주들의 이익을 뺏어 가는 것.

형이 대기업 총수고, 그 대기업이 운영하는 영화관에서 동생이 소유한 회사(예고편 대행 미디어회사)가 예고편을 상영하는 일감을 받는 것이 뭐가 문제일까? 영화관은 예고편을 상영할 때마다 영화제작사로부터 일정한 수수료를 받고 이를 동생네 회사에 지급합니다.

먼저 영화관이 형의 회사는 아닙니다. 이 영화관의 지분 대부분을 계열사들이 갖고 있고 심지어 국민연금도 8퍼센트나 갖고 있습니다. 형의 지분은 아주 작습니다. 그러니까 전체 주주들의 이익을 침해하는 결정입니다. 이를 '주주이익 침해' 또는 '주주이익의 편취'라고 합니다.

그리고 공정한 경쟁도 저해합니다. 시장경제는 경쟁을 장려하는데,

조건이 공정한 경쟁입니다. '저희도 그 영화관에서 광고 대행을 할 수 있어요!'라고 손을 드는 수많은 회사가 있는데 그냥 동생 회사라고 일감을 주면 이는 공정하지 못합니다. 실제 그 전에 광고 대행을 해온 회사는 이유도 모르고 일감을 뺏겼습니다.

공정거래위원회는 한 번도 광고 대행을 안 해본 동생네 회사가 102억 원의 부당이익을 챙겼다고 밝혔습니다. 영화관은 더 좋은 기획사와 일할 기회를 차버린 것입니다. 이를 '회사 기회의 유용^{usurpation of corporate opportunity}'이라고 합니다.

결정적으로, 총수 일가의 지분이 많은 회사가 주로 일감을 받아 갑니다. 결국 기업을 위해서가 아니고 특정 개인을 위한 일감 몰아주기입니다. 2015년 대기업 집단의 내부거래 현황(공정위 자료)에 따르면 총수 일가 지분율이 20퍼센트 미만일 때 내부거래 비중은 13.7퍼센트에 그쳤습니다. 그런데 총수 일가 지분율이 절반이 넘는 경우 비중이 42.1퍼센트로 높아집니다. 특히 총수의 2세 지분율이 50퍼센트 이상일 경우엔 내부거래 비중이 55퍼센트까지 높아집니다.

결국 아들이나 딸에게 비상장기업을 차려주고 대기업의 일감을 몰아주는 관행이 여전합니다. 해당 회사는 매출이 급성장하고 시장에서 주식의 가치가 급등합니다. 지분율을 많이 갖고 있는 총수의 2세는 손쉽게 지분 가치를 10배, 100배 부풀릴 수 있습니다. 결국 대기업의 정당한 이익이 총수 일가의 다른 회사로 아무도 모르게 '이전'되는 것입니다.

예를 들면 이런 겁니다. A라는 라면회사가 B양떼목장을 운영합니다. A라면회사는 차량이며 직원을 목장에 파견 보냅니다. 목장 직원의 신분증을 확인하면 계열사인 라면회사 신분증이 나옵니다. A라면회사는 그만큼 불필요한 경비가 들어가지만, 양떼목장은 손쉽게 매출을 올리고 비용을 줄일 수 있습니다. 그런데 알고 보면 양떼목장은 대주주 개인 지분이 아주 높은 개인회사입니다. 라면회사는 손해를 보고 대주주의 양떼목장은 부당이익을 취합니다. 부당이익은 대주주에게 돌아갑니다(2015년 공정위 적발 사례).

그래서 정부는 이걸 규제하기 시작했습니다. 대기업(법적으로는 흔히 자산 총액 5조 원 이상 기업)의 총수 일가 지분이 30퍼센트 이상인 회사가 해당 대기업과 매출 200억 원 이상의 거래를 하는 경우는 규제합니다. 너무 심하게 자녀들 회사에 일감을 몰아주면 안 됩니다. 그랬더니 대기업들이 죄다 총수 일가 지분을 29퍼센트로 낮추고 있습니다…….

이 반칙에서 한 단계 더 진화(?)하는 방법은 편법상속입니다. 이렇게 합니다. A라는 대기업 총수가 아들에게 물류회사를 차려줍니다. 계열사에서 생산되고 유통되는 전자제품이며 자동차, 제약, 섬유…… 모든 물류를 그 회사가 운송하고 배달합니다.

물류회사의 매출이 금방 1년에 수천억 원으로 늘어납니다. 트럭 30대가 몇 년 지나지 않아 3천여 대로 늘어납니다. 장외시장에서 1주당 1만 원 하던 그 물류회사 주식이 어느새 100만 원으로 뜁니다. 처음에 50억 원 정도를 자본금으로 넣었던 아들의 지분은 이제 5,000억 원이 됩니다.

이 물류회사를 상장합니다. 그럼 아들의 지분은 또 다섯 배가량 뛰어서 2조 5천억 원이 됩니다. 이 주식을 팝니다. 그걸로 자동차회사

주식도 사고 전자회사 주식도 삽니다. 지분을 확보하고 아버지로부터 그룹을 물려받습니다.

뭐 하나 개발하거나 혁신하지 않아도 거대한 대기업을 물려받습니다. 상속세나 증여세도 피할 수 있습니다. 정부가 일감 몰아주기를 막는 이유도 여기 있습니다. 하지만 이미 많은 대기업들이 이 방법으로 승계구도를 굳혀놨습니다.

'형의 회사에서, 또는 아버지 회사에서 일감 좀 몰아주는 것이 과연 그렇게 나쁜 일인가?' 반문이 가능합니다. 기업 입장에서는 시너지효과를 얻을 수 있고 무엇보다 믿을 수 있는 거래처를 만들 수 있습니다.

그런데 만일 애플이 스티브 잡스 부인의 홍보회사와 거래를 한다면 어떨까요? 워런 버핏의 아들이 코카콜라 물류회사의 지분을 갖고 있다면요? 마이크로소프트의 직원들이 식사하는 구내식당 열 곳의 대주주가 빌 게이츠의 딸이라면요?

Q!? 대기업 순환출자, 왜 또 규제해요?

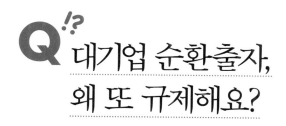

환상형 순환출자 고리
한 개의 기업에 출자하고도 수많은 기업을 지배하는 한국 기업시장의 마법.

　　제가 10억 원으로 딸기주식회사를 차립니다. 그 딸기주식회사가 또 2억 원을 들여 포도주식회사를 차리고, 포도주식회사가 또 2억 원을 들여 토마토주식회사를 설립합니다. 저는 사실 딸기주식회사의 대주주일 뿐인데 포도주식회사도 토마토주식회사도 모두 지배할 수 있습니다. 순환출자의 마술입니다.

　이 순환출자의 고리가 둥글게 연결되면서 흔히 '환상형 순환출자 구조'라고 부릅니다. 예를 들어 롯데그룹에는 '롯데쇼핑→대홍기획→롯데정보통신→롯데쇼핑'과 '롯데제과→롯데푸드→대홍기획→롯데제과'로 이어지는 순환출자가 있습니다. 누구든 롯데쇼핑만 지배하면 모든 계열사를 다 지배할 수 있는 '반지의 제왕'이 됩니다.

    딸기주식회사의 대주주인 나는 지분 하나도 갖고 있지 않은 토마토주식회사의 사장도 임명하고 투자 결정도 직접 할 수 있습니다. 여러 문제가 있습니다. 지분만큼 지배를 해야 하는 주식회사의 원칙에 맞지 않습니다. 선진국에서 보면 아주 특이한 관행입니다. 위기에도 취약합니다. 서로 지분 투자가 얽혀 있으면 한 기업만 넘어가도 줄줄이 다 넘어갑니다.

    2003년 주식회사 진로가 법정관리에 들어간 것도 따지고 보면 순환출자 때문입니다. 소주 매출이 전혀 떨어지지 않았습니다. 2003년에도 한국인은 열심히 소주를 마셨습니다. 하지만 진로건설이 부실해지며 6천억 원을 주식회사 진로에서 지원했다가 다 같이 무너졌습니다.

순환출자는 존재하지 않는 가짜 의결권을 만들어냅니다. 지분이 없는 총수가 권리를 행사하며 기업의 거의 모든 의사결정을 지배합니다. 그만큼 소액주주의 의결권이 침해됩니다. 그래서 지난 2014년 하반기부터는 대기업이 신규 순환출자를 하지 못하도록 법으로 규제했습니다.

그리고 이제 논란은 '그럼 기존 순환출자는 어떻게 할 것이냐'로 모아집니다. 20대 국회가 문을 열면서 경제 민주화 논의와 함께 기존 순환출자까지 해소해야 한다는 목소리가 높습니다. 재계가 긴장하고 있습니다.

일정 기간까지 순환출자를 해소하지 않으면 계열사끼리 갖고 있는 주식, 예를 들어 딸기주식회사가 갖고 있는 포도주식회사 주식은 의결권을 인정하지 않겠다는 방안도 들어 있습니다. 이 경우 자칫 계열사 간 지배고리가 끊어질 수 있습니다.

삼성물산이 제일모직을 합병하거나 현대자동차의 대주주인 현대모비스의 주가가 계속 오르는 현상들이 이런 순환출자의 고리를 끊는 맥락입니다. 총수 일가가 지분율을 꾸준히 올리며 지주회사를 세우고 순환출자의 고리를 하나둘 끊어내고 있습니다.

대기업 순환출자 해소, 어디까지 진행될까요? 이 이상한 고리는 언제쯤 모두 정리가 될까요?

Q 감자했는데
지분 소각까지
해야 할까?

대주주 지분 소각
대주주만 주식 수를 줄여 다른 주주들이 상대적으로 이익을 보는 조치.

앞 꼭지에서는 대기업에 대해 신규 순환출자가 금지된 지금, 과거에 만들어진 순환출자 고리까지 해소하라는 목소리가 나오는 이유를 살펴보았습니다. 이번에는 경영이 어려워진 기업이 감자(자본금을 줄이는 것)를 한 뒤에 왜 대주주의 지분 소각까지 요구하는지 살펴보죠.

먼저 감자는 기업이 장사를 잘 못해서 결국 아껴둔 돈 다 쓰고, 곳간의 자본금까지 다 써버린 경우입니다. 씨감자까지 먹어버린 경우인데요……. 자본금이 줄기 시작하면 이를 자본잠식이 시작됐다고 표현합니다.

곳간의 자본금이 10억 원인데(액면가 1만 원×10만 주) 이제 5억 원을 쓰고 5억 원밖에 남지 않았습니다. 이럴 때 전체 발행 주식이 10만 주라면 2:1 감자를 합니다. 주식 2주 중 1주를 소각하고 1주로 줄이는 겁니다. 그럼 발행 주식 수는 5만 주로 줄고 장부에도 자본금이 5억 원으로 깨끗하게 표시됩니다(액면가 1만 원×5만 주). 물론 투자자의 주식 잔고는 그날부터 절반으로 줄어듭니다.

현대상선도 2016년에 7:1의 무상감자를 실시했습니다. 모든 주주의 주식 수가 7분의 1로 줄어듭니다(실제 자고 일어나 주식 잔고를 보면 보유 주식 수가 7분의 1로 줄어 들어 있다). 부실 경영에 대한 주주의 책임을 묻는 것입니다.

곳간의 자본금은 그대로인데 발행 주식 수가 7분의 1로 줄어들면 1주당 순자산의 비율이 높아집니다(주당 순자산 비율이 50퍼센트 밑으로 떨어지면, 다시 말해 자본잠식률이 50퍼센트 밑으로 떨어지면 상장폐지 수순이 시작된다). 회사는 장부상 위기를 벗어납니다.

이렇게 회사 가치는 그대로인데 주식 수가 줄어들면 주가는 일단 오르기 쉽습니다. 1주당 가치는 올라갑니다. 여기서 한 발 더 나아가 채권단은 출자전환을 검토 중입니다. 현대상선에 빌려준 돈 6,400억 원 정도를 어차피 받기 어려워졌습니다. 그래서 이 채권을 주식으로 바꾸는 겁니다. 그럼 은행이 주주(투자자)가 됩니다(이는 친구 식당에 돈을 빌려줬는데 갚지 못하면 내가 친구 식당을 인수하는 것과 같다).

이 과정에서 채권단이 '대주주의 주식을 더 소각하라'고 요구하고 있습니다. 그럼 주식 수는 더 줄어들고 장부는 더 깨끗해집니다. 주식 수가 줄어들면 주가는 더 오르기 쉽습니다. 특히 대주주의 주식만 소각하면 소액투자자는 피해를 입지 않습니다.

만약 기업의 시가총액이 1천억 원이고, 10퍼센트인 대주주 지분의 절반(5퍼센트)을 소각한다고 해도 기업 가치는 달라지지 않습니다. 주가는 그만큼 오르기 쉽고 기업의 시가총액은 여전히 1천억 원을 유지하게 됩니다.

결국 대주주의 주식 5퍼센트를 소각할 경우, 이론적으로 나머지 주주들이 소각된 5퍼센트(50억 원) 만큼의 주가 상승 이익을 나눠 갖게 됩니다. 애초에 90퍼센트였던 소액주주들의 몫이 95퍼센트로 늘어나는 셈입니다. 이 때문에 최대주주의 주식 소각은 다른 주주들에게는 분명 이익이 됩니다.

하지만 이 경우 회사가 회생해도 지분이 줄어든 기존 대주주는 지배권이 흔들릴 수 있습니다. 다시 주인이 못 될 수도 있습니다. 이처럼 대주주 지분 소각은 기존 대주주에 대한 징벌적 책임 추궁입니다.

그런데 대주주는 일단 7:1 감자를 한 번 했는데, 왜 또 채권단은 대주주에게만 주식을 소각하라고 할까? 주식회사는 지분만큼 지배하고, 지분만큼 책임을 져야 하는데, 대주주만 지분을 소각하면 대주주는 지분 이상의 책임을 지는 것입니다. 잘못된 투자를 한 소액주주는 책임이 없을까? 10퍼센트의 지분을 갖고 있는 대주주가 책임을 진다면 왜 0.001퍼센트의 지분을 갖고 있는 주주는 그만큼 책임을 지지 않는가?

우리 대기업 총수는 사실 자신의 지분보다 훨씬 더 많이 그룹을 지배합니다. 사실은 5~10퍼센트 남짓한 일가의 지분으로 그룹을 100퍼센트 지배합니다. 그래서 채권단은 지분보다 더 책임질 것을 요구하는 것입니다. 대주주 지분 소각을 조건으로 출자전환(투자)을 약속합니다.

대주주의 고민이 깊어집니다. 지분 소각을 하지 않으면, 채권단의 추가 출자전환이 이뤄지지 않습니다. 그런데 지분 소각을 할 경우 자칫 회사를 살려도 지분이 너무 적어 지배 주주가 못 될 수도 있습니다.

현정은 현대그룹 회장은 결국 2016년 7월, 57만여 주에 대한 주식 소각을 단행해 8만 주만 보유하게 됐습니다. 결국 산업은행 등 채권단이 현대상선의 주인이 됐습니다.

Q 최고 기업 애플은 왜 미국에 세금을 내지 않을까?

역외탈세
편법을 이용해 이익을 해외로 돌리고 세금을 회피하는 기술.

구글코리아나 애플코리아는 연 매출이 수천억 원이 되는 것으로 알려져 있습니다. 그런데 우리 정부에 내는 법인세는 거의 없습니다(법인세를 내지 않으니 정확한 수익도 알려지지 않는다).

기업은 수익이 나면 법인세를 냅니다. 하지만 구글코리아는 아일랜드에 있는 구글 법인에 거액의 지적재산권료를 내는 방법으로 과세를 피해 갑니다. '아일랜드법인에 지적재산권료와 마케팅 자문료를 너무 많이 내서 사실 한국에서 남는 수익이 거의 없어요……'.

이처럼 소득이나 자산을 해외로 빼돌려 세금을 회피하는 행위를 역외탈세라고 합니다. 예를 들어, 국내에서 100원을 벌고 아일랜드법인에 로열티 등으로 80원을 송금한 뒤, 국내에서 남는 수익이 없어 세금을 낼 수 없다는 주장입니다.

법인이 아일랜드에 있고 아일랜드로 수익을 몰아줄 경우 아일랜드에서 법인세를 내야 합니다. 하지만 아일랜드는 법인세율이 매우 낮은 나라입니다. 구글은 이런 식으로 거의 모든 나라에서 과세를 피해 갑니다. 그래서 G20 국가들은 공동으로 이런 기업들에 과세하는 방안을 마련하고 있습니다.

BEPS
Base Erosion and Profit Shifting
소득 이전을 통한 세원 잠식. 글로벌 대기업들이 각 국가 간 세법 차이를 이용해 특정 국가에 본사 법인을 세우는 방식으로 세금을 회피하는 행위. 2015년 G20 정상회의는 'BEPS 프로젝트'를 승인하고, 참여 국가들이 기업 과세의 일관성을 확보해 함께 과세해 나가기로 합의했다.

한 곳이라도 과세를 안 하면 다국적기업들이 다들 그 나라로 몰려갈 테니까요. 그래서 연간 7억 5천만 유로(약 1조 원) 이상 매출을 올리는 다국적기업은 이제 얼마를 벌었는지 해당 국가에 정확하게 보고를 해야 합니다.

그동안은 '사실 본사는 버진아일랜드에, 또는 바하마 군도에 있어서…… 구체적인 회계서류는 그쪽 본사에 있거든요.' 이렇게 빠져나갔습니다. 하지만 이제 수익을 해외로 내보내기 전에 이를 신고하고 세금을 내야 합니다.

영국 정부는 구글을 압박해 2016년 1억 3천만 파운드(약 2,200억 원)의 세금을 부과했습니다. 프랑스도 5억 유로(약 6,500억 원) 규모의 구글세$^{Google tax}$를 걷기 위해 구글과 협상 중입니다.

우리 정부 역시 다국적기업이 수익을 송금하는 해외 현지법인이나 본사에 어떤 계열사 법인이 있는지, 구체적으로 어떤 일을 하는지, 직원은 몇 명이나 되는지 제출하도록 의무화할 계획입니다. 이 같은 국가별 보고서를 다른 국가도 다 같이 제출받아서 2년 후부터는 세계 각국이 서로 교환할 계획입니다. 현재 44개 나라가 함께 추진 중입니다.

또 상당수 다국적기업들이 배당 소득에 대한 과세에 관대한 나라에 페이퍼 컴퍼니를 차려놓고 거액의 배당금을 송금합니다. 그리고 해당 국가에는 남는 수익이 없어서 세금을 내지 않는 방식입니다. 이제는 '왜 하필 그 나라에 법인을 만들어 배당을 지급했어요?'라는 질문에 답을 해야 합니다. 제대로 답을 하지 못하면 과세하는 방안을 검토 중입니다.

또 혼성불일치^{hybrid mismatch} 거래도 규제하기로 했습니다. 자본금에 과세하지 않는 A나라에서는 자본금이라고 과세를 피해 가고, 대출금에 대해서는 과세를 하지 않는 B나라에서는 대출금이라고 장부에 기재해 과세를 피해 갑니다.

나라마다 세법이 다른 것을 악용해서 A나라에서는 자본으로, B나라에서는 빚으로 인정되는 채권을 발행하거나 돈을 조달하는 방식으로 과세를 피해 갑니다. 이들 기업에도 과세를 검토 중입니다.

그리고 이자비용 공제 범위도 축소합니다. '우리가 순이익 1천억 원을 벌었는데요, 사실은 계열사에서 빌린 대출이 1조 원 있어서 이자로 800억 원을 지불했어요. 그러니 낼 세금이 별로 없네요.' 이런 탈루도 과세를 검토합니다. 이익이 나면 빚과 상관없이 일정 비율로 과세를 하는 방안입니다.

물론 나라마다 이해관계가 달라서 법도 다르고 법 해석도 제각각입니다. 구체적인 법안 마련이 쉽지 않아 보입니다. 특정 국가에서 경기를 하는 프로야구 선수는 과세가

혼성불일치 거래
여기서는 자본금이라고 하고 저기서는 대출금이라고 하고……

쉽지만, 전 세계 리그에서 경기를 하는 프로야구 선수라면 과세하기 힘든 것과 비슷합니다. 다국적기업들은 유기적으로 얽혀 글로벌 시장에서 제품을 판매하지만, 세금은 개별 국가의 국내법에 따라 부과되기 때문에 좀처럼 과세가 쉽지 않습니다.

다국적기업은 이렇게 과세를 피해 갑니다. 과거처럼 특정 국가에만 공장을 세워 제품을 생산, 판매하지 않습니다. 기술력과 데이터만 오가는 글로벌 사업이 가능합니다. 이를 어느 나라에서 어떻게 과세할 것인가?

재정적자에 시달리는 선진국들이 글로벌 기업들의 역외탈세를 막기 위해 공조를 강화하고 있습니다. 구글과 애플이 대표적입니다. 역외탈세로 악명이 높습니다. 사실 구글이 우리나라에서 매출이 정확하게 얼마인지도 확인이 어렵습니다. 제대로 된 국내 법인이 없어 외부 감사와 공시 의무조차 없습니다.

하지만 역외탈세를 막기 위한 포위망이 좁혀집니다. 구글세는 현실이 되고 있습니다. 애플도 마찬가지입니다. 2016년 9월, 아이폰 7 발표를 앞두고 있는 애플에게 EU는 16조 원을 과세했습니다. 이는 유럽에서 이뤄진 최고 규모의 세금 추징이면서 지난해 애플 순이익의 27퍼센트에 해당되는 금액입니다.

Q⁉ OB맥주가 벨기에 회사라면, 롯데는 일본 기업일까?

대주주 major shareholder
주식 지분이 제일 많은 주주. 정작 우리나라 대기업 대부분의 대주주는 국민연금이다. 지배는 다른 사람이 하지만.

재규어자동차는 영국 기업이 아닙니다. '타타자동차'라는 인도 기업이 주인입니다. 타타자동차는 우리의 쌍용자동차를 소유한 기업입니다. 그렇다면 재규어자동차는 인도 기업일까요? 그런 식으로 따지면 IBM도 사실상 중국 기업입니다. 모건스탠리는 일본 기업이고요. 2016년 8월, 삼성전자의 외국인 지분율은 51퍼센트입니다. 삼성전자는 어느 나라 기업일까요?

모건스탠리는 1970년대, '하느님이 현금이 필요하다면 모건스탠리에서 빌릴 것이다'라는 광고를 냈다. 1935년에 세워진 이 금융제국은 이후 미국의 금융을 상징해 왔다. 2008년 글로벌 금융위기가 터지고 일본의 사모펀드가 이 모건스탠리를 매입했다. 그리고 모건스탠리의 한 사모펀드가 2012년에 '놀부 부대찌개'로 유명한 한국의 프랜차이즈도 사들였다. 그럼 놀부 부대찌개의 국적은 어디일까?

중요한 건 이제 부대찌개 한 그릇을 먹어도 그 이익의 얼마를 월스트리트의 투자은행이 가져간다는 겁니다. 지난 몇 년간 중국이 단연 글로벌 기업을 많이 사들였습니다. 모토로라도, IBM 서버사업부도 샀습니다. 스웨덴 자동차기업 볼보도 중국 자본이 샀습니다.

그럼 이제 볼보자동차를 운전하는 친구는 어느 나라 차를 소유한 걸까요? 신기하죠? 세계 최대 리조트 체인 클럽메드도 중국 자본 소유입니다. 당신이 다녀온 발리의 클럽메드는 중국인 소유입니다.

기업의 국적을 따지는 일이 이제 별 의미가 없어 보입니다. 사실은 따지기도 쉽지 않습니다. 우리가 맥주를 마실 때 국산 맥주, 수입 맥주 이렇게 나누죠? 그런데 OB맥주는 최대주주가 벨기에 맥주회사 AB인베브^{Anheuser-Busch InBev}입니다. AB인베브는 버드와이저, 호가든 같은 글로벌 맥주를 만드는 유명 글로벌 기업입니다.

그런데 우리는 수입 맥주 말고 국산 맥주를 마시자며 마트에서 하이네켄을 내려놓고 카스라이트를 집어듭니다. 카스라이트의 이윤 얼마는 머지않아 벨기에로 날아갈 것입니다.

보통은 대주주가 어느 나라 국적이냐, 또 그 기업이 어느 나라에서 성장했느냐로 기업의 국적을 따집니다. 그래서 삼성은 우리 기업이고 애플은 누가 봐도 미국 기업입니다. 쉽습니다. 알리바바는 미 증시에 상장됐지만 누가 봐도 중국 기업입니다. 창업주 마윈이 중국 사람이니까요.

그럼 이제 민감한 문제를 따져보겠습니다. 롯데는 일본 기업일까? 한국 기업일까? 총수 일가가 모두 일본말을 쓴다는 사실이 알려지면서 사실 깜짝 놀랐습니다. 여기에 3세는 일본에 산다느니, 며느리는 한국 사람이라느니…… 하는 더 복잡한 팩트들이 더해졌습니다.

하지만 앞서 언급한 OB맥주처럼 국적은 중요해 보이지 않습니다. 진짜 중요한 것은 투자입니다. 그중에서도 일자리입니다. 외국 기업이고 대주주도 다 외국인이어도 부산이나 광주에 공장 짓고 사람 뽑으면 우리 입장에서 최고입니다. 설령 우리 기업이 아니더라도 말이죠.

비단 고용만 하나요? 공장 지으려면 원자재며 기술력이며 죄다 우리 기업을 이용해야 합니다. 하다 못해 공장 앞 식당이며 미용실에도 일자리가 생깁니다. 소비가 이어집니다. 그리고 그 공장은 또 우리 국세청에 세금까지 냅니다. 배당보다 세금이 훨씬 많습니다. 배당은 고작 주가의 1~2퍼센트 하지만 세금은 매출의 15퍼센트, 20퍼센트씩 냅니다.

그러니 주인이 누구냐가 중요한 게 아니라 그 기업이 어디에서 생산하느냐가 중요합니다. 기아자동차가 미국 조지아 주에 공장을 세우니까 마을 주민들이 집 앞마당에 '하느님 기아자동차를 우리 마을에 주셔서 감사합니다.^{Thank you Jesus for bringing KIA to our town.}'라는 푯말을 세우는 이유도 이런 맥락입니다.

그런데 미국 기업인 나이키는 전 세계 130여 나라에서 운동화를 만드는데, 정작 미국에는 공장이 없습니다. 애플의 계열사는 상당수 아일랜드에 있습니다. 법인세 아끼려고 말이죠. 그러다 보니 미 의회가 애플 경영자를 불러서 항의하고 그럽니다. 궁금해집니다. '애플은 진짜 미국 기업일까?'

그러니 종업원 5만 명을 고용하고 있는 롯데가 어느 나라 기업인지 따지는 것은 큰 의미는 없어 보입니다. 설령 총수가 일본말을 하더라도 말이죠. 좋은 고용을 더 많이 해주면 좋겠습니다. 공장도 마트도 더 많이 투자하고요. 끝까지 우리말을 배우지 않아도 좋으니 말이죠.

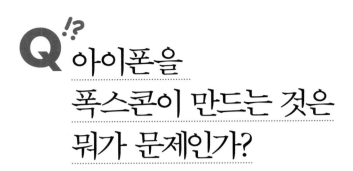

Q'!? 아이폰을 폭스콘이 만드는 것은 뭐가 문제인가?

폭스콘 Foxconn, 대만 홍하이정밀공업
지구에서 제일 큰 하청업체.

폭스콘은 애플의 아이폰을 위탁 생산해서 유명해졌습니다. 규모가 대단합니다. 중국에만 35개 공장이 있습니다. 140만 명을 고용할 정도입니다. 그야말로 글로벌 하청회사입니다. 매출액이 심지어 현대자동차보다 많습니다.

반면 애플이 직접 고용하는 직원은 10만여 명 정돕니다. 이중 본사 직원은 훨씬 더 적습니다. 애플의 제품 대부분은 중국이나 대만 등에서 하청으로 만들어집니다. 하지만 워낙 저임금에 근로조건이 열악합니다. 유명합니다. 2010년에만 폭스콘 직원 14명이 잇달아 자살했습니다.

《뉴욕타임스》등 서방 언론이 폭스콘의 살인적 노동강도를 집중

보도했습니다. '자살 시간을 늦추기 위해 창문이 잘 열리지 않도록 개선 중'이라는 기사가 나올 정도였습니다. BBC 기자들이 잠입취재를 해서 보도하고 그랬습니다. 결국 애플이 근로여건에 관심을 갖고 폭스콘을 압박했습니다. 폭스콘의 임금과 근로환경은 조금씩 개선되고 있습니다.

전반적으로 지난 몇 년간 중국 근로자들의 임금이 많이 올랐습니다. 그러자 폭스콘이 지난해 중국 공장을 인도로 옮기겠다고 전격 발표합니다. 임금이 더 싼 곳으로, 노동법이 더 관대한 곳으로 가는 거죠. 비난의 대상이 됐던 기업이 떠난다고 하는데, 그럼 또 수십만 명의 고용이 사라집니다. 갑과 을이 바뀌었습니다. 이번에는 또 중국 정부가 비상이 걸렸습니다.

대기업이 직접 고용을 하지 않고, 하청업체가 대기업 제품을 만들고, 그 하청업체는 임금이 낮은 나라만 찾아다니고, 하지만 그런 기업이라도 유치해야 하는 게 현실입니다. 폭스콘은 지금 우리 글로벌 경제가 안고 있는 고용 문제의 대표적 사례입니다.

반면 애플의 경쟁자인 삼성전자는 애플보다 직접 고용이 훨씬 많습니다. 30만 명 넘게 고용하고 그중 10만 명이 한국에 있습니다. 직접 고용하니까 정규직 비율도 아주 높습니다.

점점 더 많은 글로벌 기업들이 애플식의 생산방식을 선택합니다. 애플과 삼성전자는 지구 경제를 대표하는 기업들입니다. 1년 영업이익만 수십 조 원에 달합니다. 기업의 수익이 늘면, 고용이 늘고 양질의 일자리가 늘어나야 합니다. 하지만 이제는 그런 경제학 이론은 잘 안 맞습니다. 수익이 늘면 더 늘리려고 합니다. 고용의 질은 중요하지 않습니다. 일자리의 국경이 무너지고, 노동 공급이 수요를 크게 앞지르면서 제3세계 국가에서 흔하게 일어나는 현상입니다.

글로벌 대기업의 저가 하도급을 줄이고 양질의 정규직 일자리를 늘리자는 명제에 동의하지 않는 사람은 없을 겁니다. 애플이 만든 아이폰은 지구 경제에서 가장 인기가 좋습니다. 그런데 아이폰의 가격 경쟁력은 중국 어느 시골 마을의 폭스콘에서 나오는 저임금 근로자의 노동에서 출발합니다. 그 부가가치가 소비자 편익으로 이어집니다. 지금 아이폰을 쓰는 당신의 편익은 결국 주 6일, 하루 10시간 이상 노동하는 바다 건너 어느 저임금 노동자 덕분입니다.

당신은 오늘도 애플의 아이폰을 선택합니다. 그러니 저가 노동력의 착취와 최고의 글로벌 인기상품은 사실은 한 묶음입니다. 오늘도 글로벌 기업들은 이 깃발을 들고 더 싼 노동력을 찾아 떠납니다. 이를 비난하는 우리는 다음 휴대전화도 또 아이폰을 선택할 것입니다.

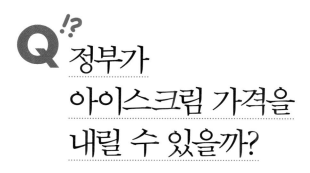

Q 정부가 아이스크림 가격을 내릴 수 있을까?

가격 통제
정부가 할 수 있다고 믿지만 대기업은 할 수 없다고 믿는 것.

해봤자 별 의미 없습니다. 만약 정부가 쇠고기 가격을 일정 이상 올리지 않도록 상한선을 둔다면 축산을 포기하는 농가만 더 늘어날 뿐입니다. 공급은 줄고 암시장에서 쇠고깃값은 폭등할 것입니다.

1789년 프랑스 혁명이 일어났다. 민중혁명을 일으킨 로베스피에르는 1793년 1월 루이 16세를, 그해 10월 마리 앙트와네트를 단두대에서 처형한다. 로베스피에르는 민중의 식량난을 해소하기 위해 우윳값 동결을 발표한다. 하지만 이후 우유 생산의 이윤이 크게 줄어들고, 다수 축산 농가가 우유 생산을 포기한다. 암시장에서 우윳값이 오히려 폭등한다.

이 가격 통제 정책은 우유를 사기 위한 기다림의 고통과 우유를 살 수 없는 배고픔의 고통, 암시장에서 상인을 매수해야 하는 불법의 고통을 동반했다.

프랑스 혁명 때 로베스피에르의 우윳값 통제를 들어보셨죠? 이명박 정부 당시 고환율정책으로 소비자 물가가 너무 올랐습니다. 우리 돈의 가치를 낮춰 수출을 지향하다 보니, 수입 물가가 너무 올랐습니다.

우리 돈의 가치가 떨어지면 수입하는 원유 가격이 높아지고, 그럼 가스를 사용하는 붕어빵 가격도 오릅니다. 다수 국민들에게 부담이 전가됩니다. 과자와 아이스크림 가격까지 너무 올랐습니다.

정부는 가격 통제에 나섰습니다. 산업자원부에서, 또 공정거래위원회에서 과자회사 사장들을 불러서 간담회를 하고 가격 인하를 부탁했습니다. 결국 가격은 일시적으로 잡혔습니다. 하지만 과자의 양과 아이스크림의 크기가 계속 줄었습니다. 시장은 이렇게 반응합니다.

패스트푸드점 햄버거 가격이 너무 오른다. 정부는 패스트푸드 실태 점검을 한다고 발표하고 기업을 압박한다. 다국적 햄버거 브랜드는 햄버거 가격을 일시 동결한다고 발표한다. 그리고 콜라 리필을 슬그머니 유료로 전환한다.

지난 1990년대 전기요금이 너무 오르니까 캘리포니아 주정부가 도매 전기요금은 자유화하고 소매 전기요금을 통제했습니다. 가격이 통제되자 발전소 수익성이 낮아졌고, 전기 공급의 증가율이 떨어졌습

니다. 그런데도 전기 수요는 계속 급증했고, 결국 2001년 캘리포니아 블랙아웃 사태가 터졌습니다. 실리콘밸리까지 멈춰 서면서 엄청난 경제적 손실을 입었습니다. 오직 수요와 공급만이 가격 문제를 일으키고, 가격 문제를 해결할 수 있습니다.

2016년 여름, 아파트 분양 열기가 좀처럼 식지 않자, 정부는 공급을 줄이는 대책을 내놓습니다. 공공택지의 공급을 줄여 새 아파트 분양을 줄이고, 집단 대출의 공급을 줄여 신규 분양을 막으려 했습니다. 그러자 아파트 공급이 줄어든다며 견본주택 앞의 줄이 더 길어졌습니다. 섣부른 가격 통제는 공급 감소로 이어지고, 오히려 가격을 올리는 부작용을 낳습니다.

그럼 왜 가격 통제를 할까? 예를 들어 아파트 분양가가 너무 오르니까 정부가 분양가 상한제를 도입했습니다. 아파트 건설 공정의 모든 원가를 정한 다음 거기에 적정 이윤만 붙이도록 했습니다.

이런 가격 통제는 일시적으로 가격 급등을 막는 효과가 있습니다. 그야말로 단방약이죠. 하지만 결국 아파트 가격을 끌어내린 것은 2007년 이후 수도권 아파트의 공급 과잉이었습니다. 결국 수요와 공급만이 가격을 결정합니다.

의사들이 성형외과나 피부과로 몰리는 이유

국민건강보험이 적용되는 약은 약값이 통제됩니다. 국민건강보험이 제약사와 약가 협상을 벌여 보험 적용 가격을 산정합니다. 만약 제약사가 그 가격을 받아들이지 않을 경우, 국민건강보험에 등재되지 못합니다. 해당 약의 국내 판매는 불가능해집니다.

우리 국민건강보험제도는 건보에 등재된 약품만 건보료 혜택을 줍니다. 사실상의 가격 통제입니다. 덕분에 우리는 외국보다 훨씬 저렴하게 약을 구입할 수 있습니다. 하지만 비슷한 약을 비슷한 가격에 판매해야 하는 제약사 입장에서는 좀처럼 경쟁이 어렵습니다. 건강보험 약가에 묶여 품질이나 서비스, 가격에서의 경쟁이 어렵습니다.

결국 병원이나 의사에게 뒷돈(?)을 주는 경쟁만 남습니다. 정부의 약값 통제로 우리는 저렴한 약을 구입하지만, 리베이트라는 부작용이 따라옵니다.

국내 암환자의 본인 부담금은 의료비의 최대 10퍼센트 수준입니다. 90퍼센트 이상을 국민건강보험이 부담합니다. 아무리 훌륭한 외과 의사가 유방암 수술을 한다고 해도 시골에 있는 무명 일반의의 수술과 똑같은 건강보험 수가를 적용받습니다(이는 모든 프로야구 선수들이 동일한 연봉을 받는 것과 같다). 가격 통제입니다. 당연히 의사들은 자신들이 마음대로 가격을 책정할 수 있는 비급여 의료시장을 선호하게 됩니다. 비급여 항목이 많은 성형외과나 피부과 등으로 우수한 의사들이 몰리는 이유입니다.

우리 주변에 이렇게 수많은 가격 통제가 숨어 있습니다. 중요한 것은 그 부작용의 기회비용이 소비자 효용보다 적어야 한다는 것입니다.

수요와 공급 외에 가격인하를 불러오는 조건은 '기술의 발전'입니다. 1931년, 미국 뉴욕과 영국 런던 간 3분 동안 통화하는 비용은 293달러(약 31만 원)가 넘었습니다. 지금은 거의 무료입니다. 기술의 발전이 가격을 낮춥니다. 10여 년 전 국내에서 메르세데스 벤츠 C클래스의 가격은 8천만 원을 호가했습니다. 지금은 이보다 더 높은 등급인 E클래스도 7천만 원대까지 가격이 떨어졌습니다.

수요와 공급, 그리고 기술의 발전만이 오직 가격을 조정합니다. 정부의 가격 통제는 그래서 쉽지 않습니다. 우리가 시장경제에서 사는 이상은요.

5장

외환시장의
선을 넘나드는
질문들

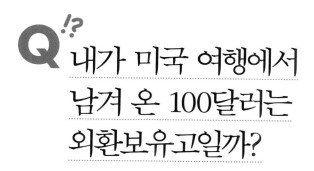

Q⁉ 내가 미국 여행에서 남겨 온 100달러는 외환보유고일까?

외환보유고 foreign exchange reserves
혹시나 모를 외환시장의 외적 침입에 대비한 현대판 10만 양병설.

아닙니다. 개인이 갖고 있는 달러는 외환보유고가 아닙니다. 외환보유고는 정부나 중앙은행이 갖고 있는 외국 돈이나 채권입니다. 주로 달러나 미국 국채 같은 형태로 보유합니다. 최근에는 유로화나 유럽 국가들의 채권도 사고, 금도 있습니다. 이걸 정부나 중앙은행 곳간에 넣어둡니다.

만약 내가 미국 여행에서 남겨 온 100달러를 은행에서 환전한다면, 정부는 재정으로 이 달러를 사들여 외환보유고 곳간에 넣을 수는 있습니다.

그럼 이 달러나 채권, 금을 살 돈, 탄환을 어디서 구해올까? 정부재정을 쓰는 데는 한계가 있습니다. 그래서 정부는 '외국환 평형기금 채권^{foreign exchange stabilization bond}'이라는 채권을 발행해 돈을 조달합니다. 이 돈으로 국내 외환시장에서 달러를 사들입니다. 이 달러를 그냥 내버려두지 않고 미 국채나 위안화, 금 등 다양한 자산을 사서 곳간에 넣어둡니다. 마찬가지로 해외에서도 외평채를 발행해 달러 등 외화를 구해 옵니다. 이 달러로 미국채 등을 바로 구입하기도 합니다.

외국환 평형기금 채권

문제는 이 '외국환 평형기금 채권(외평채)'이 채권이라는 것입니다. 채권은 이자를 지급해야 합니다. 이자율이 높을 때는 3~4퍼센트 정도 됩니다.

그런데 외평채로 만든 외평 기금이 100조 원에 육박합니다. 우리 정부가 이 돈을 놀릴 수 없으니까 한국은행에 맡겨서 이자를 받습니다. 그런데 이자율이 겨우 1퍼센트 정도밖에 안 됩니다. 외평채 이자로 줄 이자는 3~4퍼센트 정도인데, 한국은행으로부터 받는 이자는 1퍼센트 정도입니다. 매년 재정으로 이 부담을 떠안아야 합니다. 사실 부담이 엄청납니다.

이 손실이 많게는 1년에 3~4조씩 됩니다. 다시 말해, 만약에 대비해 달러를 곳간에 쌓아두기 위해 부담하는 이자가 몇조 원씩 되는 겁니다. 외평채는 국채이기 때문에 국회의 동의를 얻어 발행되고, 이자는 당연히 국고, 즉 국민의 세금으로 나갑니다. 예전에 국회에서 이 부담이 너무 큰 것 아니냐는 국회의원의 지적에, 금융위원장이 '일종의 국방 예산'이라고 생각해 달라고 답한 적도 있습니다.

따져보면 외환^{外換}보유고는 외환^{外患}으로부터 우리나라를 지키기 위해 존
재한다.

이렇게 만든 외환보유고는 유사시 우리 돈의 가치가 급등락하는
것을 막습니다. 외환시장에서 이 달러를 팔고 우리 돈을 매입해서 우
리 돈의 가치를 방어하는 겁니다. 그야말로 탄환입니다.

글로벌 투기자금이 갈수록 거대해집니다. 외환시장에 들고 나는 투
기자금이 천문학적입니다. 쌓아둬야 할 외환보유고 양도 갈수록 많
아집니다. 파도의 높이가 커지면서 쌓아야 할 둑의 높이도 커지는 거
죠. 외환보유고를 유지하기 위한 부담도 자꾸 커집니다.

그러니 당연히 삼성전자가 벌어 온 막대한 달러도 외환보유고가 아
닙니다. 다른 보따리입니다. 우리나라로 들어오는 달러는 크게 외국
인이 투자하는 달러가 있고, 우리 기업이 무역해서 벌어 오는 달러가
있겠죠. 이런 달러와 우리 정부가 갖고 있는 외환보유고는 전혀 다른
보따리입니다.

흔히 언론에서 '무역수지 흑자폭이 커지면서 외환보유고도 증가했
다'고 하면 무역으로 벌어 온 달러가 우리 외환보유고로 들어가는 것
같은데, 그건 아닙니다.

대신 밀접한 관련은 있습니다. 달러를 벌어 온 우리 기업들은 보통
이 달러를 우리 외환시장에서 원화로 바꿉니다. 달러를 팔고 원화로
바꿉니다. 너도나도 외환시장에서 "원화 주세요!" 하면 우리 돈의 가

치가 올라갑니다(너도나도 배추김치만 찾으면 배춧값이 올라가는 것과 똑같다).

이렇게 원화의 가격이 올라가면(원화절상, 달러화 대비 원화 가치가 올라가는 것) 우리 기업의 수출이 불리해집니다. 그래서 우리 돈 원화의 가치가 너무 갑자기 올라가면 안 됩니다.

이럴 경우 정부는 외환시장에 개입해서 달러를 사들입니다. 달러 가격을 상대적으로 올리면 우리 돈의 가치가 떨어집니다. 우리 돈의 가치는 오직 달러화와 연동합니다. 나머지 화폐와 원화와의 가치는 그 나라 화폐와 달러화의 가치를 계산해 결정됩니다.

이렇게 자꾸 정부가 달러를 사들이다 보니, 원치 않지만 외환보유고라는 곳간의 달러가 늘어나는 겁니다. 그러니까 우리 수출 기업들이 벌어 온 달러가 '직접' 외환보유고로 가는 게 아니고, '달러를 많이 벌어오다 보니 외환보유고가 자꾸 늘어난다'는 표현이 맞습니다.

이때 정부(기획재정부)는 절대 드러나지 않게 조금씩 개입합니다. 잘못하면 환율 조작국이라는 누명(?)을 쓸 수 있습니다. 이걸 '스무딩 오퍼레이션', 우리말로 '미세 조정'이라고 합니다. 원칙적으로 정부는 외환시장에 개입해서 자국 화폐가치를 조절하면 안 됩니다. 미국이 화냅니다. 이건 잠시 후 살펴보죠.

그리고 정부 개입이 드러나면 투기 세력이 붙겠죠. 그래서 외환시장 개입 여부는 공식적으로는 아무도 모릅니다. 기재부 장관도 한은 총재도 알지 못합니다. 아니, 알면서 모르는 척합니다.

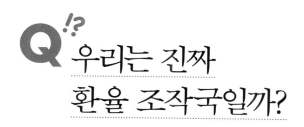

Q!? 우리는 진짜 환율 조작국일까?

스무딩 오퍼레이션 smoothing operation
드러나지 않게 우리 돈의 가치를 지켜야 한다. 스무드하게!

스무딩 오퍼레이션. 부드럽게 작전을 전개한다는 뜻입니다. 외환시장에서 투기세력이 들어오거나 해서 자국 화폐가치가 너무 흔들리면 정부가 개입합니다. 부드럽게 개입합니다. 그래서 스무딩 오퍼레이션입니다.

너무 드러나게 하면 문제가 생깁니다. 정부가 자국 화폐가치를 일부러 조작하는 '환율 조작국'으로 지정될 수 있습니다. IMF 협정 제4조에 '회원국은 환율을 조작하면 안 된다'라고 명시돼 있습니다. 그래서 원칙적으로 세계 각국은 자국 화폐가치를 너무 드러나게 조작하지 않습니다. 결국 표나지 않게 외환시장에 개입하는 것이 관건입니다.

그래서 'smooth'하게 오퍼레이션을 합니다. 그런데 사실은 'tough'하게 외환시장에 개입하기도 합니다. 왜냐면 환율이 워낙 중요하니까요. 만약 수능시험에서 어떤 학생은 맞은 문제 개수에 80퍼센트를 곱하고, 어떤 학생은 100퍼센트를 곱하면 이 시험은 터무니없이 불공정해집니다.

외환시장이 그렇습니다. 자국 화폐가치가 높아지면 수출 등 여러 대외 여건이 일률적으로 불리해집니다. 모든 수익과 손실이 결국 환율로 최종 결정됩니다. 그래서 필사적으로 화폐가치를 낮추려 합니다. 최대 무역수지 적자국인 미국은 이를 또 필사적으로 막으려 합니다. 특히 중국과 한국 등 무역흑자국을 눈여겨 지켜봅니다. 두 나라는 미국에서 가장 많은 무역흑자를 챙겨가는 나라들 중 하나입니다.

그 증거 중 하나가 외환보유고입니다. 웬만한 나라들은 모두 수백조 원씩 외환보유고를 쌓아뒀습니다. 우리도 400조 원 가까이 곳간에 외환보유고를 쌓아뒀습니다. 세계 7위 수준입니다. 탄환이죠.

외환시장이 위험해지면 언제든 동원합니다. 탄환이 줄었다 늘었다 합니다. 이 말은 드러나지 않게 전투가 벌어지고 있다는 뜻입니다. 스무딩 오퍼레이션이라고 하지만, 외환시장이 불안해지면 언제든 개입하겠단 뜻입니다. 그럼 정작 미국은 외환시장에 개입하지 않을까요?

미국은 천문학적인 달러 발행(양적완화)을 통해 달러 가치가 오르지 않는 효과를 누립니다. 거대한 달러 가치 조작입니다. 일본도 마찬가지입니다. 자꾸 엔화를 찍어내서 엔화 가치를 끌어내립니다. 이렇게 선진국은 통 크게(?) 외환시장에 개입하지만, 이를 조작이라고 하지 않습니다.

반면 양적완화(원화 찍어내기)를 하기엔 너무 시장이 작은 우리는 결국 급할 때 외환시장에 직접 개입할 수밖에 없습니다. 미국 모르게 슬그머니 '스무딩 오퍼레이션'이라도 해야 합니다.

베넷-해치-카퍼 수정법안
자꾸 외환시장을 조작하면 미국에 수출을 못하게 보복한다!

베넷-해치-카퍼 수정법안^{Bennet-Hatch-Carper amendment}은 2015 무역 강화 및 무역 촉진법^{Trade Facilitation and Trade Enforcement Act of 2015}의 제7장 환율 조작 부분을 지칭하는 용어입니다. 미국 무역적자 축소를 위해 통화 가치 하락을 유도하는 국가를 제재하는 법안입니다. 무서운 법입니다.

'슈퍼 301조'는 미국에 수출을 하는 나라의 불공정 무역 행위에 즉각 보복하는 법입니다. 그래서 베넷-해치-카퍼 수정법안에는 '외환시장 버전의 슈퍼 301조'라는 별명이 붙었습니다. 수입을 금지시키거나, 관세를 크게 부과합니다.

이제 외환시장에서도 그렇게 직접적인 보복을 하겠다는 뜻입니다. 자국 화폐가치를 너무 심하게 떨어뜨린다고 판단되면 미국은 이제 언제든 이 베넷-해치-카퍼 수정법안을 들이밀 태세입니다.

1차로 한국이 대상이 될 것이라는 우려까지 나옵니다. 지금까지는 구두 경고나 재무부 보고서 정도의 압력이었는데요. 이제는 직접 무역 등에서 불이익을 줄 수 있는 법적 환경을 완성했습니다. 외환시장에 직접 무역의 잣대를 들이대는 것입니다. 자국 화폐가치를 의도적으로 내리는 것을 일종의 자국 수출품에 보조금을 주는 것으로 판단합니다.

우리가 환율 조작국이라고 의심받는 이유

그럼 미국은 왜 자꾸 한국을 '환율 조작국'이라고 의심할까? 우리는 경상수지 흑자 비율로 치면 거의 세계 최고의 흑자국입니다. 액수로 따지면 중국이 최고지만, 비율로 따지면 단연 한국입니다. 수출은 프랑스보다도 많은 세계 6위고요(2016년).

수출로 벌어들인 달러는 대부분 우리나라로 들어옵니다. 그럼 우리 외환시장에서 달러를 원화로 바꾸겠죠. 원화로 바꿔야 월급도 주고 기술 개발도 합니다.

이렇게 흑자로 들어온 달러를 자꾸 원화로 바꾸면, 외환시장에서 원화 수요가 늘고 원화 가치가 올라가야 합니다. 그런데 오히려 서울 외환시장에서 원화 가치가 자꾸 내려갑니다. 그러니 미국은 의심을 합니다. 한국 정부가 인위적으로 달러를 사들이면서(원화를 팔면서) 원화 가치를 떨어뜨린다고 믿습니다.

반면 한국 정부의 변명(?)은 이렇습니다. 우리 입장에서는 원화 가치가 달러화에 비해 떨어지긴 했는데, 우리와 수출 경쟁을 하는 유로화나 일본 엔화에 비하면 덜 떨어진 것이라고 주장합니다. 우리 수출 기업들이 그래서 상대적으로 더 불리해졌다는 것입니다.

또 미국 유학생들에게 송금도 하고 해외여행도 많이 해서 많은 달러가 역외로 유출되기 때문에 우리 돈의 가치가 떨어진다고 주장합니다. 이렇게 근근이 환율 조작국 지정을 빠져나갑니다. 무서운 베넷-해치-카퍼 수정법안을 빠져나갑니다.

1985년 9월 22일 뉴욕 맨해튼의 플라자호텔에서 미국·프랑스·독

일·일본·영국으로 구성된 G5의 재무장관
들이 모였습니다. 미국의 지나친 무역수지
적자를 만회하기 위해 일본 엔화와 독일 마
르크화에 대한 인위적인 환율 조정을 요구
합니다.

플라자 합의
Plaza agreement
역사상 가장 거대한 외환시
장 조작

전후 최대 강대국 미국의 요구를 최대 수출 흑자국이자 전범 국가
였던 독일과 일본은 거절하기 힘들었습니다. 이후 일본 엔화는 30퍼
센트 절상됩니다. 일본의 수출 경쟁력은 크게 악화되고, 일본의 자동
차와 전자제품 수출이 크게 감소합니다. 이는 일본 장기 침체의 시발
점이 됩니다.

그런 미국이 지금은 글로벌 외환시장에 정부의 인위적 개입을 막
는 보안관 역할을 자임하고 있습니다. '화폐가치는 시장 자율'이라는
깃발을 높이 들고 있습니다.

Q^{!?} 스위스가 외환보유고를 우리나라보다 더 쌓아두는 이유는?

스위스 프랑 Swiss Franc
스위스처럼 튼튼한 나라조차도 자국 화폐가치 폭락이 두렵다.

기본적으로 외환보유고는 외환시장에서 우리 돈의 환율을 방어하기 위한 달러화 표시 또는 유로화 표시 탄환입니다. 또 경제 위기가 왔을 때 달러가 다 빠져나가 우리 돈의 가치가 폭락하는 것을 막기 위해서 존재합니다. 다시 말해 달러나 유로화가 갑자기 부족할까 봐 미리 쌓아놓는 겁니다.

예컨대 우리 정부가 영국에서 발행한 채권을 상환할 때 파운드화가 없으면 돈을 갚을 수 없습니다(영국 사람들에게 "우리 돈 원화로 갚으면 안 될까요?" 할 수는 없으니……). 그래서 준비합니다. 그런데 미국이나 유럽은 달러나 유로화를 얼마든지 급하면 찍어낼 수 있습니다. 그러니 외환보유고가 필요 없습니다.

EU 회원국과 유로존 분류

EU 회원국		EU 비회원국
유로화 사용 국가 (유로존 17개국)	**유로화 비사용 국가 (11개국)**	노르웨이 리히텐슈타인 스위스 아이슬란드
그리스 에스토니아 네덜란드 오스트리아 독일 이탈리아 룩셈부르크 키프로스 몰타 포르투갈 벨기에 프랑스 스페인 핀란드 슬로바키아 슬로베니아 아일랜드	덴마크 스웨덴 영국 불가리아 체코 헝가리 라트비아 리투아니아 폴란드 루마니아 크로아티아	

2016년 5월 기준

반대로 같은 EU 국가라고 해도 유로화를 쓰지 않고 아직 자국 화폐인 스위스 프랑을 쓰는 스위스 같은 국가는 그래서 외환보유고를 아주 많이 쌓아두고 있습니다. 심지어 스위스는 대한민국보다 더 많이 쌓아두고 있습니다.

화폐가치는 기본적으로 그 나라의 경제력과 비례합니다. 유로존에 비해 스위스 경제가 더 튼튼해진다면 스위스 프랑을 찾는 수요가 늘어날 것입니다. 그럼 스위스 프랑 가치는 높아집니다.

문제는 이렇게 자국 화폐가치가 높아지면 그 나라 경제의 발걸음이 무거워진다는 것입니다. 외국인들의 스위스 관광 비용이 올라가고, 스위스 시계의 해외 판매가격이 올라갑니다. 스위스 관광도, 스위스 시계도 모두 가격경쟁력이 떨어집니다.

스위스가 스위스 프랑 가치를 지키려 안간힘을 쓰는 이유입니다. 그래서 먼저 기준금리를 크게 내립니다. 이자율을 내리면 돈은 달아납니다. 이자를 조금 준다는데, 자본은 떠나게 마련입니다. 그리고 스위스 중앙은행이 지속적으로 스위스 프랑을 시장에 공급합니다. 스위스 외환시장에서 스위스 프랑의 공급이 넘치고, 급증하는 스위스 프랑은 값이 하락합니다.

심지어 유로화 가치 대 스위스 프랑의 가치를 1.2배 넘기지 않는다는 하한선(이렇게 환율 변동선을 정해놓은 환율제를 peg제라고 한다. 말뚝을 박았다는 뜻이다)까지 정해놓고 전투하듯 외환시장을 사수합니다.

하지만 거대 화폐 유로화의 양적완화가 계속됩니다. 유로화는 눈처럼 휘날리고 갈수록 흔해집니다. 그럴수록 유로화 가치가 하락 압력을 받습니다. 그리고 상대적으로 스위스 프랑의 가치가 높아집니다. 그럼 또 스위스는 자국 화폐를 팔면서 화폐가치를 낮추려 안간힘을 씁니다. 매일매일 전투가 벌어집니다.

2015년, 스위스는 결국 유로화에 대한 최저환율제를 폐지합니다. 그러자 기다렸다는 듯이 스위스 프랑의 가치가 치솟았습니다.

스위스판 금 모으기 운동

심지어 스위스 보수 정당은 외환시장이 너무 불안해지니까 2015년에 금 보유량을 외환보유고의 20퍼센트까지 늘리는 법안을 내놨습니다. 곳간의 금을 더 사자! 화폐가치는 추락해도 상대적으로 금값은 오히려 반대로 올라가는 경향이 있습니다.

한 나라의 화폐가치가 추락하면 국민들은 금처럼 돈으로 바꿀 수 있는(태환) 재화를 선호하게 됩니다. 게다가 한국에 투자한 외국 기업들은 한국 화폐가치가 추락하면 자산을 금으로라도 교환하려고 합니다. 당연히 금값이 올라갑니다. 우리 IMF 외환위기 때 금 모으기 했던 기억나시죠?

금이 외환보유고 곳간에 있으면 자국 화폐가치가 추락해도 금을 팔아 달러를 구해 오면 됩니다. 금은 언제든, 누구든 사주니까요. 그런데 문제는 금이 하늘에서 떨어지나요? 결국 외국에서 금을 사 와야 합니다.

스위스 정부가 금을 사려면 스위스 프랑으로 사겠죠. 그럼 스위스 프랑이 다른 나라로 가고 금이 스위스로 들어옵니다. 스위스 프랑이 다른 나라로 가면 스위스 프랑 공급이 줄어듭니다. 뭐든 공급이 줄어들면 가격이 오릅니다. 스위스 프랑 가치가 더 올라갑니다.

결국 스위스 프랑 가치 상승을 막기 위해 금을 사 모으는데, 이 때문에 또 스위스 프랑 가치가 올라갈 수 있습니다. 그래서 외환보유고의 20퍼센트를 금으로 채우자는 이 법안은 스위스 중앙은행이 반대하면서 부결됐습니다.

이 같은 외환시장 안정을 위해 스위스는 초저금리정책을 고수합니다. 2016년 가을 현재 기준금리가 −0.75퍼센트입니다. 지구 최저 수준입니다. 시중은행이 중앙은행에 돈을 맡기면 오히려 이자를 내야 합니다. 시중은행은 필사적으로 돈을 풉니다. 경기가 회복됩니다. 또 소비자들이 더 이상 은행에 돈을 맡기지 않습니다. 납세자들이 서둘러 세금을 냅니다. 그러자 은행이 비상입니다.

은행은 돈이 들어오면 마이너스 금리 때문에 부담이 커집니다. 중앙은행에 벌금(?)을 물어야 합니다. 스위스 정부는 부랴부랴 세금 조기납부 혜택을 폐지하고 있습니다. 외환시장의 전투는 계속되고, 우리가 한 번도 가보지 않은 마이너스 금리 시대가 시작됐습니다.

Q⁉ 그럼 도대체 외환보유고를 얼마나 쌓아둘 것인가?

불태화정책 sterilization policy

외국에서 달러가 너무 들어와 국내 통화량이 증가하고 물가가 오르면 정부가 통화 관련 채권을 발행해 시중의 돈을 흡수하는 정책. 물가정책의 기본.

이렇게 막대한 유지비(외국환 평형기금 채권에 대한 이자 부담)를 감수하고서라도 외환시장 안정을 위해 외환보유고는 필수조건이 됐습니다. 중국은 심지어 수조 달러의 외환보유고를 갖고 있습니다. 단연 세계 최대입니다. 많을 때는 4조 달러가 넘습니다. 2016년 초에 투기세력 때문에 중국 외환시장이 흔들리면서 탄환을 많이 썼습니다.

2016년 여름, 중국의 외환보유고가 우리 돈으로 3천5백 조 원 가까이 됐습니다. 우리 정부 1년 예산의 거의 10배입니다. 얼마나 외화자산을 많이 갖고 있는지 아시겠죠. 많이 갖고 있을수록 안전하죠. 문제는 유지비입니다.

일단 우리가 달러 자산을 사 모으려면 서울 외환시장에서 우리 돈, 원화로 사야 합니다. 우리 돈 원화로 달러를 한 10조 원어치 사면, 달러 값이 급등해 버립니다. 게다가 또다른 문제가 생깁니다. 우리 시장에 우리 돈 10조 원이 갑자기 풀립니다. 그만큼 인플레 요인이 됩니다. 우리 돈의 가치가 떨어집니다. 이 부분이 아주 중요합니다.

그만큼 또 뒤에서 현금을 흡수해 줘야 합니다. 그래서 한국은행이 '통화안정증권monetary stabilization bond'을 발행합니다. 흔히 뉴스에서 '통안채'라고 하죠. 한국은행이 발행하기 때문에 외평채처럼 국회의 동의는 필요 없습니다.

이렇게 통화당국이 우리 돈으로 외화를 사들이고 그렇게 풀린 돈을 다시 회수하기 위해 채권을 푸는 방식을 '불태화정책'이라고 합니다. 문제는 이 통안채도 채권이니까 발행하면 이자를 줘야 합니다. 우리나라 외환보유고가 400조 원 이상이다 보니, 이 채권 이자만 1년에 많게는 수천억 원이 나갑니다.

물론 한국은행이 이렇게 발행한 채권으로 현금이 들어오면(채권을 발행하면 현금이 들어오겠죠. 현금을 흡수하려고 발행하는 채권이 통화안정증권이다.) 이 돈을 굴려 수익을 내려고 노력합니다. 하지만 워낙 저금리입니다. 은행에 넣어도 이자수익이 1퍼센트 안팎입니다.

여기서 또 적자가 납니다. 외평채는 정부가 적자, 통화안정증권은 한국은행이 적자…… 이래저래 외환보유고는 유지비가 많이 들어갑니다.

물론 외환보유고 곳간에 있는 미 국채 등에서 이자수익도 발생합니다. 하지만 기본적으로 외평채 등의 이자부담이 훨씬 더 높습니다. 그렇다면 적정 외환보유고는 얼마일까? 많이 쌓아둘수록 좋지만, 유지비가 많이 듭니다. 승용차는 차체가 클수록 안전하죠. 하지만 연비 부담이 커집니다.

외환보유고도 마찬가지입니다. 하지만 세계 각국이 이런 부담을 감당하며 외환보유고를 비축합니다. 투기세력의 공격이 잦아지면서 그곳간도 갈수록 커집니다.

2016년, 소로스의 위안화 공격

조지 소로스^{George Soros}. 세계 최대 환투기꾼입니다. 돈 놓고 돈 먹는 장사를 합니다. 한편으로는 투자의 신이고 한편으로는 글로벌 투기꾼입니다. 1997년 아시아 외환위기 때 말레이시아 마하티르 총리는 소로스를 '자본주의의 악마'라고 불렀습니다.

그런데 소로스는 트럼프 대통령과 사이가 좋지 않습니다. 통 큰(?) 기업가면서 부동산 디벨로퍼인 트럼프 대통령과 결이 비슷해 보이는데, 전혀 그렇지 않습니다. 소로스는 트럼프를 향해 연일 "사기꾼이자 잠재적 독재자"라고 비판합니다.

트럼프 대통령이 시민보다는 국가를 강조하는 반면, 소로스는 국가보다는 민주주의를 강조합니다. 인종차별 금지를 요구하고 기업 이익보다 서민들의 복지를 주장합니다. 연일 트럼프를 공격합니다. "그의 당선으로 우리의 민주주의가 위기에 빠졌다……."

게다가 기부도 많이 합니다. 얼마 전에는 트럼프 당선 이후 증오범죄가 늘어난다며 증오범죄 예방재단에 1,000만 달러를 기부했습니다.

2016년 초, 소로스는 위안화와 홍콩 달러를 외환시장에서 대규모로 팔아치웠습니다. 그는 주로 공매도로 팝니다. 외환시장(역외 역내 모두에서)에서 위안화를 빌려 대량 매도합니다. 가뜩이나 달러 값이 오르면서 위안화 값이 떨어지는 상황인데, 자꾸 위안화를 내다 팔면서 위안화 가격이 급락합니다.

'소로스가 중국에 전쟁을 선포했다'는 중국《인민일보》의 보도가 이어집니다. 특히 홍콩 등 역외시장에서 대규모로 위안화를 공매도했습니다(영화〈빅쇼트〉의 주인공들과 관련 있는 실존 인물인 카일 배스 Kyle Bass가 이끄는 헤지펀드 헤이먼 캐피탈 매니지먼트도 이 공매도에 참여했다).

그러자 중국 경제가 위험해졌다고 판단한 다른 투자세력들도 위안화를 던집니다. 위안화 가격은 더 떨어집니다. 이제 투기세력은 위안화를 싸게 다시 매입해서 이를 되갚습니다. 차익을 챙겨 갑니다.

위안화 외환보유고 투입

외환시장에 투기자금 유입 → 위안화 공매도 시작 → 위안화 가치 급락, 달러 가치 급등 → 중국 통화당국의 달러화 매도 시작(외환보유고 투입 시작) → 달러화 가치 하락, 위안화 가치 상승 → 중국 외환보유고의 달러화 보유량 감소

그해 2월 중국 정부의 필사적인 방어가 시작됐습니다. 홍콩 등 역

외시장에서 엄청난 위안화를 매입하기 시작했습니다. 중국 통화당국이 소중히 모은 외환보유고의 달러를 풀어 위안화 가치를 방어합니다. 3월 리커창 총리는 '더 이상 위안화 절하는 없다'라고 구두 개입까지 하며 위안화를 필사적으로 방어했습니다.

하지만 이 방어로 중국의 외환보유고는 홀~쭉 줄었습니다. 줄잡아 이 무렵 5천억 달러가량 줄었습니다. 우리 외환보유고 총액(3,700억 달러가량)보다 더 줄어든 것입니다.

소로스는 단연 지구 제일의 투기꾼입니다. 어림잡아 50억 달러, 6조 원 넘는 퀀텀펀드라는 헤지펀드를 운용합니다. 승률도 아주 높습니다. 지난 1992년에는 영국 파운드화를 공격했습니다. 지금과 비슷합니다. 공매도로 마구 팔아치웠고, 파운드화가 급락했습니다. 그때 부

랴부랴 영란은행(영국 중앙은행)이 기준금리를 급히 2퍼센트나 올렸습니다. 빠르게 파운드화 화폐가치가 올라갔습니다.

하지만 금리가 갑자기 올라가면 주택 모기지 대출 이자율이 올라가고, 국민들의 이자부담이 커집니다. 경기가 빠르게 가라앉습니다. 결국 영국 정부는 소로스에게 백기투항했습니다. 소로스는 이 한 번의 베팅으로 10억 달러 넘게 벌어들인 것으로 알려졌습니다.

2016년 소로스의 중국 위안화 공격 당시, 중국 정부는 위안화 가치를 인위적으로 0.13퍼센트 올렸습니다(위안화 평가절상). 자꾸 떨어지는 위안화 가치를 정부가 인위적으로 올려 고시한 것입니다.

이처럼 중국은 절반만 변동환율제를 사용하고 있습니다. 그래서 글로벌 금융시장은 '외환시장을 더 활짝 열어라'라고 주문합니다. 통화시장에서 위안도 공정하게 경쟁하자는 것이죠. 이는 중국의 위안화가 글로벌 통화가 되기 위한 첫 번째 관문이기도 합니다. 하지만 그만큼 투기세력을 막는 담장이 낮아집니다.

이와 같은 외환시장의 보이지 않는 전투는 여전히 계속됩니다. 국경을 가리지 않습니다. 제2, 제3의 소로스들이 천문학적인 달러를 갖고 달려듭니다.

우리도 물론 예외는 아닙니다. 흉노족의 공격을 막기 위해 만리장성을 쌓았듯이 투기세력을 막기 위해 외환보유고의 벽을 갈수록 높이 쌓습니다. 담장이 높아질수록 비용이 더 들어갑니다.

소로스는 칼 포퍼Karl Popper 같은 비판적 철학자를 추종하고, 『세계 자본주의의 위기』 같은 책도 집필했습니다(그는 이 책에서 시장만능주의가 결국 위기를 불러올 것이라고 예견했다).

조지 소로스의 진짜 얼굴은 무엇일까요? 소로스의 행적을 역사는 어떻게 평가할까요? 글로벌 자본시장은 오늘도 두 얼굴을 한 사악한 전주錢主의 방문을 두려운 얼굴로 지켜보고 있습니다.

Q 무작정 달러 찍어내기는 왜 다른 나라를 위험하게 할까?

달러의 역설 dollar's paradox
공급이 늘어도 가격이 떨어지지 않는 희한한 화폐, 달러.

먼저 미국이 달러를 시중에 공급하는 방법을 살펴보겠습니다. 양적완화인데요, 미 연방준비제도^{Federal Reserve System}, 줄여서 연준^{Fed}이 달러를 찍어냅니다. 그리고 미 재무부가 발행한 국채나 민간 회사들이 발행한 채권 등 자산을 사들입니다.

2008년부터 시작된 1차 양적완화 때는 주로 모기지담보부증권^{MBS}이나 정부보증기관^{GSE} 채권을 사들였습니다. 2차 양적완화 때는 시중 장기채권을 주로 사들였습니다. 2011년 3차 양적완화 때는 또 매달 400억 달러를 들여 모기지담보부증권을 무제한 사들였습니다. 흔히 언론에서는 이를 '자산을 매입'한다고 표현합니다

이렇게 사들인 채권(자산)이 연준 곳간으로 들어가고, 그 대가로

연준이 지급한 달러가 미 재무부나 민간시장으로 흘러들어 가겠죠. 시장에 이렇게 돈이 흘러들어 갑니다. 2013년까지 이렇게 찍어낸 달러가 줄잡아 우리 돈 4천조 원이 넘습니다. 달러를 헬리콥터에서 뿌린다는 말이 나올 만하죠.

그럼 그 달러는 다 어디로 갔을까? 상당수가 미국에서 제일 돈을 많이 벌어 가는 중국이나 한국 같은 이른바 무역 흑자국으로 흘러갑니다. 그럼 중국이나 한국은 그 달러를 어디에 쓸까요?

그 달러로 또 미국 국채를 삽니다. 제일 안전한 게 미국의 국채거든요. 나랏빚도 제일 많은 나라인데 왜 제일 안전하다고 생각할까? 기축통화 달러를 발행할 수 있잖아요. 그러니까 자꾸 이자도 많이 안

주는 미국 국채를 사들입니다. 돈이 필요한 미국 정부는 이렇게 또 국채 발행을 통해 돈을 조달합니다. 그야말로 누이 좋고 매부 좋고입니다.

바꿔 말하면 미국의 경상수지 적자를 다른 나라들이 자본 투자를 통해 메워주는 겁니다. 예전에는 일본과 독일이 했던 일을 지금은 주로 중국이 할 뿐입니다. 이를 '달러의 역설'이라고 합니다.

이렇게 달러를 무제한 풀면, 달러 가치가 폭락하면서 미국 경제가 흔들려야 합니다. 그런데 글로벌 경제가 어려워질수록 달러나 미국 국채를 찾는 투자가 오히려 늘어납니다. 달러 가치가 오히려 오릅니다. 달러의 역설입니다.

마을에 도둑이 들끓을수록 보안관을 믿지 못하고 새 보안관을 찾아야 하는데, 치안이 자꾸 악화되니까 현재의 보안관에 더 의존하게 되는 것과 똑같습니다.

이 달러의 역설을 통해 미국 경제가 유지됩니다. 그런데 정작 달러의 유동성이 커지면서 지구 금융시장을 넘나드는 돈의 파도도 높아집니다. 그러다 신흥국에서 갑자기 달러가 빠져나가면 그 나라 화폐 가치가 폭락합니다. 경제가 송두리째 흔들립니다. 2015년 남아공이나 터키, 그리고 브라질이 그랬습니다.

달러는 미국이 풀고, 그 경기 부양의 혜택도 미국이 가져가는데, 늘 부작용은 신흥국이나 다른 국가들이 떠안습니다. 달러의 역설은 현재진행형입니다.

Q⁉ 글로벌 자본세 부과는
왜 자꾸 미뤄지는가?

토빈세 Tobin's tax
글로벌 금융시장에서 돈 놓고 돈 먹는 세력에게 그때마다 세금을
매기면 어떨까?

외환시장을 넘나드는 투기자본이 너무 거대해집니다.
환율이 요동치고, 신흥국들의 부상이 속출합니다. 브라질·러시아·아
르헨티나에서 과거 우리 IMF 외환위기 같은 위기가 되풀이됩니다. 돈
이 돈을 법니다. 노동의 산물로 돈을 버는 것보다 돈이 돈을 버는 속
도가 빨라진다면, 그 돈에 과세를 하면 어떨까? 대표적인 게 토빈세
입니다.

토빈세는 외환시장의 투기자본에 거래 금액의 0.01퍼센트 정도 세
금을 매기자는 주장입니다. 그럼 외환시장의 투기자본도 좀 줄어들
고 외환시장도 좀 안정되지 않을까? 노벨 경제학상을 받은 제임스 토
빈James Tobin이라는 경제학자의 주장입니다. 토빈세는 도입하려면 전 세

계가 함께 해야 합니다. 특정 국가만 토빈세를 부과하면 자본은 해당 국가에서만 빠져나가겠죠. 그럼 어느 나라도 토빈세를 부과하려 들지 않을 겁니다. 토빈세는 그래서 '고양이 목에 방울 달기'입니다.

한 발 더 나아가 주식이나 채권을 거래할 때, 선물이나 파생상품을 거래할 때도 0.01퍼센트만 떼서 가난한 나라 또는 가난한 계층을 위해 쓰자는 주장도 있습니다. 이른바 로빈후드세Robin Hood tax입니다. 로빈 후드처럼 부자들 재산 빼앗아 가난한 이웃에게 나눠주자는 법입니다. 실제 EU에서 11개 나라가 합의해 법안이 발의되기까지 했는데, 금융권 반대로 통과가 안 됐습니다. 늘 주장만 이어집니다.

소득 격차가 자꾸 커지니까 부유세 도입이나 부자들의 소득세율을 높이는 문제는 해묵은 논쟁거리입니다. 프랑스는 좌파 프랑수아 올랑드 대통령이 집권한 후, 10만 유로 이상 고액 연봉 받는 직원이 있는 기업은 세금을 더 걷는 부유세를 도입했습니다. 하지만 결국 2015년 초에 폐지했습니다. 얼마 걷히지도 않았고, 워낙 기업들의 반대가 거셌습니다. 쉽지 않습니다. 구호만 요란합니다. 시대가 그렇습니다.

중국의 토빈세 과세 시도

최근 외환시장이 가장 심하게 출렁거리는 나라는 중국입니다. 거대 투기자본이 드나들고 위안화 환율이 지나치게 흔들립니다. 토빈세를 부과하면 지나친 환투기세력을 쫓아내고, 세수도 확보할 수 있습니다. 중국은 정부의 시장 개입이 일상적인 나라이기 때문에 제도 도입도 쉽습니다.

여러 가지 방법이 있습니다. 위안화를 지나치게 많이 거래하는 증권사 등에만 일정 과세를 하는 방법입니다. 일종의 징벌적 과세입니다. 위안화의 환율 변동이 일정 기준을 넘어서면 그때부터 투기세력에 과세하는 방법입니다. 또 위안화를 지나치게 많이 매도하는 헤지펀드에만 과세하는 방법도 있습니다. 위안화의 급락을 막을 수 있습니다.

하지만 중국은 눈치가 보입니다. 자본시장 개방을 요구하는 선진국들의 요구가 거셉니다. 토빈세 도입이 위안화의 글로벌화를 막을 수도 있습니다. 2016년 IMF의 특별인출권^{SDR}까지 주어졌는데, 중국만 토빈세라는 장벽을 치는 게 부담스럽습니다.

글로벌 자본시장은 계속 시장 개방을 요구합니다. 중국에 대한 서구 자본 투자가 줄어들 것이라고 위협합니다. 중국은 이런 환경이 두렵습니다. 토빈세 도입은 또 미뤄집니다. 상하이와 홍콩의 외환시장은 언제든 다시 출렁거릴 겁니다.

한국은 2013년에 해외 자본의 국내 채권 투자에 일정한 거래세를 부과하는 방침을 검토했지만, 채권시장 위축 등을 이유로 백지화됐습니다.

Q 근린궁핍화, 누구를 더 가난하게 만들 것인가?

근린궁핍화정책 beggar-my-neighbor policy
어떻게든 내 화폐가치를 낮춰 너를 더 힘들게 해주마.

기본적으로 자국 화폐가치가 내려가면 수출이 유리해집니다. 그래서 서로 경쟁하듯 화폐가치를 내려서 주변국 또는 무역 상대국을 상대적으로 어렵게 만드는 것을 이른바 '근린궁핍화정책'이라고 합니다. 직역하면 '이웃 나라 거지 만들기'쯤 됩니다. 앞서 EU와 스위스처럼요.

달러화에 대한 환율을 올려서 자국의 화폐가치를 올리고(평가절하), 여기에 또 관세율도 올리고, 수출보조금도 올리고, 이런 일련의 움직임도 큰 틀에서 모두 근린궁핍화정책입니다. 그중 화폐가치를 떨어뜨리는 가장 쉬운 방법은 역시 중앙은행이 화폐를 많이 찍어내는 겁니다. 더불어 이 돈으로 경기 부양도 가능합니다.

하지만 그만큼 인플레이션이 발생합니다. 돈의 가치가 떨어지고 국민들이 그 부담을 떠안습니다. 그런데 미국은 그런 걱정이 거의 없습니다. 앞서 설명드린 대로 그렇게 찍어낸 달러를 상당수 다른 국가들이 인수해 주니까요. 인플레 효과가 희석됩니다. 이를 '미국이 인플레를 수출한다'라고 합니다.

물론 중앙은행이 돈을 찍어내는 방법 말고, 정부가 돈을 푸는 방법도 있습니다. 하지만 정부가 재정을 많이 푼다고 해서 화폐가치가 그만큼 떨어지는 것은 아닙니다. 이론적으로 정부는 세금을 거둬 재정을 풀기 때문입니다.

세금을 더 거두면 시중의 돈이 줄어드는데, 재정을 더 많이 푼들 결국 그 돈은 국민 주머니에서 나온 돈이기 때문입니다. 결국 국민 주머니에서 돈을 거둬(세수) 국민 주머니에 더 푸는(재정) 셈입니다. 이를 '구축효과'라고 합니다(구축驅逐. 무엇인가를 쫓아낸다는 뜻이다. 정부의 재정지출이 민간의 투자 의지를 쫓아낸다는 의미가 담겨 있다).

그러니 돈을 제대로 풀려면 중앙은행이 발권력을 동원해 풀어야 '제맛!'입니다. 미국과 유럽, 그리고 일본이 양적완화를 하는 이유도 여기 있습니다.

달러화의 양적완화에 맞서 2015년에는 중국도 평가절하에 나섰습니다. 수출이 중요한 나라 중국이 보란 듯이 위안화 가치를 떨어뜨립니다. 2015년에만 위안화 가치가 달러화 대비 4퍼센트가량 떨어졌습니다.

특히 중국은 관리환율제라는 사실상 절반짜리 변동환율제를 택하고 있습니다. 정부가 얼마든지 위안화 가치를 조절합니다(그래도 늘

시장친화적 외환시장 조성을 위해 노력한다고 표현한다). 그래서 해마다 미 의회에서는 '중국은 환율 조작국이다' '보복관세 매겨야 한다'는 목소리가 나옵니다. 트럼프 대통령은 중국을 환율 조작국으로 지정하겠다고 수차례 공언했습니다.

일본 역시 잃어버린 20년을 회복하기 위해서라며 보란 듯이 양적완화를 이어갑니다. 엔화를 찍어내는 윤전기가 불이 나기 전에 이 돈 찍어내기 경쟁은 멈출 기미가 안 보입니다.

우리 최대 교역국인 중국과 미국이 모두 대표적인 근린궁핍화정책 국가들입니다. 우리는요? 수출 경제인 우리야말로 원화 가치를 내려야 합니다. 하지만 인위적으로 환율을 조절하면 안 됩니다. 글로벌 반칙 판정을 받습니다(주로 심판은 미국이다). 그래서 슬그머니 외환시장에 개입합니다.

고환율정책이 꼭 정답은 아니다

물론 우리 기획재정부 안에서도 강력한 고환율정책을 주장하는 관료들이 있습니다. 우리도 원화 가치를 필사적으로 떨어뜨리자는 주장입니다. '수출만이 살길이다!'

훗날 경제수석과 지식경제부 장관을 지낸 최중경 전 재정경제부 국제금융국장은 지난 2003~2005년에 고환율정책을 강력하게 주장했습니다. '최틀러'라는 별명이 붙기도 했습니다. 당시 그는 원화 가치가 절대 (달러화 대비) 1,140원 이상 오르면 안 된다고 강하게 밀어붙였습니다. '1,140원 = 최중경 라인'도 그렇게 생겨났습니다.

MB정부의 강만수 기획재정부 장관도 대표적인 고환율주의자입니다. '우리도 원화 가치를 인위적으로 떨어뜨려 수출 전선을 지켜야 한다'고 주장했습니다. 이른바 환율 주권입니다.

외환시장을 안보처럼 지켜야 한다는 주장입니다. 애국하듯 '우리 돈의 가치도 떨어뜨려야 한다'는 강만수 장관은 "고성능 화폐 인쇄기를 들여놓자"는 은유적 표현으로 고환율(원화 가치 하락)정책의 중요성을 강조했습니다.

하지만 우리 돈의 가치가 내려가면 수출 기업은 이익을 보지만, 수입 물가가 올라갑니다. 국민들이 손해를 봅니다. 수입 원자재, 곡물, 원유 등을 더 비싸게 수입해야 합니다.

수입 가스의 가격이 올라가면 도시가스요금은 물론 프로판 가스를 사용하는 붕어빵의 가격도 올라갑니다. 수입 곡물 가격이 올라가면, 생닭 가격이 올라가고, 그럼 배달 치킨의 가격이 오릅니다. 고환율정책은 수출 위주의 대기업에게는 유리하지만, 국민에게 부담이 전가됩니다.

또 우리 외환시장에서 지속적으로 원화를 팔고 달러를 사들여야 하기 때문에 비용도 재정에 큰 부담이 됩니다. 특히 고환율정책으로 수입 물가가 오르면 물가를 관리하는 한국은행도 이를 부담스러워합니다. 그래서 고환율정책에 대한 반대 여론도 많습니다.

이제 우리가 어떻게 슬그머니 외환시장에 개입해 인위적으로 고환율을 조성하는지(우리 돈의 가치를 떨어뜨리는지) 알아볼 시간입니다.

Q!? 중국은 왜 SDR을 손에 쥐고 싶어 할까?

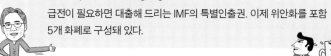

SDR Special Drawing Rights
급전이 필요하면 대출해 드리는 IMF의 특별인출권. 이제 위안화를 포함 5개 화폐로 구성돼 있다.

지난 1930~40년대에 글로벌 교역량이 커지면서 유럽과 미국에 걱정이 생겼습니다. 수출국과 수입국의 화폐를 어떤 비율로 교환할지 인류는 경험해 본 적이 없었습니다. 수출을 해서 파운드화나 마르크화를 벌어들이는 미국은 유럽 국가들이 화폐를 얼마나 찍어내는지 궁금해졌습니다. 유럽 국가들도 미국이 얼마나 달러를 더 찍어낼지 의심합니다.

그래서 1944년에 미국 브레튼우즈라는 곳에 모여서 환율 기준(각국의 화폐를 교환하는 비율)을 약속합니다.

"앞으로 달러를 기준으로 각국의 돈을 바꾸자. 그런데 미국이 마음대로 달러를 찍어내면 아무도 달러를 안 믿을 테니까, 오늘부터 누구라도 금 1온스를 맡기면 딱 35달러만 찍어내도록 하자! 누구든 나중에 35달러를 가져오면 은행에서 금 1온스를 돌려준다."

— 브레튼우즈 체제(1944-1971)

미국 뉴햄프셔 주 브레튼우즈에서 이렇게 약속을 합니다. 이렇게 국제 통화 교환의 기준이 생긴 거죠. 물론, 그 뒤에 미국은 약속을 어기고 달러를 너무 많이 찍어냅니다. 베트남 전쟁 등 재정지출이 너무 많았습니다.

결국 1971년, 이 체제가 무너집니다. 이제 미국을 비롯한 거의 모든 선진국이 자국 화폐를 마음대로 발행할 수 있습니다. 화폐가치는 외환시장의 자율로 결정됩니다.

IMF도 브레튼우즈 체제와 함께 탄생했습니다. 외환시장의 안정을 위해 선진국들이 기금을 만들어서 문제가 터진 나라에 빌려주기로 한 약속의 시작입니다.

우리에겐 매우 익숙한 이름입니다. 지난 1998년에 단기 외채가 급증하니까 IMF로부터 195억 달러, 20조 원가량을 빌렸습니다. 지금 같으면 큰돈이 아닌데 그때는 워낙 국가 신용이 안 좋았습니다. 도무지 달러를 구할 수 없었습니다. 갑자기 해외 채권국들이 만기가 된 우리 채권을 다 갚을 것을 요구했습니다. 보통 때 같으면 연장해 줄 채권도 한국이 위험하다고 하니까 다들 차환을 거부했습니다. 그래서 IMF에 손을 벌렸습니다.

우리뿐 아니라 브라질, 멕시코, 영국 같은

IMF
세계에서 제일 큰 전당포

나라도 IMF로부터 구제금융을 받았습니다. 2014년 그리스 국가 부도 위기 때도 돈을 빌려준 IMF가 깊이 개입했습니다. IMF는 점점 지구 채권단으로 변하고 있습니다. 국제 금융시장의 교장선생님 역할을 합니다. 지구에서 제일 큰 채권단이고 제일 큰 전당포입니다.

SDR, IMF 힘의 원천

그럼 IMF의 돈은 어디서 나올까? 회원국들이 자본금을 출자합니다. 우리도 물론 출자했습니다. 1.4퍼센트의 지분을 갖고 있습니다. 이 출자금을 조만간 현재의 두 배로 늘리기로 했습니다. 8조 원 정도를 더 입금해야 합니다. 그만큼 글로벌 금융시장에서 우리 위상이 커진 겁니다. 식당 매출이 늘었으니 외식업중앙회에 내야 하는 회비도 더 커진 겁니다.

그럼 IMF 곳간에는 어떤 나라 화폐가 들어 있을까? 글로벌 금융시장에서 유통되는 자국 화폐의 비율만큼 배분돼 있습니다. 달러가 한 42퍼센트, 유로화가 한 37퍼센트, 영국 파운드화가 한 11퍼센트, 일본 엔화가 9퍼센트 정도 들어 있습니다. 지구인들이 이들 화폐를 이 같은 비율로 이용하고 있다는 뜻입니다. 그런데 그 돈을 언제든 빌려 쓸 수 있는 권한이 있습니다. 특별인출권, SDR입니다. 미국 등 주요 회원국은 언제든 빌려 쓸 수 있습니다.

그런데 세계에서 경제 규모가 두 번째인 G2 국가 중국은 출자금도 겨우 4퍼센트 정도밖에 안 되고, 자본금을 더 내고 싶어도 안 받아줍니다. 이 자본금에 위안화는 한 푼도 없습니다. 당연히 이 돈을 맘대로 꺼내 쓸 수 있는 권리인 SDR도 없습니다. 중국은 그래서 이 자본금 통화 바스켓에 들어가고 싶어 합니다.

그러던 2016년 10월, IMF는 결국 중국의 SDR 편입을 허가합니다. 유럽의 입김이 세진 IMF가 중국을 끼워주면서 미국을 견제하려는 뜻도 숨어 있습니다(크리스틴 라가르드[Christine Lagarde] IMF 총재는 프랑스 출신이다).

이제 IMF라는 지구의 거대한 전당포 급전 창구에는 달러화(41.73퍼센트), 유로화(30.93퍼센트), 그리고 위안화(10.92퍼센트), 엔화(8.33퍼센트), 파운드화(8.09퍼센트)가 들어 있습니다.

게다가 중국이 아시아 인프라 투자 은행[Asian Infrastructure Investment Bank, AIIB]을 만든다고 하자 유럽 국가들이 우르르 참여하기로 했습니다. 그러니 세계의 은행, 세계의 전당포 IMF의 위상도, 그 안의 미국의 위상도 예전만 못합니다. 그리고 그 힘은 빠르게 중국으로 이동 중입니다.

Q영국이 유로화를 쓰지 않는 이유는?

파운드화 Pound
달러화 이전에 지구인들이 가장 많이 사용했던 화폐.

2017년 벽두부터 영국은 하드 브렉시트^{Hard Brexit}를 선언했습니다. 유럽연합은 탈퇴하되 유럽 단일시장에는 어느 정도 발을 담그는 소프트 브렉시트^{Soft Brexit}가 아닌 하드 브렉시트를 선택했습니다. 이민자를 완전히 통제하고, 유럽 단일시장권과도 이별하겠다는 뜻입니다.

영국은 왜 유럽과 이별을 선포했을까? 따지고 보면 그 갈등은 화폐제도에서 출발합니다. 영국은 100여 년 전 유럽인들이 주로 사용했던 기축통화 파운드의 발행국이었습니다. 파운드화 전에는 은화였습니다. 15세기 이후 아메리카 대륙이 발견되고, 식민지에서 유럽으로 은이 대량 유입됐습니다. 비로소 은화라는 화폐가 광범위하게 유통되기 시작했습니다. 'Pound'라는 이름도 은의 무게를 잴 때 쓰는 단위에서 온 것입니다.

> "스페인에서는 은 빼고 모든 것이 비싸다."
>
> ─ 페르낭 브로델, 프랑스의 역사학자

은화가 자리 잡고 거래가 빠르게 늘었습니다. 이후에는 네덜란드의 길더화^{guilder}가 많이 쓰였습니다. 이후 19세기 후반까지는 단연 영국 파운드화가 많이 쓰였습니다. 말 그대로 기축통화가 된 것입니다. 19세기 후반에 파운드화가 무역할 때 결제 통화의 60퍼센트를 차지했다고 하니까요.

그러니 1999년 유로화가 출범할 때 영국이 파운드화를 고집한 것도 어쩌면 자존심 때문일지도 모릅니다. 화폐가치라는 것은 시장에서 모두 통용되는 일종의 '신용의 옷'입니다. '아무래도 유로화보다는 우리 파운드화의 가치가 높을 것이다.' 더 비싼 옷을 계속 입고 싶었을 것입니다. 신사의 나라는 화폐의 품위도 중요합니다.

영국은 또 물가도 아주 비쌉니다. 파운드화를 버리고 유로화를 사용하면 물밀듯이 포도주가 밀려옵니다. 영국은 특히 다른 유럽 국가들에 비해 제조업이 빈약한 나라입니다. 또 만약 유로화로 갈아탄다면 앉아서 자산가치가 낮아집니다.

비슷한 이유로 지금도 28개 EU 국가들 중 19개 나라만 유로화를 씁니다. 이들 국가를 '유로존'이라고 합니다. 영국이나 스웨덴 등 9개국은 자기 나라 화폐를 계속 씁니다. 아 참, 이제 영국은 EU 국가도 아니군요.

오히려 문제가 생긴 건 유로존입니다. 그리스처럼 상대적으로 가난한 나라가 독일이나 프랑스 같은 부자 나라와 유로화라는 한 가지 화폐를 쓰다 보니 신용이 높아집니다. 돈 빌리기 쉬워집니다. 이자율도 낮아집니다. 그러니 싼 이자로 도로도 깔고, 주택도 많이 짓습니다. 정부 부채가 빠르게 늘어납니다.

뒤늦게 EU 국가들이 국가 GDP의 몇 퍼센트 이상은 돈을 못 빌리도록 약속을 했습니다. 하지만 쉽지 않습니다. 일부 유로존의 나라살림이 갈수록 기울어집니다. 유로화를 이용한 경기 부양이 계속되고, 그럴수록 재정적자가 늘어납니다.

위기는 계속됩니다. 스페인은 부동산 투기가 가라앉으면서 한 번 망할 뻔했고, 이탈리아나 포르투갈 같은 유로존 나라들도 여전히 빚에 허덕입니다. 그리스는 큰 위기를 넘겼고요.

영국이 유로화를 거부한 이유가 여기 있습니다. 비유적으로 말하자면, 우량기업들이 주로 이용하는 은행에서 부실기업들이 동일한 이자율로 마구 대출을 하자, 영국이라는 기업이 해당 은행에 가지 않기로 한 것입니다.

하지만 어떤 이유보다도 자존심이 더 큰 이유처럼 보입니다. 어쩌면 그들이 오랫동안 지배했던 나라들과 화폐가 섞이는 것이 싫었을지도 모릅니다. 그 자존심은 2016년 7월 브렉시트 결정에도 결정적 이유가 됩니다.

파운드화가 떨어지면 손흥민은?

아무래도 파운드화의 값이 떨어지면 손흥민 선수도 손해입니다. 파운드화로 받아 대부분을 우리 돈으로 환전할 테니까요. 2016년 6월 23일 브렉시트 이후, 5개월 동안 달러화 대비 25퍼센트 가까이 떨어졌습니다. 만약 손흥민 선수가 달러 통장에 저축을 한다면 달러 통장엔 연봉이 23퍼센트나 줄어들어 입금된다는 뜻입니다. 손흥민 선수는 앉아서 연봉의 4분의 1이 줄어든 것입니다.

올 들어 나이지리아의 나이라^{naira}, 말라위의 말라위콰차$^{Malawian\ kwacha}$ 등과 비슷한 하락폭을 보였다고 외신들이 꼬집고 있습니다. 실제 파운드화는 1년 동안 재무장관이 세 번이나 바뀐 남아공의 랜드화^{rand} 보다 가치가 더 떨어졌습니다. 집계를 시작한 지 168년 만에 최저치입니다. 유럽 언론들은 '혼자 집 나가더니 잘됐다'는 분위기입니다.

브렉시트 이후 파운드화 가치는 왜 계속 떨어질까? 영국의 수출품이 잘 안 팔리면 시장에서 파운드화 수요가 줄어듭니다. 또 영국을 찾는 관광객이 줄어들면 시장에서 파운드화 수요가 줄어듭니다. 수요가 줄면 가격이 떨어집니다.

다시 말해 어떤 나라의 경제가 인기가 덜해지면 외환시장에서 그 나라 화폐를 덜 찾고, 그럼 그 나라 화폐가치가 떨어집니다. 마트의 배춧값이나, 프로야구 선수의 연봉이나, 파운드화나 마찬가지입니다. 모두 시장의 수요와 공급에 따라 값이 결정됩니다. 파운드화 수요가 줄어드는 것입니다. "이 참에 런던 가지 말고 파리로 여행 갈까?"

결과적으로 브렉시트 이후 영국 경제는 분명하게 불확실해졌습니다. 영국 국민들도 불편해집니다. 파운드화의 가치가 떨어지면 영국인은 프랑스 화장품에, 이탈리아 핸드백에, 그리스 여행에 더 비싼 값을 치러야 합니다. 특히 수입 물가가 올라갑니다.

게다가 영국은 제조업 등 내수산업이 독일 등 선진국에 비해 형편없이 빈약합니다. 대부분 수입합니다. 그런데 파운드화 가치가 떨어지면 영국의 수입 물가가 올라갑니다. 며칠 전 유니레버는 영국 내 테스코에서 판매되는 유니레버의 모든 제품 가격을 10퍼센트 올린다고 밝혔습니다. 무려 10퍼센트……!

샴푸에서 포도주까지 다 올라갑니다. 국민들이 직접적으로 손해를 봅니다. 월급은 그대로인데 구매할 수 있는 장바구니 크기가 줄어듭니다. 손흥민 선수도 물론 예외가 아닙니다.

Q!? 다 함께 유로화를 쓰는데 왜 독일만 유리할까?

마르크화 Mark

유로화로 통일하면서 가장 이익을 많이 보는 나라가 과거에 사용했던 화폐.

독일도 영국처럼 반대했습니다. EU 출범 때 독일 국민들도 마르크화를 원했습니다. 마르크화의 가치가 훨씬 높았습니다. 마르크화가 더 좋은 화폐였기 때문입니다. 모든 화폐가치는 그 수요가 높아질수록 비쌉니다. 마르크화의 가치가 높았다는 것은 글로벌 시장에서 독일 제품의 수요가 높았다는 뜻입니다. 하지만 유로존 국가들의 의지는 단호했습니다.

독일의 EU 가입, 그리고 유로존 가입은 어쩌면 EU의 존재 이유이기도 합니다. EU 탄생에는 전범 국가 독일을 하나로 묶어 다시는 전쟁을 치르지 말자는 유럽 국가들의 바람이 숨어 있습니다.

1946년 스위스에서 처칠 영국 수상이 '하나의 유럽에 대한 꿈'을 처음 밝혔을 때도, 사실은 무서운 강대국 독일을 하나의 울타리에 넣고 싶은 유럽 지도자들의 꿈이 작용했습니다. 결국 2002년 독일은 EU에 가입하고 유로화를 선택합니다. 마르크화는 역사 속으로 사라집니다.

그런데 독일은 여전히 세계 최고 수준의 제조업 기술력을 지니고 있습니다. 승용차, 오디오에서 정밀기계까지 여전히 잘 만들고 잘 팔립니다. 유로존에서 수출이 늘면 독일 화폐의 가치가 높아져야 합니다. 그런데 같은 유로화를 쓰니까 독일만 화폐가치가 오르지는 않습니다. 독일 경제는 자꾸 튼튼해지는데, 모든 유럽 국가는 '유로화'라는 동일한 무게의 모래주머니를 차고 경쟁합니다.

반대로 그리스는 자꾸 관광객이 줄어듭니다. 그래서 관광수지나 경상수지가 적자가 나면 화폐가치가 떨어져야 합니다. 그리스 화폐의 수요가 줄면 그리스 화폐가치가 떨어져야 합니다. 그런데 화폐가치가 안 떨어집니다. 모두 함께 유로화를 쓰기 때문입니다. 그리스는 자꾸 체력이 떨어지는데, '유로화'라는 동일한 모래주머니를 차고 경쟁해야 합니다.

권투 선수가 체중이 늘면 더 높은 체급에서 경기를 해야 하고, 체중이 줄면 더 가벼운 체급에서 경기를 해야 한다. 그런데 유로존 국가들이 하나의 유로화를 사용하면서, 독일은 아무리 체중이 늘어도, 그리스는 아무리 체중이 줄어도 여전히 같은 링에서 경기를 한다.

수출이 잘되는 나라는 그 나라 화폐 수요가 늘고, 그럼 화폐가치가

올라서 수출이 어려워져야 합니다. 반대로 수출이 잘 안 되는 나라는 화폐가치가 떨어져 수출이 쉬워져야 합니다. 그런데 화폐가 하나로 묶인 유로존은 이제 이 원칙이 작동하지 않습니다.

이제 독일은 늘 상대적으로 더 싼값에 수출을 하고, 그리스는 늘 상대적으로 더 비싼 값에 관광객을 받아야 합니다. 그러니 독일은 자꾸 경제가 좋아지고, 그리스는 자꾸 경제가 어려워집니다.

과거 IMF 외환위기 때 누구도 한국 경제에 투자하지 않았습니다. 우리 돈 원화의 수요가 급감했고 원화의 화폐가치가 급락했습니다. 화폐가치가 낮아지면서 수출이 유리해졌습니다. 위기 탈출의 큰 지렛대가 됐습니다.

하지만 유로존 국가들에는 이 외환시장의 작용 반작용이 작동하지 않습니다. 하나의 화폐로 묶여 있기 때문입니다. 자꾸 독일은 성장률이 높아지고 반대로 그리스 같은 나라는 무역적자를 벗어날 방법이 없습니다. 그리스 국민들에게는 독일이 만든 메르세데스 벤츠를 더 싸게 살 수 있다는 장점만 남았습니다.

"단일 통화제도는 변동환율제의 장점을 포기하는 치명적인 실수다."

— 밀턴 프리드먼, 1976년 노벨 경제학상을 수상한 경제학자

6장

금리와
중앙은행에 대한
순도 높은 질문들

Q^{!?} 그린스펀은 왜 그 질문에 답하지 못했을까?

그린스펀 레거시 Greenspan legacy
기준금리를 통해 경기를 확실하게 살렸던 앨런 그린스펀에게 보내는 찬사.

미 연준은 1913년에 탄생했습니다. 이후 꾸준히 시장의 화폐량을 조절해 왔습니다. 앨런 그린스펀이 연준 의장이 된 1987년 이후 19년 동안, 연준은 아주 확실하게 금리를 올리고 내리면서 경기를 살리고 물가를 잡았습니다. 연준의 존재 이유를 분명히 보여줬습니다. (한국은행의 존재 이유 그 첫 번째도 물가 안정이다. 한국은행법 1조에는 '효율적인 통화신용정책의 수립과 집행을 통하여 물가안정을 도모함으로써'로 명시돼 있다.)

이를 미 언론이 '그린스펀 레거시'라고 부릅니다. 그린스펀이 남긴 유산이나 업적을 말하는 것입니다.

그동안 수많은 통화주의 학자들이, 대표적으로 밀턴 프리드먼 같

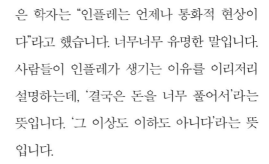

앨런 그린스펀

미국 연방준비제도이사회 의장의 임기는 4년이고 연임이 가능한데, 앨런 그린스펀은 1987년부터 2006년까지 19년 동안 4번이나 연준 의장을 역임했다. 돈을 풀어 미국 경제를 살렸지만, 이후 돈을 너무 풀어 미국 경제를 망가뜨렸다는 평가를 받았다. 지금 세계 경제의 공급 과잉과 불황은 상당 부분 그의 손에서 시작됐다.

은 학자는 "인플레는 언제나 통화적 현상이다"라고 했습니다. 너무너무 유명한 말입니다. 사람들이 인플레가 생기는 이유를 이리저리 설명하는데, '결국은 돈을 너무 풀어서'라는 뜻입니다. '그 이상도 이하도 아니다'라는 뜻입니다.

예를 들어 국가가 재정을 더 풀어 경기를 살리려 해도 그 재정이 국민의 주머니에서 나온 돈이기 때문에 결국 시장에 풀린 돈의 양은 비슷해집니다. 그러니 경기 부양의 효과가 떨어진다는 것입니다. "그래 봤자 그거 다 국민들의 주머니 털어서 나온 돈이야. 소용 없다니깐!" 이게 통화주의 경제학자들의 주장입니다.

통화주의자들의 처방은 '결국 답이 금리 조절에 있다'는 것입니다. 아니나 다를까. 그린스펀이 금리를 내리면 기가 막히게 돈이 돌고 경기가 살아났습니다. 결국 돈을 얼마나 풀고 얼마나 묶느냐가 경기 부양과 인플레의 관건이었습니다. 지난 수십 년 동안은 그랬습니다.

하지만 요즘 이 그린스펀 레거시가 도마에 올랐습니다. 2010년 이후 미국이나 유럽이나 일본 모두 양적완화를 시작했습니다. 천문학적으로 화폐를 찍어냅니다. 그런데 인플레이션이 생기기는커녕 반대로 디플레 걱정이 깊어집니다. 그린스펀 레거시가 작동하지 않습니다. 그래서 '그린스펀 수수께끼Greenspan conundrum'란 말이 되살아났습니다.

그린스펀 수수께끼

2005년쯤 그린스펀의 임기가 끝나갈 무렵, 주택 가격은 계속 오르고 가계부채가 폭등했습니다. 연준이 다시 '전가의 보도-금리'를 서둘러 올렸습니다.

그린스펀 수수께끼
금리를 서둘러 올렸는데 왜 투기가 안 잡히지?

1퍼센트였던 기준금리가 5퍼센트대까지 급등합니다. 그런데도 시중은행 금리가 따라 올라가지 않았습니다. 가계부채도 계속 늘었습니다. 미 의회 청문회에서 통화 책임자인 그린스펀에게 물었습니다. 그러자 그린스펀은 "저도 그게 수수께끼입니다"라고 답합니다. 언론은 그의 '수수께끼' 발언을 대서특필했고, 그날 10년 만기 국채 수익률은 전날보다 5bp(0.05퍼센트) 높은 4.16퍼센트까지 급등했습니다.

'그린스펀 수수께끼'라는 말이 생겨난 것입니다. 그린스펀 수수께끼는 이처럼 기준금리를 조절하는데도 시중 금리나 채권값이 따라 움직여주지 않는 현상을 말합니다. 이때부터 시중 유동성의 평형수 역할을 했던 금리정책은 조금씩 빗나가기 시작합니다.

2001년 이후 LA 지역 한인들이 주로 거주한 폰태나 발렌시아, 팜데일 등의 지역은 해마다 하우스와 콘도 건설이 줄을 이었다. 이들 지역은 2006년까지 해마다 평균 18퍼센트씩 집값이 올랐다. 플러턴, 가든그로브, 다이아몬드바 등지에선 해마다 주택 공급이 급증했다.

하지만 2007년 가을이 되자 거래는 끊기고 갑자기 매물이 늘기 시작했다. 부실 모기지가 급증하면서 일부 모기지 회사가 문을 닫았다. 그러자 '귀하의 주택 융자와 관련된 채권을 귀사가 인수하였으며, 이에 따라 새로운 할부금 조건으로 이자를 부담하셔야 한다는 사실을 통보합니다'라는 통보를 받는 가구가 급증했다.

상당수 가구가 자신의 모기지 계약이 부당하다고 억울함을 호소하기 시작했다. 모기지 연체 가구가 급증했다. 위기는 그렇게 시작됐다.

연준의 기준금리 인상이 넘치는 돈과 늘어나는 가계부채를 잡지 못하자, 2007년 결국 서브프라임 모기지 사태$^{subprime\ mortgage\ crisis}$가 터집니다. 80년 만에 가장 큰 경제 위기가 찾아옵니다. 이후 3년여 동안 미국에서 줄잡아 320만 채의 집이 경매로 넘어갑니다(서울의 전체 주택 수는 2015년 기준으로 279만 가구다). 집을 뺏기고 거리로 내몰린 가족들의 분노가 이어졌습니다.

'그린스펀 레거시'는 갈수록 '그린스펀 수수께끼'로 변질됩니다. 알코올의존증 환자에게 근본적 처방(금리 인상)을 하지 않고 단방약으로 계속 술(금리 인하)을 처방했는데, 언제부턴가는 술마저 효력이 없어진 겁니다.

금리 인하와 시중 유동성 강화, 인플레이션의 고리가 끊어지고, 글로벌 경제는 이제 안심하고(?) 천문학적인 돈을 공급합니다. 하늘에서 돈의 비가 내립니다. 그리고 크고 작은 금융 위기가 되풀이됩니다. 그야말로 수수께끼입니다.

서브프라임 모기지 사태
집값이 계속 오를 수는 없다.
그리고 마주하게 된 현실.

1980년대 초까지 미국의 기준금리는 20퍼센트에 육박했다. 이후 글로벌 금리는 서서히 내림세

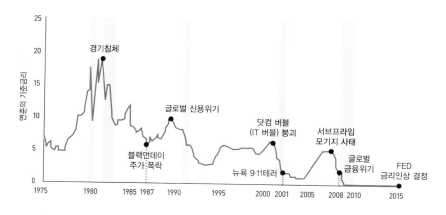

미국의 기준금리 변화

로 전환됐다. 하지만 2001년 9월, 9·11 테러가 터지면서 경기 냉각을 우려
한 연준은 빠르게 금리를 1퍼센트대로 내렸다. 이 같은 초저금리는 미국
부동산시장에 거품을 불렀고, 놀란 연준은 2006년에 서둘러 금리를 5퍼
센트대로 인상했다.

하지만 거품은 결국 터졌다. 2007년 서브프라임 모기지 사태가 터진 것
이다. 그 사태는 이듬해 글로벌 금융위기로 이어졌고, 미국 등 세계 각국
은 금리를 0퍼센트대까지 내리며 위험한 경기 부양을 시도했다. 그리고
2016년 12월, 다시 금리를 올리기 시작했다.

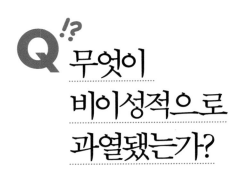

Q!? 무엇이 비이성적으로 과열됐는가?

비이성적 과열 irrational exuberance
지나치게 끓어오른 주택시장을 빗댄 그린스펀의 비판.

다시 그린스펀 이야기입니다. 비이성적 과열을 처음 언급한 사람도 앨런 그린스펀 전 연준 의장입니다. 지난 1996년입니다. 지나치게 미국 증시가 과열되자 이성을 벗어난 투자를 비판하면서 한 말입니다. 이후 이 말은 거품경제를 상징하는 표현이 됐습니다.

실제 인류는 지난 수백 년 동안 돈이 몰리는 투자에 열광했습니다. 자산 가치가 오르면 돈이 몰리고, 돈이 몰리면 투기 심리가 발동합니다. 400여 년 전 네덜란드의 튤립 투기에서 2000년 초 부동산 투기 열풍까지, 그리고 2007년 서브프라임 모기지 사태도 마찬가지입니다.

누군가 투기적 수요로 돈을 벌면 대중은 그 투기 열풍에 기꺼이 동참합니다. 그리고 버블이 꺼질 때 손실은 대부분 대중의 몫이 됩니다. 그때마다 대중의 소중한 투자금은 거대 자본의 보따리로 이전됩니다.

2000년 미국에서는 IT 버블이 꺼졌고, 2001년 엎친 데 덮친 격으로 9·11 테러가 발생했습니다. 사상 처음 본토를 공격당한 미국은 당황했고, 월스트리트는 걷잡을 수 없이 불안해졌습니다. 그때 연준이 내놓은 처방 역시 금리 인하였습니다.

결국 지난 100여 년 동안 인류가 개발한 경기 부양 정책은 정부가 돈을 풀거나 중앙은행이 금리를 내리는 두 가지뿐입니다. 2000년 말 6.5퍼센트였던 미국의 기준금리는 2003년 6월에는 1퍼센트까지 떨어집니다. 사상 유례없는 저금리 시대가 시작된 것입니다. 시중에 돈이 드라마틱하게 풀렸습니다. 미국 경기는 빠르게 회복됐습니다. 그린스펀은 세계 경제의 구원자로 인정받았습니다.

《타임》은 세계 경제의 지휘자가 된 그린스펀의 사진을 표지에 실었습니다. 그 뒤로 글로벌 금융시장은 하루하루 그린스펀의 입만 바라보게 됩니다. 하지만 그렇게 풀린 돈, 그리고 빠르게 늘어난 가계부채는 결국 2007년부터 집값 폭락으로 돌아옵니다.

서브프라임 모기지 사태가 터지고, 미국인들이 빚으로 사들인 수백만 채의 집을 압류당합니다. 그러자 여론은 이 사태의 원인을 저금리로 돌리기 시작합니다. 그리고 그 원인 제공자로 그린스펀을 지목합니다. 세계 경제의 구원자는 순식간에 버블의 창시자가 됐습니다.

"당신은 무책임한 대출 관행을 막을 수 있는 권한이 있었고 수많은 사람들이 당신의 조언을 들었을 텐데…… 그러지 않았던 당신의 행동 때문에 우리 모두가 그 대가를 치르고 있지 않은가?"

— 헨리 왁스맨, 전 미 정부개혁위원장

"40년 동안 내 이론은 잘 들어맞았지만, 그래요, 이 이론에서 허점을 발견했어요. 이것은 백 년에 한 번 나올 만한 신용 쓰나미입니다."

— 앨런 그린스펀, 미 하원 서브프라임 모기지 사태 청문회에서

그 이후에 어떤 투기적 상황이 오면 습관처럼 '비이성적 과열'이라는 단어가 등장합니다. 노벨 경제학상을 탄 로버트 실러Robert Shiller 예일대 교수는 최근 미국 국민들이 어떻게 비이성적으로 대출을 받아 부동산시장에 불나방처럼 뛰어드는지를 분석한 책을 냈습니다. 그 책의 제목도 『비이성적 과열』입니다.

2008년 글로벌 금융위기 이후, 세계 경제는 기준금리 인하와 지나친 유동성에 대해 큰 반성을 했습니다. 무턱대고 풀린 돈이 시장에 얼마나 큰 혼란을 가져왔는지 비판과 자성이 이어졌습니다.

그런데 그 후 연준 의장을 맡은 벤 버냉키Ben Bernanke와 재닛 옐런Janet Yellen은 그린스펀보다 훨씬 더 많은 돈을 풀며 경기 부양을 시도하고 있습니다. 사실 그 방법밖에 없습니다(2016년 12월에 금리를 올린 연준은 2017년 두세 차례의 금리 인상을 예고하며 시중의 돈을 흡수할 계획이다).

비둘기파와 매파

미국 기준금리 인상을 둘러싸고 연준의 비둘기파^{dovish}와 매파^{hawkish}가 언론에 자주 등장합니다. 원래 정치적 표현이었던 것이 최근에는 경제적 표현으로 더 자주 등장합니다.

경제에서 성장을 우선하는 쪽을 '비둘기파'라고 합니다. 그러니까 금리를 내리거나 양적완화로 돈을 더 푸는 것을 지지합니다. 따라서 경기 확장을 지지하는 세력을 비둘기파라고 표현합니다. 만약 재정을 더 풀자고 한다면, 대출 규제를 풀자고 한다면, 틀림없이 그는 비둘기파입니다.

연준 의원들이 비둘기파가 다수라면 기준금리를 내리거나 양적완화를 더 할 가능성이 높습니다. 우선 경기를 살리려고 합니다. 그럼 《블룸버그》 같은 신문은 '오늘 FOMC는 비둘기들의 둥지가 될 것 같다' 이렇게 헤드라인을 뽑습니다.

- 비둘기파 : 경기 부양 우선, 금리 인하, 재정지출 확대
- 매파 : 물가 안정 우선, 금리 인상, 균형 재정 추구

반면 매파는 성장이나 경기 확장보다는 물가를 잡고 재정을 중시합니다. 원칙주의자들이 많습니다. 경기 부양보다 물가 안정이나 정부 재정의 균형을 우선합니다. 당연히 중앙은행에는 매파가 많습니다. 중앙은행은 물가 안정이 목표니까요.

지난 2015년 12월 미국의 기준금리 인상을 앞두고 세계의 이목이

집중됐습니다. 미국 TV 뉴스들은 연준에 현재 매파가 몇 명, 비둘기 파가 몇 명인지 매일매일 그래픽으로 분류합니다. 물론 매파의 득세 로 기준금리는 0.25퍼센트 올라갔습니다.

한국은행 총재 "지금 금리를 내릴 만큼 경기가 어렵진 않아요"

→ 언론은 한국은행 총재의 발언을 '매파적'으로 해석

→ 시장은 '그럼 당분간 기준금리를 내리지 않겠구나'로 분석

→ 금리 인하에 대한 기대감이 낮아지면서 국고채 금리 상승

만약 연준의 경제동향 보고서인 《베이지북》에 경기동향 중 신규 일 자리 증가세가 주춤한 것으로 나타난다면 미 연준의 의원들 중 어느 파의 목소리가 높아질까요? 그렇습니다. 비둘기파입니다. 기준금리를 내려 경기 부양을 하자는 목소리가 높아집니다.

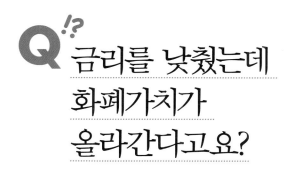

Q⁉️ 금리를 낮췄는데 화폐가치가 올라간다고요?

금리 인하
20세기 지구인들이 가장 사랑한 경기 부양법.

기준금리를 내린다는 건 쉽게 말해 시중 이자율 목표치를 인하한다는 뜻입니다. 은행이 '내가 맡긴 돈의 값을 덜 쳐준다'는 뜻입니다. 그럼 저는 돈을 인출해 다른 데 쓰려고 할 것입니다.

① 승용차를 새로 구입한다. ② 미용실을 차리는 친구에게 더 많은 이자를 받고 빌려준다. ③ 오를 것으로 보이는 주식을 산다. ④ 내가 직접 파리바게뜨를 차린다.

①②③④ 모두가 투자입니다. 경제에 좋은 겁니다. 그래서 금리를 내리면 보통 경기 부양 효과가 있습니다. 물론 그만큼 돈의 가치가 떨어지는 인플레 우려를 감수해야 합니다.

그런데 금리가 내려가면 저만 은행에서 돈을 인출하는 게 아닙니다. 외국인도 돈을 인출해 자국으로 돌아가려 합니다. 이자를 조금 준다고 하니까요. 돈은 늘 이자율이 높은 곳으로 향합니다. 외국인 투자자들이 자산(삼성전자 주식이나 명동의 빌딩)을 팔고 떠납니다. 떠나면서 원화를 달러로 바꿔서 떠납니다(원화를 갖고 미국으로 가는 투자자는 거의 없을 테니).

이 경우 외환시장에서 "달러 주세요. 원화 팔게요!" 하면서 달러 수요가 늘어납니다. 이렇게 우리 외환시장에서 달러 가치가 오르고 원화 가치가 떨어집니다. 그래야 하는데…… 그런데 요즘은 이게 잘 안 맞습니다. 이론대로 시장이 반응하지 않습니다.

뉴질랜드 중앙은행은 기준금리를 0.25퍼센트 인하했는데, 뉴질랜드 달러(별명이 '키위'다)는 오히려 값이 급등했습니다. 일본은 말할 것도 없고요. 돈을 풀어 경기를 부양하려는데, 그래서 마이너스 금리까지 도입하는 초강수를 썼는데 엔화의 가치가 오히려 급등한 적도 있습니다.

글로벌 금융시장에 돈은 잔뜩 풀렸는데, 지구 경제는 늘 불안하고, 그래서 마땅히 투자처를 찾지 못한 투자자들이 그나마 안전한 엔화를 사서 자꾸 투자 보따리에 넣습니다. 그래서 엔화의 가치가 오히려 오릅니다. 최근에 러시아, 인도네시아 모두 기준금리를 내렸는데 자국 화폐의 가치가 오르는 기현상이 이어집니다.

이유는 사실 정확하게 설명이 안 됩니다. 일부 국가는 아직 국채 금리가 플러스라서 2~3퍼센트라도 이자를 준다면 해외 투자자들이 모여듭니다. 보통 그 나라 화폐로 바꿔 국채를 매입합니다. 그럼 그 나라 외환시장에서 그 나라 화폐가치가 올라갑니다.

2016년 하반기, 이미 전 세계 국채의 3분의 1이 마이너스에 진입했습니다. 얼마 전 나온 독일 10년물 국채는 −0.05퍼센트입니다. 제가 1천억 원어치 채권을 매입하면 1년에 5천만 원, 10년 뒤 5억 원을 오히려 독일 정부에 내야 합니다. 그러니 1~2퍼센트라도 준다는 국채가 발행되면 여전히 인기가 좋습니다. 그 국채로 돈이 몰리고, 그럼 또 해당 국가의 화폐가치가 오릅니다. 금리 인하 취지는 무색해집니다.

금리와 화폐가치의 기본 원칙이 자꾸 왜곡됩니다. '돈을 풀면 화폐가치는?'이라는 아주 기본적인 경제학 질문은 이제 답이 애매해졌습니다.

초저금리 시대. 이렇게도 저렇게도 경기 부양이 어려워진 각국 정부들이 금리를 더 낮춥니다. 금리가 바닥을 뚫고 지하로 내려갑니다. 시장경제가 한 번도 가지 않은 길을 걸어갑니다. 마이너스 이자율 시대가 시작됩니다. 돈의 가치는 더 희석됩니다.

Q 그들은 이자도 안 주는 채권을 왜 인수할까?

마이너스 금리 채권
돈을 빌려주고 이자를 받지 않고 오히려 이자를 내는 이상한 채권.

이미 상당수 국가들이 마이너스 금리로 채권을 발행 중입니다. 만기 10년, 20년이 지나도 이자를 주지 않는 채권입니다. 오히려 채권 금리가 마이너스입니다. 만기가 되면 이자를 더 내야 합니다. 돈을 빌려간 사람이 아닌, 돈을 빌려준 사람이 만기에 이자를 지급하는 셈입니다.

독일이나 프랑스 등 유로화를 쓰는 유로존이 발행하는 국채의 4분의 1정도, 해마다 1조 9천억 달러(우리 돈 2천조 원이 넘는다) 규모의 채권이 마이너스 금리로 발행됩니다. 그러니까 채권을 인수한(돈을 빌려주는 주체) 채권자의 원금이 만기 때 오히려 줄어서 지급된다는 뜻입니다. 100억 원짜리 채권을 인수해서 10년간 갖고 있다면, 10년

후 99억 5천만 원만 받습니다. 도대체 왜 이러는 걸까요?

여러 가지 이유가 있지만, 워낙 저성장이 현실화되면서 디플레이션 (물가 하락) 우려가 커지기 때문입니다. 만기 때는 100억 원이 99억 원이 돼도, 실질 화폐가치는 올라간다고 믿고 마이너스 국채라도 인수를 하는 겁니다. 국채를 발행하는 유로존 국가들은 이렇게 이자를 안 줘도 채권 발행이 되니, 더 즐겁게(?) 발행을 합니다. 이 돈으로 경기부양을 하는 재정지출을 늘립니다.

얼마 전 아일랜드가 발행한 6개월 만기 단기 국채도 모두(5억 유로 상당) 마이너스 금리로 발행됐더군요. 예측보다 수요가 더 몰려 오히려 발행금리가 더 떨어졌습니다. 유로존의 대표주자인 독일의 국채 10년물도 이자율이 겨우 0.17퍼센트입니다.

사실상 채권 이자율이 0에 가깝습니다. 이제 시장에서 돈을 융통하는 대표적인 방법이 채권이라는 공식이 무너집니다. 돈을 빌리는 사람이 아닌 빌려주는 사람이 부담을 지는 겁니다.

물론 궁극적으로 채권을 인수하는 투자자는 투자 목적에서 채권을 인수합니다. 시중 이자율이 더 낮아지면 채권값이 올라갈 거라 믿고 채권을 인수합니다. 금융시장에서 채권값은 매일 움직이고 채권투자자는 이런 시세차익을 노리고 투자합니다. 아무리 이자율이 낮은 채권이라도 시중 이자율이 더 낮아지면 이 채권값은 올라가고 그때 되팔면 이익을 봅니다.

시중 이자율과 채권값은 이렇게 늘 반대로 움직입니다(한 번 더 설명하자면, 시중 이자율이 만약 1퍼센트에서 2퍼센트로 높아지면 채권을 갖고 있는 투자자는 상대적으로 자신이 만기에 받을 이자율 2퍼센트가 형편 없어 보인다. 결국 해당 채권을 팔고 그 돈을 은행에 예금해서 이자를 받기로 한다. 이렇게 금리가 오르면 채권을 들고 있는 사람들이 채권을 팔려고 하고, 채권값은 자연스럽게 내려간다. 반대로 금리가 내리면 채권값은 올라간다). 그러니까 설사 이자율 0퍼센트짜리 채권이라도 시중 이자율이 낮아지면 더 비싸게 팔 수 있습니다.

금리가 0퍼센트라는 것은 모든 것이 공짜가 되는 시대를 말합니다. 만약 은행이 나에게 0퍼센트 이자율로 돈을 빌려준다면 저는 빌딩도 사고 고급 스포츠카도 사겠지요. 비용이 공짜니까요.

물론 마이너스 이자는 아직 유럽 몇몇 나라의 기준금리일 뿐입니다. 시중 대출 이자율은 아직 마이너스는 아니지만, 대표적인 금리인

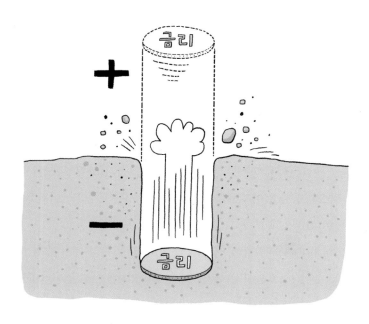

국채 발행 이자율은 이제 땅을 뚫고 지하로 내려갈 태세입니다. 글로벌 경제가 일찍이 가보지 못한 길을 갑니다. 마이너스 금리가 현실이 돼갑니다. 유로존의 마이너스 금리 국채 발행은 오늘도 계속됩니다.

돈 맡기면 벌금 물리는 유럽중앙은행

ECB, 즉 유럽중앙은행이 2016년 말까지 0퍼센트 기준금리를 유지하고 있습니다. 하지만 시중은행이 ECB에 돈을 맡기면 적용되는 예치금리를 -0.3퍼센트에서 -0.4퍼센트로 더 내렸습니다.

다시 말해 유럽의 시중은행이 중앙은행에 1천억 원을 맡기면 매년 4억 원을 중앙은행에 오히려 벌금처럼 내야 하는 거죠. '초과 지급준비금을 파킹하면 페널티를 물린다'라고 표현합니다. 그러니 중앙은행에 맡기지 말고 한 푼이라도 더 대출을 해주란 뜻입니다.

덴마크나 스웨덴, 스위스 같은 나라들은 자국 화폐가치 상승을 막기 위해 마이너스 금리를 앞다퉈 도입합니다. 유로존이 이자율이 0퍼센트, 스위스나 스웨덴은 이제 이자는커녕 오히려 수수료를 내라고 합니다. 그럼 해외 투자자금이 빠져나갑니다. 그럼 자국의 화폐가치가 좀 떨어집니다. 그래서 더 마이너스 금리를 도입합니다. 앞에서 말씀드린 근린궁핍화, 즉 이웃 나라 거지 만들기 정책의 전형적인 예입니다.

2012년에 기준금리가 마이너스로 떨어진 덴마크는 지금 기준금리가 -0.65퍼센트까지 떨어졌습니다. 며칠 전에는 급기야 개인대출마저 -0.017퍼센트 금리가 등장했습니다.

> "덴마크 북부 도시 올보르에 거주하는 금융컨설턴트 한스 페터 크리스텐센
> (35)은 은행으로부터 분기마다 주택 대출분에 대한 이자 249크로네(약 38
> 달러)를 받고 있다. 그는 2005년 170만 크로네(26만 1천 달러)를 빌렸고, 그
> 후 기준금리가 떨어질 때마다 대출금리도 재조정했다. 그의 모기지 금리는
> 지난해 여름 마이너스권에 진입했고 현재는 -0.0562퍼센트다."
>
> —《연합뉴스》

일본 역시 수출 산업을 위해 엔화 가치 하락이 간절합니다. 그런데
글로벌 투자자들의 안전자산 선호 심리가 갈수록 강해집니다. 엔화
도 안전자산 중 하나로 분류되면서 엔화를 더 사들입니다. 엔화 가치
가 자꾸 오르고 그래서 수출 경쟁력이 떨어집니다. 그래서 더 금리를
내립니다. 마이너스 금리가 더 깊이 자리를 잡습니다.

그럼 우리도 마이너스 금리를 도입하면 어떨까? 이 경우 미국 등
선진국과 금리차가 줄어듭니다. 경제력이 상대적으로 약한 나라가 이
자까지 덜 준다면 자칫 해외 자본이 급격히 이탈할 수 있습니다. 우
리 돈의 가치가 폭락할 수도 있습니다. 그럼 증시나 채권시장이 폭락
할 수 있습니다. 그래서 우리는 기준금리를 함부로 낮추기도 쉽지 않
습니다.

자세히 보면 알 수 있습니다. 외국인 투자자가 함부로 떠날 수 없는
나라들이 주로 마이너스까지 기준금리를 낮춥니다.

그래서 외환시장이 정말 튼튼한 선진국들만 마이너스 금리를 도입

합니다. 우리는 게다가 가계부채가 너무 빠르게 늘고 있어서 기준금리를 내리기가 더 쉽지 않습니다. 그리고 또 하나의 이유가 숨어 있습니다. '기준금리 내린다고 진짜 경기가 살아날까?' 진짜 한국은행의 고민은 여기 숨어 있습니다. 기준금리라는 지렛대의 효능이 의심받습니다. 그린스펀의 수수께끼처럼요……

돈은 늘 이자율이 높고 경기가 좋은 곳으로 향한다. 2017년 미국이 기준금리를 지속적으로 올릴 경우, 달러는 미국으로 향할 가능성이 커진다. 국내 자본의 이탈 가능성도 덩달아 커진다. 달러가 급격하게 빠져나갈 수 있다. 달러가 빠르게 빠져나갈 경우 우리 돈 원화의 가치가 하락한다(우리 외환시장에서 원화를 잔뜩 팔고 달러로 바꿔서 떠날 테니까……). 우리도 따라서 금리를 좀 올려야 한다. 그런데 금리를 올릴 경우 기업과 가계의 이자율 부담이 커진다. (가뜩이나 빚도 늘었는데……) 그래서 금리 올리기가 쉽지 않다.

그럼 금리를 내리면 어떨까? 금리를 내리면 경기 부양에 도움이 된다. 하지만 가계나 기업의 대출이 더 늘어난다. 가계부채가 이미 임계점이다. 그러니 금리를 내리기도 쉽지 않다. 금리를 올리기도 금리를 내리기도 쉽지 않다. 한은은 지난 1월 13일, 7개월째 기준금리를 동결했다. 한국은행의 고민이 깊어진다.

Q 공개 시장 조작, 무엇을 조작하는가?

공개 시장 조작 open market operation
'공개적인 돈 풀기 작전'의 어려운 표현.

　　'조작'이라고 하니까 어감이 좀 이상합니다. 공개 시장 '작전'이라고 할 걸 그랬나……. 그래서 한국은행이 이 용어를 바꾸려 한다는 말도 있습니다. '공개 시장 조작'은 한국은행이 공개적으로 시장에서 채권을 사고팔아서 금리도 조절하는 것을 말합니다. 시장에 유통되는 화폐의 양을 조절하는 것입니다.

　　예를 들어 시장에 현금을 좀더 부어야겠다 싶으면 시중에 있는 채권을 사들입니다. 가장 흔한 방식입니다. 흔히 '자산 매입'이라고 표현합니다. 그럼 시중의 채권이 한국은행 곳간으로 들어가고, 현금이 시중은행으로 가겠죠. 시장에 돈이 풀립니다.

　　반대로, 돈을 좀 흡수하려면 한국은행이 채권을 내다 팝니다. 그럼 시중은행들이 채권을 사고, 대신 현금이 한국은행 곳간으로 들어옵니다. 돈이 한국은행으로 흡수됩니다. 시중에 유통되는 돈의 양, 즉 유동성을 흡수하는 것입니다. 그럼 어떤 채권을 주로 사고팔까?

흔히 'RP'라고 하는데요. '환매조건부채권'입니다. 보통 7일물인데, 이처럼 7일 안에 다시 사고팔 수 있는 채권을 가지고 팔았다가 샀다가 합니다. 수시로 한국은행과 시중은행 간의 RP시장이 열립니다.

장기적으로는 '통화안정증권'이라는 채권도 있습니다. 이걸 내다 팔면 돈이 한국은행으로 들어오고, 이걸 사들이면 돈이 시중은행으로 흘러들어 갑니다. 이걸 몰래하지 않고 공개적으로 한다고 해서 '공개시장 조작'이라고 부릅니다. 쉽죠?

예를 들어, 지금 정부가 추경을 하려면 돈이 있어야 합니다. 그럼 국채를 발행하겠죠. 빚을 내는 겁니다. 그럼 외국 투자자는 물론이고 한국은행이 이 국채를 인수할 수도 있습니다. 그럼 돈이 한국은행에서 정부로 가서 시중에 풀려 나오겠죠. 이런 것도 다 큰 틀에서 '공개시장 조작'입니다.

이제 채권을 발행하는 값, 채권 이자율을 알아볼 시간입니다. 미국 정부는 항상 적자입니다. 전쟁도 많이 하고, 특히 경기 부양을 위한 재정지출이 천문학적입니다. 그래서 늘 세수보다 세출이 많습니다.

돈이 부족한 미국 재무부는 국채를 발행합니다. '누가 우리 국채 좀 인수해 주세요!' 미국 정부가 돈을 빌리는 겁니다. 그런데 여전히 '내가 인수할게요!' 손 드는 사람들이 많습니다. 해마다 거의 우리 돈 1천조 원 정도 채권을 발행하니까요. 미 재무부는 지구 최고 빚쟁이입니다.

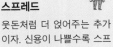

스프레드
웃돈처럼 더 얹어주는 추가 이자. 신용이 나쁠수록 스프 레드가 커진다.

그런데도 투자자들이 몰려듭니다. 미국 국채는 여전히 인기가 좋습니다. 여전히 미국 정부는 돈을 쉽게 빌리는 겁니다. 채권이라면 이자율이 높거나 안전해야 투자자가 몰립니다. 그런데 마이너스 금리로 돌아선 유로존 국채보다 이자율이 높고, 무엇보다 아직도 사람들은 그래도 미국 경제가 지구상에서 제일 안전하다고 믿기 때문입니다. 이유는 물론 미국은 기축통화인 달러를 언제든 찍어낼 수 있기 때문입니다. 그러니 지구 최고 빚쟁이 국가 미국은 반대로 가장 위험이 덜한 나라입니다.

미 연준은 2015년 말에 이어 2016년에도 꾸준히 금리 인상을 시도하고 있습니다. 금리가 오르면 채권값은 떨어지게 마련입니다. 은행이 이자를 더 준다면 투자자들은 채권을 팔고 은행으로 달려갑니다. 그런데도 미국 채권의 인기가 식지 않습니다. 세계 경제가 불안 조짐을 보일 때마다 빚쟁이 나라 미국의 채권은 인기가 더 높아집니다. 덕분에 미국 정부는 오늘도 걱정 없이 돈을 빌립니다.

여기서 스프레드SPREAD는 금리 차이를 말합니다. 만약 독일 10년물 채권의 금리가 1.2퍼센트, 미국 10년물 채권의 금리가 2.5퍼센트라면 금리차는 1.3퍼센트인데요. 그럼 스프레드가 130bp[basis point] 벌어진 겁니다. '스프레드가 벌어진다면 금리의 차이가 벌어진다'는 뜻입니다.

만약 우리 국고채 5년물 금리가 과거 외환위기에 비해 127bp 떨어졌다면 1.27퍼센트 이자율이 내린 겁니다. 그만큼 싼 이자를 줘도 투자자들이 우리 국채를 인수해 준다는 뜻입니다(우리 정부에 돈을 빌려준다는 뜻이다).

그만큼 우리 경제의 신용이 좋아진 것입니다. 따라서 스프레드가 낮을수록 더 튼튼하고 건강한 정부(또는 회사)입니다. 그만큼 이자율이 낮아지는 것입니다.

채권가격의 결정

A라는 회사가 돈을 조달하기 위해 회사채를 발행합니다. 회사채 발행 주관사(보통은 시중 증권사)가 시장조사를 한 다음 '이만큼 이자에 웃돈 얼마를 붙여주자'고 결정합니다. 여기서 웃돈이 가산금리입니다. 스프레드가 붙는 겁니다.

예를 들어 처음에 4.15퍼센트 표면금리를 보장했는데, 혹시 이 회사채를 아무도 인수 안 할 수도 있으니까, 0.7퍼센트 이자를 추가로 더해주는 겁니다. 스프레드가 0.7퍼센트가 붙은 것입니다. 이제 이 회사채는 0.7퍼센트의 가산금리를 더해서 1년에 모두 4.85퍼센트 이자를 준다는 뜻입니다.

0.7퍼센트를 가산금리, 흔히 스프레드라고 하는데요. 발음하기 쉽게 70bp라고도 합니다. bp는 이자율을 말할 때 쓰는 단위인데, 퍼센트에 100을 곱한 겁니다. 그러니까 이 채권은 0.7퍼센트, 그러니까 70bp의 스프레드가 붙어 유통되는 겁니다.

A사의 회사채 발행금리 4.85퍼센트
= 채권 표면금리 4.15퍼센트 + 0.7퍼센트 가산금리(스프레드)

이렇게 표면금리에 가산금리(스프레드)를 붙인 게 채권값입니다. 다시 말해, 채권 스프레드는 채권을 사겠다는 사람과 팔겠단 사람, 돈을 빌려주겠단 사람과 돈을 빌리는 사람의 가격 차이를 말합니다.

그래서 채권 스프레드가 자꾸 벌어지는 건 아무도 채권을 가지려 하지 않는다는 뜻입니다. 이 회사가 돈을 빌리기가 쉽지 않다는 뜻이고, 이 회사의 유통되는 채권값이 떨어진다는 것을 말합니다. 다시 말해 기업이나 정부 입장에서는 스프레드가 낮을수록 좋습니다. 웃돈을 덜 주고 돈을 빌리는 겁니다.

오늘 아침 '9월 이후 카드채 스프레드 급등세'라는 기사가 실렸습니다. 이는 9월 이후 카드회사들이 채권을 발행할 때 웃돈을 더 붙여줘야 채권 발행이 가능하다는 뜻입니다. 카드사들의 재무상태나 수익률이 떨어지고 있거나, 숨겨진 위험이 도사리고 있다는 뜻입니다. 그래서 카드사들이 시중에서 돈을 조달할 때 비용이 더 높아진다는 뜻입니다.

중국은 디플레이션을 수출한다?

디플레이션 파이터 deflation fighter
중앙은행의 걱정은 이제 인플레이션이 아니라 디플레이션이다.

미국은 인플레이션을 수출합니다. 달러를 워낙 많이 찍어냅니다. 또 재정도 많이 풀죠. 늘 적자재정입니다. 그럼 미국 안에서 화폐가치가 떨어져야 합니다. 인플레이션이 발생해야 합니다.

그런데 좀처럼 인플레가 발생하지 않습니다. 미국 돈 '달러'는 전 세계에서 유통됩니다. 그렇게 발행된 달러는 영국도 가고, 홍콩도 가고, 캄보디아에도 유통됩니다. 그래서 미국의 인플레를 전 세계가 나눠서 짊어집니다. 인플레 효과가 희석되는 것입니다.

돈을 풀어 생긴 경기 부양의 열매는 주로 미국이 가져가는데, 인플레의 부담은 전 세계가 나눠 가집니다. 미국만 유리합니다. 이게 다 21세기 기축통화 달러 덕분입니다. 그런데 요즘 중국은 반대로 디플레를 수출합니다.

중국 경제가 예전만 못하면서 자꾸 위안화 가격이 내려갑니다. 그럼 중국 수출품(MADE IN CHINA)의 해외 판매가격도 내려갑니다. 중국은 유리해집니다. 가뜩이나 유럽이나 미국, 일본은 디플레이션, 물가 인하의 압력이 커집니다.

그런데 중국산 수입품의 가격이 자꾸 내려갑니다. 중국산 소비재의 비중이 워낙 높다 보니, 중국발 디플레 압력이 자꾸 커지는 겁니다. 중국산 칫솔에서 중국산 가구, 중국산 스웨터까지 죄다 가격이 내립니다. 그럼 경쟁하는 다른 수입품이나 국산 소비재도 따라서 가격이 내려갑니다. 기업 수익률이 떨어지고, 기업이 투자를 줄일 수 있습니다. 무서운 디플레의 그림자가 드리웁니다. 이를 '중국이 디플레를 수출한다'고 표현합니다.

원래 가격이 내려가는 것은 좋은 것입니다. 소비가 늘고 경기가 살아납니다. 그런데 디플레에 대한 공포감 때문에 가격 인하가 반갑지만은 않습니다. 소비자는 가격이 더 내릴 것을 기대해 지갑을 닫고, 기업은 그래서 투자 계획을 접습니다. 그래서 요즘 중앙은행은 '인플레 파이터'에서 '디플레 파이터'로 변신 중입니다. 물가를 잡는 기관에서 물가를 올리는 기관으로 변신 중입니다.

미 연준은 지난 십여 년 동안 꾸준히 금리를 낮춰 경기 부양을 시도했습니다. 포수 역할을 하던 중앙은행이 이제 정부처럼 투수 역할을 할 태세입니다. 2016년 겨울, 경기 부양에 올인한 유일호 전 경제 부총리는 심지어 '한국은행이 디플레 파이터가 돼야 한다'고 강조했을 정도입니다.

실제 한국은행의 물가 안정 목표는 2퍼센트 정도입니다. 2016년 이후 3년 동안 '소비자물가 상승률을 2퍼센트로 떨어뜨리겠다'는 게 아닙니다. 거꾸로 소비자물가를 2퍼센트로 끌어올리는 게 한국은행의 목표입니다. '고혈압' 잡는 의사였던 한은은 이제 '저혈압' 잡는 의사가 돼갑니다. 격세지감. 경제학 교과서가 또 한 번 거꾸로 갑니다.

Q⁉ 장기 국채 이자율이 떨어진다는 것이 위험신호?

장단기 금리차의 축소
혈중 콜레스테롤 수치가 높아지는 것만큼 위험한 경제 신호.

　　은행에 적금을 들어도 만기가 길면 더 많은 이자를 줍니다. 은행 입장에서는 그 예금은 더 장기적으로 대출(운용)해 줄 수 있으니까, 안정적인 운용이 가능합니다. 채권도 그렇습니다. 누가 내 채권을 인수한다는 말은 나한테 돈을 빌려준다는 뜻인데, 10년 빌려주는 사람보다 30년 빌려주는 사람에게 이자를 조금이라도 더 줘야죠. 당연합니다.

　　실제 우리 국채도 3년 전만 해도 30년물 국채는 이자율이 약 3.7퍼센트, 반면 3년짜리 단기 국채는 2.7퍼센트 정도 됐습니다. 금리 차이가 1.0퍼센트, 제법 있었습니다.

　　그런데 이 금리 차이가 줄어듭니다. 흔히 '장단기 금리차'가 줄어든다고 합니다. 2016년 말에는 3년물, 10년물, 30년물 국채 모두 이자율이 1.5퍼센트 근처에서 머물고 있습니다. 금리차가 거의 없어졌습니다. 이건 뭘 의미하는 걸까요? 우리 국채를 인수하는 사람 입장에서 생각해 보면 쉽습니다.

30년 동안 다른 곳에 투자하는 것보다, 이자율이 1.5퍼센트라도 30년간 보장해 주는 한국 국채를 사는 게 낫겠다고 판단한 것입니다. 국채 100억 원어치를 인수한다면, 이 100억 원을 다른 데 투자하는 것보다 1.5퍼센트라도 해마다 이자를 주는 한국 국채에 투자하는 게 낫다고 보는 겁니다.

다시 말해 30년 동안 다른 데 투자해도 1.5퍼센트의 수익도 올리기 쉽지 않겠다고 판단하는 것입니다. 이 말은 미래, 특히 30년이나 되는 먼 미래 경기를 부정적으로 예측한다는 말입니다. 따라서 장기 국채 금리가 떨어진다는 말은, 바꿔 말하면 그 나라의 미래 경제 예측 점수가 낮아지고 있다는 뜻입니다.

그래서 장단기 금리차가 줄어들면 보통 시장이 '미래 경기 예측을 부정적으로 한다'는 것을 의미합니다. 반대로 생각해 볼까요? 경기가 좋아지고 인플레가 발생할 것으로 전망한다면, 이자도 많이 주지 않는 국채를 인수하지 않을 것입니다. 그럼 돈이 필요한 정부는 장기 국채 금리를 올릴 겁니다. 그래야 누군가 국채를 인수해 줍니다. 장기 국채 금리가 올라가고 장단기 금리차가 커집니다.

장단기 금리차가 줄어드는 현상은 선진국도 마찬가지입니다. 다시 말해 글로벌 경제의 장기 전망이 갈수록 어두워진다는 뜻입니다(장기 수익률 전망치가 낮아진다는 표현도 가능하다).

'20년 뒤에 2퍼센트라도 성장을 할까? 안 될 것 같은데, 차라리 1퍼센트 준다는 미국 국채를 살까?'

이렇게 20년물 국채의 이자율이 떨어집니다. 유럽은 물론 일본도 10년물 국채가 마이너스 금리로 발행됩니다. 물론 이 채권을 인수해 사고팔아서 수익을 남기겠다는 뜻이지만 이론적으로만 보면 '이자 안 줘도 좋으니 내 돈 좀 보관해 줄래요? 시간이 갈수록 이 돈을 투자할 곳이 마땅치 않을 것 같아요'라는 뜻입니다. 세계 각국의 중앙은행이 이렇게 장기 채권 금리가 뚝뚝 떨어지는 것을 바라만 보고 있습니다.

사실 장기 국채 금리가 떨어지면 정부는 장기적으로 돈을 더 싸게 빌릴 수 있습니다. 특히 장기 국채 발행이 늘어나면 당장 돈을 갚지 않아도 되니, 단기 재정 운영에 도움이 됩니다. (과거 IMF 외환위기 때는 아무도 우리 장기 국채를 인수해 주지 않았다…….) 하지만 장기 국채 금리가 뚝뚝 떨어지는 것은 알고 보면 반가운 현상이 아닙니다.

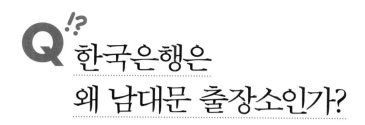

Q⁉ 한국은행은
왜 남대문 출장소인가?

중앙은행
정부로부터 독립이 아주 중요한 정부 기관.

　　한국은행 직원들이 가장 듣기 싫어하는 말입니다. '한국은행이 정부의 남대문 출장소냐?'는 지적은 정부로부터 독립돼 있는 한국은행이, 정부(기획재정부)의 정책에 너무 휘둘린다는 뜻입니다. 그러니까 중앙은행은 정부에 가급적 휘둘리지 말라는 뜻이 숨어 있습니다.

　　고대 로마의 황제들부터 중국의 황제들, 그리고 지금 각국의 지도자들까지 모든 정부는 경기 부양을 원합니다. 선거가 다가오면 더 심해집니다. 재정적자나 인플레이션 걱정보다 경기 부양을 우선합니다. 돈을 더 풀어 경기를 부양하고 성장률을 높이려 합니다.

　　그래서 정부로부터 독립돼 있는 중앙은행은 이를 막는 역할을 합

니다. 기준금리 조절을 통해 인플레를 막습니다. 그래서 중앙은행을 '인플레이션 파이터'라고 합니다(지금은 뜻하지 않게 디플레이션 파이터가 됐지만). 그러니까 정부가 자꾸 수조에 물을 공급하는 역할이라면, 한국은행은 수조 속 찬물의 온도를 높였다 낮췄다 하면서 온기를 조절합니다.

정부와 중앙은행의 역할이 경제학 책에 딱히 정해져 있는 것은 아니어서, 나라마다 조금씩 다르고, 우리나라도 두 기관이 보이지 않는 갈등을 빚을 때가 많습니다. 예전에는 심지어 한국은행의 가장 중요한 조직인 금융통화위원회의 위원장을 재경부 장관이 맡으려 한 적도 있습니다. 그리고 금통위 밑에 한국은행을 두려고 했습니다.

기준금리와 시중 통화량을 결정하는 금융통화위원회에 기획재정부 장관이 위원으로 참석하느냐도 늘 논란입니다. 이런 갈등이 한편으로는 재정(정부)과 통화(중앙은행)의 '균형과 견제'를 가져옵니다. 정리하면, 기획재정부는 나라살림을 하고 나랏돈 장부를 책임지고, 한국은행은 시중 통화량을 조절해 돈의 온도(물가)를 적정 수준으로 유지합니다.

그렇다면 외환시장은 누가 조정하는가? 정답은 '아무도 조정하지 않는다'는 것입니다. 변동환율제 안에서 우리 정부도 한국은행도 외환시장에 개입하지 않습니다. 공식적으로 우리 외환시장은 시장 자율에 맡겨져 있고 정부는 개입하지 않습니다. 개입하면 환율 조작국이 된다고 앞에서 설명드렸죠.

물론 아주 작은 미세 조정은 한다고 했습니다. 스무딩 오퍼레이션이죠. 보통 기재부와 한은이 같이 협의해서 합니다. 외환시장 점검회의도 같이 합니다. 보통 정부가 결정하면 집행은 한국은행 국제국에서 합니다. 외국환 평형기금을 풀어서 달러를 사고팔면서 우리 외환시장의 안정을 지키는 거죠. 이렇게 시중 통화량을 조절하는 독립군인 중앙은행은 처음 영국에서 시작됐습니다.

영란은행의 탄생

1797년 2월 1,200여 명의 해군들이 탄 프랑스 군함 세 척이 영국령 웨일스의 작은 어촌 피시가드^{Fishguard}에 상륙합니다. 영국의 한 시골 마을 민병대는 붉은 외투를 입고 높은 검은색 모자를 쓴 프랑스

군을 맞아 용감하게 맞섰습니다(제미마 니콜라스^{Jemima Nicholas}라는 여성이 프랑스 해군 14명을 해치웠다는 기록도 있다). 프랑스 해군은 '의미 없는 전투에서 의미 없는 항복'을 했다고 역사가 기록합니다. 이 작고 무의미한 전투는 그런데 뜻하지 않게 전혀 다른 분야에서 인류 역사를 바꿉니다.

프랑스 해군이 몰려온다는 소식은 영국 런던에까지 전해집니다. 금본위제가 자리 잡고 있던 런던에 무적 나폴레옹 군대가 쳐들어온다는 불안감이 퍼집니다. 놀란 시민들이 화폐를 들고 모두 은행으로 달려갑니다.

당시 화폐는 금태환 지폐였습니다. 다시 말해 금교환권입니다. 은행에서 금교환권만큼 금을 돌려달라고 요구합니다. 하지만 은행 곳간에는 그만큼의 금이 없습니다. 화폐는 늘 약속한 양(은행 곳간의 금의 양)보다 더 발행되니까요.

영국은행의 직원들은 이 사실을 당시 윌리엄 피트^{William Pitt} 수상에게 보고하고, 토요일 저녁에는 조지 3세에게 이 사실이 보고됩니다. 결국 조지 3세와 피트 수상, 영국은행의 총재들이 모여 긴급 칙령을 발표합니다. 금태환이 전격 금지됩니다. 금태환 지폐와 금과의 교환을 일시적으로 금지한 것입니다. 이는 화폐가치의 폭락을 의미합니다.

금융시장은 큰 혼란에 빠집니다. 그로부터 40여 년 뒤 마침내 영국 중앙은행, 즉 영란은행^{Bank of England}이 탄생합니다. 세계 최초의 중앙은행입니다. 화폐의 발행을 정부로부터 독

영란은행 英蘭銀行
중국인들이 England를 '英格蘭(잉거란)'으로 표기하면서 '英'에 '國' 자를 붙여 우리 말 '영국'이 탄생했다. '英格蘭' 중 '英(영)'과 '蘭(란)'만 따서 '영란'이라고도 불렀는데, 그 관행이 남아 영국 중앙은행을 '영란은행'이라고 부르기도 한다.

립시킨 겁니다. 정부의 간섭을 끊고 곳간의 금보다 더 많은 화폐의 발행을 막아보자는 취지입니다.

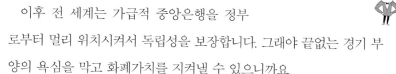

이후 전 세계는 가급적 중앙은행을 정부로부터 멀리 위치시켜서 독립성을 보장합니다. 그래야 끝없는 경기 부양의 욕심을 막고 화폐가치를 지켜낼 수 있으니까요.

우리 한국은행의 금통위 위원은 모두 일곱 명인데, 정부 관료는 참여하지 않습니다(일곱 명 중 기재부 추천 인사는 한 명 있다). 그래서 예를 들어 기자들이 기재부 장관에게 "이번 금리 동결 어떻게 생각하세요?" 하고 물어보면 대답도 하지 않습니다. 괜히 오해를 살 수 있으니까요. 그것은 분명히 정부가 아닌 한국은행 총재의 영역입니다.

그런데 몇 해 전 기재부 장관이 '열석발언권'을 활용할 수도 있다는 말을 꺼냈습니다. 열석발언권이란 기재부 차관이나 금융위 부위원장이 금통위에 임시로 참석해 의견을 말하는 권리입니다. 이 말은 정부가 금통위에 직접 참여해 경기가 얼마나 어려운지, 왜 금리를 내려야 하는지를 전달하고 싶다는 뜻입니다.

하지만 열석발언권을 자주 쓰지는 않습니다. 자칫 정부의 중앙은행 간섭으로 받아들여지기 때문입니다. 그 대신 오찬 회동 같은 자리에서 기재부 장관과 한국은행 총재가 만나서 서로 의견을 나누는 게 자연스럽습니다. 그래서 이런 논의는 대개 비공식적으로 이뤄집니다.

"히틀러 정권에서 독일의 중앙은행 총재는 할마르 샤흐트^{Hjalmar Schacht}였다. 그는 전후 살인적인 독일의 인플레를 잘 조절하고, 1차 대전 승전국들과의 협의를 통해 전쟁 배상금을 크게 낮춘 국민적 영웅이었다.

1936년 베를린 올림픽이 끝나자 괴링은 '전쟁 준비를 위한 4개년 계획'을 발표하고 중앙은행인 라이히스방크^{Reichs Bank}에 대한 정부 통제를 강화했다. 샤흐트는 이에 대항해 사표를 썼지만, 히틀러는 국민적 영웅인 샤흐트를 내칠 수 없었다.

1939년 대규모 전쟁 준비가 끝나자 중앙은행법이 다시 개정됐다. 라이히스방크의 모든 업무는 국가 지원을 위해 존재한다는 법조항이 신설됐다. 샤흐트는 또 사표를 냈다. 히틀러는 이를 받아들였다. 전쟁 준비가 끝났기 때문이다.

그리고 2차대전이 터졌다. 5년 뒤인 1944년, 독일 패전을 앞두고 일부 장군들이 히틀러 암살을 위한 발키리^{Valkyrie} 작전을 시도하다 실패한다. 수많은 독일 지식인과 관료들이 반역죄로 체포된다. 햘마르 샤흐트도 체포돼 수감됐다.

전쟁이 끝나고 8년이 지난 뒤인 1957년, 서독에서는 미국의 연방준비제도이사회^{Fed}를 모방한 새 중앙은행 분데스방크^{Bundes Bank}가 탄생한다. 테오도르 호이스 대통령이 이를 주도했다. 그는 1939년 나치 정부가 중앙은행을 정부의 시녀로 만들려고 했을 때, 햘마르 샤흐트와 함께 이사 자리를 사임하고 나온 사람이다.

분데스방크 초대 총재는 망명생활에서 돌아온 카를 블레싱이었다. 그의 이름처럼 분데스방크는 정부로부터 철저히 독립돼 라인 강의 기적을 축복^{blessing}했다."

―차현진, 『숫자 없는 경제학』

7장

세금,
재정과 정부에 대한
빈틈없는 질문들

Q⁉ 연봉 1억 원이 넘는 상무님이 어떻게 근로소득세를 안 낼까?

실효세율 effective tax rate
정해진 세율 말고 이것저것 공제해 주고 진짜 부과하는 세율.

　　믿기 힘들지만, 2015년에 연봉이 1억 원 넘으면서 소득세를 한 푼도 안 낸 사람이 1,400여 명이나 됩니다. 일부러 안 내는 체납자가 아니고 합법적인 면세자입니다. 이런저런 공제를 받아서 한 푼도 안 낸 겁니다. 아마 연말정산에서 의료비나 교육비 지출로 인한 공제를 많이 받았겠죠.

　　국세청 통계를 보면 2015년 연봉이 4천만 원 넘는 근로자도 백 명중 일곱 명(7퍼센트) 정도는 이런저런 공제를 받아서 소득세(2014년분)를 한 푼도 안 냈습니다.

　　지난 2015년 초, 기획재정부가 소득공제를 세액공제 중심으로 개편하면서 중산층의 세부담이 조금 늘었습니다. 이 과정에서 "중산층이 무슨 죄냐! 2월의 보너스가 사라졌다!"는 비난 여론이 빗발쳤습니다. 그러자 놀란 정부가 여러 소득세 감면 혜택을 다시 늘렸습니다. 그러자 다시 전체 직장인 두 명 중 한 명이 소득세를 내지 않게 됐습니다.

물론 이보다 소득이 낮은 계층은 더 안 냅니다. 근로자 800만 명이 지난해 소득세를 한 푼도 안 냈습니다. 과세미달자라고 합니다. 우리 급여생활자 두 명 중 한 명이 소득세를 한 푼도 안 내는 겁니다. 선진국과는 크게 다르죠.

선진국은 보통 우리보다 저소득층도 세금을 더 내고, 고소득층도 세금을 더 냅니다. 이 때문에 한국의 GDP 대비 소득세 비율은 2013년 3.7퍼센트로, OECD 평균인 8.6퍼센트의 절반도 안 됩니다. 우리는 소득세를 조금 내는 나라입니다.

특히 소득세를 따질 때는 세율도 중요하지만, 실제 이런저런 공제를 받고 나서 진짜 몇 퍼센트를 내느냐가 중요합니다. 이를 실효세율이라고 합니다.

예를 들어 연봉 1억 원 고소득 근로자라면 우리 근로자의 상위 5퍼센트 정도 되는데요, 1억 중에 연말정산 때 이것저것 공제하고 나면 평균적으로 소득세를 1,200만 원 정도 냅니다. 실효세율이 12퍼센트 정도에 불과합니다(기획재정부, 2015년). 그러니까 연봉 1억 원 급여생활자는 평균 8,800만 원 정도를 집에 가져가는 거죠.

우리 소득세는 많게는 구간별로 40퍼센트(소득세 최고 구간)까지 내는데, 사실은 한 12퍼센트밖에 안 내는 거죠.

과세표준	세율
1,200만 원 이하	6퍼센트
1,200~4,600만 원	15퍼센트
4,600~8,800만 원	24퍼센트
8,800~1억 5천만 원	35퍼센트
1억 5천만 원~5억 원 이하	38퍼센트
5억 원 초과	40퍼센트

구간별 과세 이해하기

내가 한 달 700만 원, 연 8,400만 원을 번다고 가정하자. 이 8,400만 원 전액에 소득세를 과세하지 않는다. 이런저런 공제를 한 다음 남은 소득에 과세를 한다. 이때 남은 소득이 과세표준이다.

내가 이런저런 공제를 받아 과세표준이 6천만 원으로 확정됐다. 이 6천만 원에 대해서 모두 24퍼센트의 과세를 하는 것이 아니라 6천만 원 중 1,200만 원 이하는 6퍼센트, 1,200만 원~4,600만 원은 15퍼센트, 4,600만 원~6,000만 원은 24퍼센트의 과세를 한다.

그러니 연봉이 8,400만 원이라고 해도 소득세율 35퍼센트나 38퍼센트, 40퍼센트는 남의 이야기일 뿐이다.

기업도 마찬가지입니다. 돈을 벌면 법인세를 냅니다. 최고 24퍼센트(지방세 포함)까지 내지만 실효세율은 18~19퍼센트 정도입니다(기획재정부, 2014년). 우리 최대 기업인 삼성전자는 오히려 법인세를 더 적게 냅니다. 해마다 이익의 15퍼센트 정도를 법인세로 냅니다(실효세율이 15퍼센트라는 뜻이다).

투자를 많이 할수록, 연구개발에 돈을 많이 쓸수록 각종 비과세 감면 혜택이 많거든요. 그러다 보니 당연히 삼성전자는 감면을 많이 받습니다. 고3 수험생 교실에서 교육 지원은 공부를 못하는 학생에게 집중돼야 하는데, 현실은 반에서 1등 하는 학생에게 집중되는 것과 비슷합니다.

그러니까 세율을 조정할 때 명목세율도 중요하지만, 진짜 얼마나 낼지를 결정하는 비과세나 감면 제도를 손질하는 것도 아주 중요합니다. 대기업의 법인세율을 올려 격차를 해소하자는 목소리가 높은데요, 정부는 그래서 법인세율을 올리기보다 기업에 적용되는 각종 공제 혜택을 해마다 줄여나가기로 했습니다.

[면:세쩜], 소득세를 내지 않는 소득 상한선

면세점^{免稅店}은 면세물품을 사는 상점입니다. 면세점, [면:세쩜]은 과세를 하지 않는 기준점을 말합니다. 근로소득자는 대략 4인 가구가 연소득 2천만 원 이하면 거의 세금을 내지 않습니다. 여기서 2천만 원이 근로소득자 면세점이죠. 일종의 과세 커트라인 같은 겁니다.

기획재정부가 전수 조사한 결과, 직장인 1,669만 명 중 802만 명이 연말정산을 한 뒤 한 푼도 소득세를 내지 않았습니다. 월급쟁이 두 명 중 한 명은 소득세를 한 푼도 안 내는 겁니다(물론 이들은 소득과 공제 조건에 따라 모두 면세점이 다르다). '모든 국민이 세금을 내야 한다'는 국민개세주의에 크게 어긋나는 현상입니다.

지난해 일본의 근로소득 총 신고자 대비 면세자 비율은 16.1퍼센트, 미국은 35.8퍼센트입니다. 그런데 우리는 45퍼센트. 두 명 중 한 명이 소득세를 한 푼도 안 냅니다. 너무 높죠. 그럼 연봉 7천만 원(연봉에서 비과세 소득을 뺀 총 급여 5,400만 원)인 근로자와 연봉이 4억 원(총 급여 3억 원)쯤 되는 근로자의 세금 차이는 얼마나 날까?

1년 소득세 (기본적인 세액 공제만 적용할 경우)
- 총 급여 5,400만 원인 근로자 : 415만 원
- 총 급여 3억 원인 근로자 : 8,600만 원

급여 차이는 5~6배쯤 되는데 세금은 20배 차이가 납니다. 소득 상위 1퍼센트의 실효세율은 27~28퍼센트까지 높아집니다. 고소득자들의 소득세율을 높이기 쉽지 않은 이유입니다. 수억 원 연봉을 받는 사람이 생각보다 세금을 많이 냅니다. 물론 선진국에 비하면 여전히 낮은 편입니다.

그런데 그 현실은 저소득 근로자 역시 마찬가집니다. 저소득자도 세금을 조금이라도 낼 것 같은데…… 사실은 거의 내지 않습니다. 급여생활자나 자영업자 두 명 중 한 명이 소득세를 내지 않으니, 저소득층에게는 단돈 1만 원의 소득세도 물리기가 어렵습니다. 세금을 내지 않는 국민이 너무 많은 나라는 궁극적으로 공정하지 않습니다.

"죽음과 세금, 누구도 피할 수 없는 그 확실한 두 가지……" 1879년에 벤저민 프랭클린이 한 말입니다. 정부의 지출은 해마다 늘어납니다. 하지만 우리는 부자도 저소득층도 세금을 조금만 냅니다. 재정적자가 커집니다. 후손들에게 적자 장부를 물려줍니다. 누군가에게 더 거둬야 하는데, 말도 꺼내기 어렵습니다.

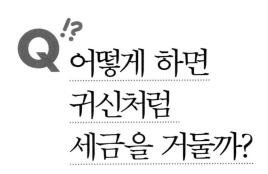

Q어떻게 하면 귀신처럼 세금을 거둘까?

스텔스 택스 stealth tax
나도 모르게 정부가 거둬 가는 세금들.

소득세나 법인세, 재산세 등 소득이 있는 사람에게 직접 부과하는 직접세가 있는 반면, 나도 모르게 내는 세금인 간접세가 있습니다. 정부는 슬그머니 국민들 모르게 세금을 더 많이 거둡니다. 쉽게는 간접세의 세율을 올립니다.

대표적인 게 담배나 휘발유입니다. 담배는 61퍼센트, 맥주는 72퍼센트, 휘발유는 47퍼센트가 세금입니다. 전체 세수에서 간접세 비중은 해마다 높아집니다. 이미 직접세수보다 간접세수가 더 많습니다. 우리도 모르게 내는 세금이 더 많은 겁니다.

세금을 내는데 내는 줄 모르고 냅니다. 세금이 일상생활에 매복해 있습니다. 예를 들어 에너지 소비효율 등급이 낮은 가전제품은 개별 소비세를 더 높이 부과합니다. 취지는 좋습니다. 그런데 서민들은 아무래도 냉장고나 자동차를 사도 저렴한 걸 사게 마련입니다. 이런 제품은 아무래도 에너지 소비효율 등급이 떨어집니다. 그러니 서민이 사는 전자제품에는 개별소비세가 상대적으로 더 부과돼 있습니다.

서민이 에너지세를 상대적으로 더 부담하게 됩니다. 그런데 서민들은 그걸 잘 모릅니다. 영국에서는 그래서 이걸 '스텔스 택스'라고 부릅니다. 일종의 귀신 같은 세금입니다(레이더에 걸리지 않는 귀신 같은 전투기도 스텔스 전투기라 부른다).

이런 세금도 있습니다. 다리는 나라가 놓아줘야 합니다. 그런데 민자 도로를 건설하고 다리를 건널 때마다 민자 회사가 꼬박꼬박 돈을 받습니다. 지금 영종도는 인천대교 아니면 영종대교를 통해 들어갈

수밖에 없습니다. 아니면 배를 타고 들어가야 합니다. 6천 원을 내든지, 7천6백 원을 내든지, 선택은 오직 두 가지뿐입니다.

사실은 세금을 거둬 재정이 해줘야 합니다. 그런데 세금을 더 거두기가 어렵습니다. 그래서 민간 자본이 짓고 다리를 건널 때마다 요금을 부과합니다. 방법만 다른 세금입니다. 그런데 국민은 잘 모릅니다.

예를 들어 우리는 주식 사고팔아서 차익이 남으면 과세를 안 합니다. 중국만 해도 22퍼센트나 양도세를 냅니다. 공평한 것처럼 보입니다. 서민들이 주식 사서 백만 원 벌면 세금 안 냅니다. 그런데 주식을 직접 투자해서 10억 원 번 사람도 세금을 안 냅니다. 상대적으로 서민의 혜택이 덜 합니다. 결국 서민이 손해를 보는 구조입니다. 이렇게 보이지 않는 간접세가 늘어날수록 일종의 서민 증세입니다.

시장경제 200년 동안 가장 획기적인 발명품 중 하나가 누진세입니다. 돈을 많이 벌수록 세금을 많이 낸다는 기발한 원칙으로 인류는 많은 격차를 해소해 왔습니다. 어쩌면 수레바퀴나 인터넷만큼 위대한 발명품입니다.

그런데 재정지출이 늘면서 더 이상 과세할 명분이 줄어듭니다. 그래서 더 복잡하게, 더 조용하게 과세합니다. 그 부담은 대부분 서민들에게 돌아갑니다. 그런데 알아차리기가 쉽지 않습니다. '제일 좋은 과세는 거위털을 거위도 모르게 뽑는 것처럼 세금을 걷는 것'이라는 말처럼, 거위도 모르게 털이 쑥 뽑혀 나갑니다.

법인세
개인의 소득세처럼 기업들이 돈을 벌면 내는 세금

월급쟁이가 소득세를 내듯이 기업도 돈을 벌면 법인세를 냅니다. 기업들 곳간의 유보금이 천문학적으로 올라갑니다. 법인세 올려야 한다는 해묵은 논쟁도 계속됩니다. 그중 우리가 알아야 할 몇 가지 팩트들.

일단 기업들도 세금을 많이 냅니다. 2016년 한 해 51조 원이나 냈습니다. 2015년보다 6조 원 이상 늘었습니다. 2017년에는 54조 원까지 늘어날 것으로 보입니다. 경기도 좋지 않은데 왜 이렇게 법인세가 많이 걷힐까요? 세금의 특수성 때문입니다.

세금이라는 게 적자가 나거나 조금 벌면 거의 내지 않는 구조입니다. 대신 많이 버는 기업이 더 많이 내는 구조입니다. 누진 구조 때문입니다. 그런데 삼성전자나 현대자동차, SK하이닉스 이런 기업들은 해마다 수조 원에서 20조 원이 넘는 영업이익을 올립니다. 당연히 법인세를 많이 냅니다. 이들 1퍼센트 대기업이 법인세의 80퍼센트를 부담합니다.

그러니까 '대기업이 잘나가는 게 아니고, 일부 대기업이 잘나가는 것'입니다. 한화나 GS그룹 등은 연간 법인세를 1천억 원, 5백억 원 정도밖에 내지 않습니다. 대기업 안에서도 큰 차이가 납니다. 그럼 삼성전자나 현대자동차, SK하이닉스 등 초우량기업의 세금을 좀 깎아주면 어떨까요? 대신 다른 대기업 세율을 좀 올리고요?

삼성전자나 현대자동차는 실효세율이 아주 낮습니다. 법인세율은 24퍼센트나 되는데, 이것저것 공제해 주고 내는 세율이 삼성전자는 겨우 15퍼센트 수준이라고 설명드렸죠? 다른 대기업보다 세율이 오히려 아주 낮습니다.

연구개발을 많이 하면 공제를 많이 해주는데, 삼성전자나 현대자동차만큼 연구개발을 많이 하는 기업은 없습니다. 그러다 보니 삼성전자는 이런 R&D 공제로 해마다 1~2조 원의 법인세를 할인받습니다. 그러니 더 깎아주기도 어렵습니다. 그런데도 워낙 많이 벌기 때문에 법인세 부담이 높은 것입니다.

그럼 대기업 법인세 부담이 자꾸 높아지니까, 공평하게 국민들의 소득세도 좀 높이면 어떨까요? 소득세는 2012년에 45조 정도 걷혔는데 2015년에는 60조 원이나 걷혔습니다. 소득세가 법인세보다 더 가파르게 오릅니다. 정부는 소득세 걷기가 힘들다고 하고 증세는 없다고 말합니다. 그런데 국민들이 내는 세 부담은 이상하게 자꾸 높아집니다.

여기에 담배세 오르죠, 도시가스요금이나 수도요금 등 각종 공과금도 오릅니다. 심지어 경찰이 부과하는 교통범칙금까지 오릅니다. 경찰이 발부한 교통범칙금만 2015년에 7,300억 원가량 됩니다. 사상 최대입니다.

소득세율이 낮다 보니 자꾸 공제범위나 공제방법을 바꿔 세금이 올라갑니다. 공개적으로 증세를 안 하니, 공과금이나 범칙금을 올립니다……. 거위들만 자꾸 힘들어집니다.

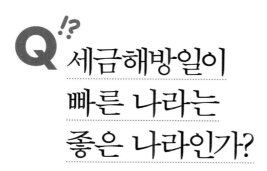

세금해방일이 빠른 나라는 좋은 나라인가?

세금해방일 tax freedom day
세금해방일 다음 날부터 버는 소득이 진짜 소득이다!

우리 국민이 1년에 모두 100만 원을 벌고, 그중에 세금을 한 25만 원 낸다면 조세부담률은 25퍼센트입니다. 이 조세부담률을 1년 365일로 나누면 세금해방일이 나옵니다.

세금해방일 = 365일×조세부담률

만약 내가 번 돈의 50퍼센트를 세금으로 낸다고 가정하면 조세부담률(GDP에서 세금이 차지하는 비율)은 50퍼센트다. 이를 365일로 곱하면 182일(대략 6개월)이 나온다. 결국 6개월간 일한 소득은 모두 세금으로 내고 7월 1일부터 번 돈이 온전히 내 소득이라는 뜻이다.

2016년 우리나라의 세금해방일은 3월 20일이었습니다. 이 말은 우리 국민은 평균적으로 1년 내내 일해서 번 돈 중에 1월 1일~3월 20일까지 일한 돈은 전부 세금으로 낸다는 뜻입니다. 세금 내려고 1년에 평균 79일 일하는 겁니다. 물론 사람마다 다르겠지만요. 그러니까 세금해방일 다음 날(3월 21일)부터 번 돈이 순수하게 진짜 내 소득입니다.

　여기서 세금은 소득세뿐 아니라 우리가 알게 모르게 내는 국세와 지방세 모두 다 포함합니다. 그러니까 세금해방일이 빠른 나라는 세금을 좀 덜 내는 나라입니다. 반면에 세금해방일이 늦은 나라는 조세부담률이 아주 높은 나라입니다.

　미국은 세금해방일이 4월, 캐나다는 6월, 스웨덴 등 잘살지만 복지 지출이 많은 북유럽 국가들은 심지어 7월입니다. 그러니까 스웨덴이나 덴마크 국민들은 1년 중 7월까지 일한 소득은 전부 세금으로 낸다는 뜻입니다. 벨기에는 심지어 8월입니다······.

　물론 우리처럼 세금해방일이 빠르다는 게 꼭 좋다는 것을 의미하지는 않습니다. 국민들 세부담은 적지만 그만큼 복지가 선진국보다 적다는 뜻입니다.

　또, 덜 걷는데 재정지출은 자꾸 늘기 때문에 당연히 정부재정이 부실해지기 쉽습니다. 정부 곳간에 빚이 늘어납니다. 2013년부터 3년여 동안 재정적자만 무려 170조 원 이상 늘었습니다. 이명박 정부 5년간의 재정적자 98조 원을 이미 뛰어넘었습니다.

Q⁉ '국채는 안 갚아도 된다'는 트럼프의 주장은 뭐가 틀렸을까?

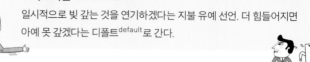

모라토리엄 moratorium
일시적으로 빚 갚는 것을 연기하겠다는 지불 유예 선언. 더 힘들어지면 아예 못 갚겠다는 디폴트^{default}로 간다.

미국의 정부부채(국가부채)는 19조 달러, 우리 돈 2경이 넘습니다(2016년 7월 말 기준). 해마다 우리 정부 예산보다 더 큰 액수의 적자가 쌓입니다. 사실 디지털로 표시될 뿐 이 부채를 다 갚을 수 있을 거라고 믿는 사람도 거의 없습니다. 다만 국채를 상환하고 계속 국채를 발행할 뿐입니다.

그런데 만약 트럼프 대통령이 후보 시절 주장했던 것처럼 '안 갚으면?' 어떻게 될까요? 일단 미 국채 가격이 급락할 것입니다. 손에 쥐고 있는 미 국채의 가격이 폭락하면, 투자자들은 더 이상 미 국채를 인수하지 않을 것입니다. 국채 발행이 막힙니다. 다시 말해 미국 정부는 더 이상 빚을 낼 수 없게 되는 것입니다.

"국채는 안 갚아도 되고, 그래서 채권값이 내려가면 정부가 헐값에 사면 됩니다. 이런 일은 기업 경영에서 생각보다 흔한 일이에요."

— 도널드 트럼프 미국 대통령이 대통령 후보 시절에 한 말

하지만 이런 일이 미국 국채에서 발생하면 안 됩니다. 글로벌 금융 시장의 큰 재앙이 됩니다. 먼저 투자자들이 돈을 갚지 않는 미국을 떠날 겁니다. 따라서 달러 값이 폭락하게 됩니다. 그럼 달러 표시 자산의 가치도 폭락합니다. 맨해튼의 빌딩에서 미 국채까지 모두 가치가 폭락할 것입니다.

아무도 미국 채권을 인수하지 않으면 경제 1위 대국 미국은 다시 시장에서 돈을 빌릴 수 없게 됩니다. 어쩜 인류가 돈을 융통하는 방법은 다시 GOLD밖에 남지 않을 겁니다. 100년 전 『오즈의 마법사』에 나오는 금본위제로 돌아가는 거죠.

예를 들어 중국은 (미국을 제외하고) 미국 국채를 가장 많이 갖고 있는 나라입니다. 미국에 가장 많은 돈을 빌려준 채권자인 셈입니다. 중국 외환보유고에 미국 국채만 1조 달러 이상 있습니다. 중국 외환보유고의 가치가 폭락할 것입니다. 중국은 더 이상 미 국채를 인수하지 않을 겁니다. 더 이상 미국에 돈을 빌려주지 않는 것입니다.

무엇보다 미국이 발행한 국채의 68퍼센트 정도가 미국의 기관이나 미국 국민의 소유입니다(CNN머니, 2016년). 예를 들어 각종 연기금이 5조 달러(5,500조 원 정도)나 되는 미 국채를 보유 중입니다. 미국 국민이 미국 정부에 돈을 빌려준 것입니다. 그런데 미국 국채가 디폴트되면 수많은 연기금이 파산할 수밖에 없습니다.

결국 미국이 국채를 갚지 않는다는 것은 상상하기 힘든 일입니다. 그런 일은 발생하지도 않고, 발생해서도 안 됩니다. 오직 트럼프의 공약 속에서만 가능해 보입니다.

우리 군은 왜 러시아제 T-80U 전차를 갖고 있을까?

부채 국가 미국이 계속해서 천문학적인 국채 발행이 가능한 것은 세계 최대(G1)의 경제력과 기축통화 달러의 발권력 때문입니다. 하지만 다른 나라는 이게 불가능합니다. 발행한 국채는 반드시 갚아야 합니다. 모라토리엄이나 디폴트를 선언한 나라들은 그만큼 고통을 겪어야 합니다.

그리스는 국가 전력회사 지분을 팔고, 국영 통신사 지분까지 팔아 재정을 마련합니다. 테살로니키 수도회사 지분도 팔았습니다. 그러니 이제 해외투자자들이 그리스 국민의 전기요금, 통신요금, 수도요금에 개입할 것입니다. 그리스는 2011년 재정위기 이후 디폴트를 모면하기 위해 모두 7만 1천여 건의 국가 재산을 매물로 내놨습니다.

지중해와 에게 해에 발을 담글 수 있는 백사장과 해변가의 고급 호텔, 지중해와 에게 해 섬 500여 개도 팔려고 내놨습니다. 테살로니키 공항 등 지방 공항 30여 개는 물론, 수출항인 피레우스 항의 운영권 지분 67퍼센트는 중국 해운사인 차이나코스코가 매입했습니다.

심지어 그리스 정부나 국영기업이 소유한 아테네 시내 아크로폴리스 인근에 있는 역사적 건물들도 팔았습니다. 이제 관광객들이 낸 입장료 수익 대부분은 해외의 어느 투자자나 사모펀드에게 돌아갈 것입니다.

정부 빚은 반드시 갚아야 합니다. 우리도 과거 러시아에 빌려준 채무를 러시아가 갚지 못하자 현물로 받았습니다. 러시아가 돈이 없다고 T-80U 전차, BMP-3 장갑차, 탐색구조헬기 등 7억 달러(8천억 원) 정도는 어쩔 수 없이 현물로 받았습니다.

국채를 일시적으로 갚지 못하는 상황을 '모라토리엄(지불유예)'이라고 합니다. 그리고 2009년 금융위기 이후 멕시코나 아랍에미리트 같은 나라들처럼 아예 국채를 못 갚겠다고 선언하면 '디폴트'입니다. 지난 2001년에도 아르헨티나와 우루과이가 디폴트를 선언했습니다.

어려서 본 만화영화 〈엄마 찾아 삼만리〉. 꼬마 마르코가 엄마를 찾아 길을 떠난다. 마르코는 이탈리아 아이인데, 마르코의 엄마가 일하러 간 나라는 부자 나라 아르헨티나다. 1920년대 이후 아르헨티나는 풍부한 지하자원에 힘입어 세계 10대 부국 중 하나였다. '남미의 진주'라고 불렸다.
하지만 1950년대 이후 좌파의 포퓰리즘 정책이 남발되면서, 경제위기가 수없이 되풀이됐다. 아르헨티나는 지난 2001년 결국 디폴트를 선언했다. 그후 15년 동안 국채 발행을 못했고, 아르헨티나 정부는 세수 외에는 추가 자금을 조달하지 못했다.

우리도 이 디폴트를 면하기 위해 1998년에 IMF로부터 구제금융을 받았습니다. 그 조건으로 외환시장을 전면 개방하고 외환은행처럼 수많은 기업을 헐값에 서둘러 외국에 팔았습니다. 공기업에서만

17만 명이 직장을 잃었습니다. 정부가 빚을 갚지 않으면 국민의 고통으로 이어집니다. 정부 채무가 늘어나는 것을 국민들이 눈여겨봐야 할 이유가 여기 있습니다.

Q⁉️ 재정과 통화는 근본적으로 무엇이 다른가?

재정finance정책
세금으로 채워지는 정부의 곳간을 풀어 펼치는 정책.

통화currency정책
금리를 조절하거나 중앙은행이 직접 돈을 찍어내 펼치는 정책.

　　재정과 통화는 다릅니다. 주머니가 다릅니다. 정부의 재정정책은 우리가 낸 세금으로 예산을 집행하는 것을 말합니다. 세금을 거둬 그 돈을 쓰는 것을 재정지출이라고 합니다. 세출이라고도 하죠. 정부는 경기가 안 좋으면 적자재정을 편성해서 시중에 돈을 더 공급합니다. 부족하면 추가경정예산(추경)을 편성해 돈을 더 풀죠. 이런 것을 '재정정책'이라고 합니다.

　　문제는 돈을 더 풀면 인플레가 생긴다는 것입니다. 그래도 정부는 경기 부양을 위해 늘 돈을 더 풀고 싶어 합니다. 재정은 시장이라는 양동이에 물을 더 부을 것인가 덜 부을 것인가 같은 겁니다.

　　반면 통화정책은 시중에 풀린 돈을 중앙은행에 넣었다 풀었다 하는 정책입니다. 주로 중앙은행이 책임집니다. 그래서 중앙은행은 정부로부터 독립해 있습니다. 기준금리를 내리거나 올리거나 하면서 시중 통화량을 조절합니다. 이는 양동이의 물의 온도를 내리거나 올리거나 하는 것입니다. 양동이 안에 있는 물은 일정한데, 이 물을 더 뜨겁게 할 것인가 차갑게 할 것인가 하는 것이죠.

만약 정부가 재정정책으로 시중에 1억 원을 풀었다고 가정하면요? 그런데도 시중에 돈이 부족해요. 그럼 이번엔 한국은행이 통화정책을 씁니다. 기준금리를 낮추면 시중 이자율이 내려가고 정부가 공급한 돈의 유통 속도가 빨라집니다. 금리가 내려가면 사람들은 예금보다 대출을 선호합니다. 은행에서 돈이 시장으로 흘러 들어갑니다. 돈이 이렇게 풀리는 겁니다.

조금 더 깊게 들어가보죠. 정부가 시중에 돈을 더 풀어요. 그럼 정부 곳간에 돈이 부족하니까 세금을 더 거두겠죠. 아니면 채권(국채)을 발행해서 현금을 조달한 뒤 그 돈을 시장에 공급합니다.

그럼 세금을 더 낸 국민이나 국채를 산 시중은행은 현금이 그만큼 줄어듭니다. 곳간의 현금이 줄어든 은행은 그럼 이자율을 올립니다. 그래야 돈이 은행으로 들어오죠. 결국 시중 이자율이 올라가버립니다. 정부가 경기 살리려고 돈을 더 푸는데, 정작 시중 이자율이 올라가버립니다. 금리가 올라가면 돈이 다시 은행으로 들어옵니다. 경기는 식어버리죠. 재정정책은 도루묵이 됩니다.

이 경우 중앙은행이 나서죠. 이자율을 낮춰서 경기 부양을 시도합니다. 시중 유동성이라는 욕조의 온도를 높이는 겁니다. 정부 재정정책의 응원군이 돼주는 겁니다.

정부가 돈을 빌리는 대표적인 방법은 국채 발행입니다. 그런데 정부가 돈을 빌릴 때 만기가 더 긴 채권을 발행하면 어떨까요? 그럼 더 늦게 갚아도 되는 장점이 있습니다. 관건은 신용입니다. 국가 신용이 좋을수록 당연히 만기가 더 긴 채권 발행이 가능합니다(친구도 믿을 만한 친구에게 돈을 더 오래 빌려주겠죠).

우리 정부는 지난 2012년 30년 만기 국채 발행에 성공했습니다. 누군가 우리 정부에 4,000억 원 정도를 30년 만기로 빌려준 겁니다. 대한민국 정부 재정을 최소 30년 이상 믿을 만하다고 판단한 것입니다.

그리고 정부는 2016년 10월, 1조 1천억 규모의 50년 만기 채권 발행에 성공합니다. 정부 입장에선 돈을 오래 갚지 않아도 되고, 그동안 안정적인 재정 운용이 가능합니다.

문제는 한국 정부가 발행하는 50년 만기 채권을 누가 인수해 주느냐였습니다. 그런데 유럽 등지에서 마이너스 채권 금리가 현실화되면서 우리처럼 1~2퍼센트라도 이자를 주는 국채는 얼마든지 발행이 가능해졌습니다.

물론 단점도 있습니다. 글로벌 금리가 더 낮아질 경우 정부는 손해를 봅니다. 예를 들어 10년 뒤에는 0.5퍼센트로 발행할 수 있는데 지금 2퍼센트로 발행하면 남은 40년 동안 매년 1.5퍼센트씩 이자부담이 늘어나는 셈입니다.

실제 지난 2012년에 첫 발행한 30년 만기 국채는 3.05퍼센트 정도에 발행됐습니다. 그때 5년 만기로 하고 2017년에 추가로 발행했으면 정부의 이자부담은 크게 줄일 수 있었을 겁니다.

또 하나 30년물 국채나 50년물 국채나 모두 빚입니다. 만기를 늦

춘다는 말은 결국 상환의 책임을 우리 후손에게 미룬다는 뜻입니다. 수십 년 뒤 국민들이 그 부담을 질 수밖에 없습니다. 앞에서 밝혔듯, 빚은 반드시 갚아야 하는 것이니까요.

국채 발행 잔액도 계속 늘어납니다. 우리 정부의 빚이 늘어난 것입니다. 2000년에 76조 원 정도 됐는데, 2015년 말 기준 550조 원이나 됩니다. 다 만기가 되면 갚아야 합니다. 미래 재정을 현재로 당겨 쓴 것입니다.

50년 만기 국채 발행 소식은 우리 경제가 그만큼 튼튼해졌다는 것을 의미하지만, 한편으로 어찌 됐건 그것도 빚입니다. 빚이란 '언젠가 갚아야 하는 것'의 준말입니다. (50년 만기 국채 발행이 성공한 후 금융연구원은 50년 만기 국채 같은 초장기물은 금융시장 상황과 수급을 고려해 탄력적으로 발행하는 것이 바람직하다며 정부를 우회 비판했다.)

국채를 잘못 발행하면 시중에 돈이 마른다

2016년 11조 원 정도의 추경을 준비했던 정부가 2017년이 밝자마자 또 추경을 준비 중입니다. 추경을 편성한다는 것은 한해 계획한 재정을 다 쓰고, 추가로 재정지출을 하는 것입니다. 일종의 스테로이드 주사 같은 정책입니다.

2016년 추경안에 신규 국채 물량은 거의 없습니다(주로 지난 몇 해

동안 여기저기서 남은 재정을 끌어 쓴다는 뜻이다). 정부가 재정지출을 늘리는데, 추가로 빚을 내서 마련하지 않고 다른 보따리에서 돈을 구해 온다는 뜻입니다. 이를 두고 '세수대박'으로 '빚'어낸 '빚' 없는 추경이라는 지적이 이어졌습니다.

추경처럼 정부가 돈이 필요해 국채를 발행할 때 몇 가지 주의할 점이 있습니다. 정부가 수십 조 원씩 추경용 채권을 발행하면, 우리 채권시장에 갑자기 채권 발행이 넘칩니다. 기존에 유통되던 국채 가격이 급락할 수 있고, 그럼 국채 수익률이 떨어집니다. 시장에 배추가 너무 많이 출하되면 배춧값이 떨어지고, 그럼 배추 가게 사장님의 수익률이 떨어지는 것과 똑같습니다.

국채 가격이 떨어지면 회사채를 매입하려는 투자자도 국채 매입으로 몰릴 수 있습니다. 그럼 회사채 시장 수요가 줄고, 그럼 회사채 발행이 어려워집니다. 이 경우 회사채를 발행하는 기업들은 발행하는 회사채 이자율을 높일 수밖에 없습니다.

경기를 살리려고 국채를 발행하는데, 정작 기업의 이자부담이 커지는 것입니다. 결국 병도 고치지 못하고 스테로이드 제제만 남발하는 것입니다.

그래서 정부가 대규모 추경을 편성할 때는 몇조 원 정도는 이미 발행한 다른 국채를 상환해 버립니다. 미리 빚을 갚아버리는 거죠. 이걸 '바이백buy-back'이라고 합니다. 다른 채권을 미리 갚아서 시장의 국채 유통량을 줄이는 것입니다.

채권 바이백
장기로 돈을 마련할 때 단기 부채를 미리 갚아버리는 방법

이렇게 다른 국채를 미리 갚으려면 또 돈

이 필요하죠. 이건 정부가 또다른 보따리에서 준비를 합니다. 그렇지 않으면 정부가 돈을 추가로 쓰려고 추경을 하는데, 한쪽에서 또 돈이 필요해지는 모순이 발생하니까요.

또 한 가지 방법은 국채의 만기를 적절하게 나누는 것입니다. 만기가 1~2년 안 남은 국고채를 바이백하고, 새롭게 5년물, 10년물 국채를 발행합니다. 그러면 정부 입장에서 새롭게 빌린 돈을 더 오랫동안 쓸 수 있습니다.

기업도 가끔 채권 바이백을 합니다. 2016년, 카카오는 1천억 원 정도의 회사채를 바이백했습니다. 만기가 아직 멀었는데도 미리 돈을 갚는 것입니다. 회사채를 갚을 만큼 곳간이 튼튼하고, 특히 단기 채권을 갚고 장기 채권 위주로 장부를 정리하기 위해서입니다.

구체적으로는 더치 옥션^{dutch auction} 방식으로 채권을 매입했습니다. 더 높은 금리를 부르는 투자자에게 단기 채권 물량을 매도하고, 그 돈으로 채권을 상환한 것입니다.

Q^{!?} 케인즈와 하이에크는 왜 적이 됐을까?

유효수요이론 theory of effective demand
지난 100년간의 경제학 이론 중 경기 부양에 가장 효과가 좋았던 이론.

　　이제 정부가 경기를 부양하는 정책의 이론적 토대를 제공한 사람들 이야기입니다. 그 중심에 존 메이너드 케인즈와 프리드리히 하이에크가 있습니다. 원래 사이가 좋았습니다. 케인즈와 하이에크는.

　1929년 미국에서 대공황이 터집니다. 미국의 금융시장은 사실상 마비됐습니다. 케인즈의 유효수요이론을 기반으로 미국 정부는 시장에 막대한 재정을 투입합니다. 두 사람은 이후 정부와 재정의 역할을 놓고 치열한 논쟁을 이어갑니다. 하지만 2차대전이 터졌을 때는 영국 사람 케인즈가 오스트리아 사람 하이에크에게 학교 연구실도 내주고 연구원 자리도 만들어주었습니다. 친했습니다.

　케인즈의 유효수요이론의 핵심은 시장을 자유방임주의로 놔두면 안 된다는 것입니다. 수요를 인위적으로 만드는 기막힌 방법입니다. 투자수요나 소비수요를 인위적으로 만드는 것입니다. 케인즈는 이를 이렇게 설명합니다.

"정부가 일부러 병을 땅에 계속 묻고 사람을 고용해 이 병을 계속 파내라. 그럼 일자리가 만들어진다."

— 케인즈, 1930년대 위기의 지구 경제를 살린 경제학자

정부가 재정을 적극적으로 풀고 이 돈으로 고속도로도 짓고 댐도 짓습니다. 없던 일자리가 생겨납니다. 수요를 인위적으로 만드는 것입니다. 공무원이 늘어납니다. 정부가 자꾸 커지고 세집니다. 미국을 위기로부터 살려낸 뉴딜New Deal 정책입니다. 고등학교 때 시험에 자주 등장했던 정책이죠?

하이에크는 이를 반대했습니다. 이 같은 재정정책은 단기적으로만 효과가 있을 뿐이라고 믿었습니다. 정부는 재정지출을 늘리기 위해 세금을 더 거둘 수밖에 없고, 그렇게 세금을 털린(?) 기업이나 개인은 지출을 줄여 결국 경기는 다시 시들어진다고. 그러니 시장에 맡겨야 한다고. 정부는 불합리하고 방만한 조직이니 세금을 덜 걷고, 작은 정부를 추구해야 한다고 주장했습니다.

이 논쟁은 지금도 계속됩니다. 영국의 데이비드 캐머런David Cameron 전 총리가 이끌던 보수적인 정부는 그래서 세입도 줄이고, 세출도 줄이고, 규제도 줄이고, 공무원 수도 줄이는 등 작은 정부를 추구했습니다. 반면에 오바마 행정부 같은 진보적인 정부는 세금을 더 거둬서

	재정지출	세금	정부
케인즈	늘려야 한다.	더 거둬들여 경기를 부양하고 복지를 강화해야 한다.	정부의 규제로 시장의 반칙을 막아야 한다.
하이에크	늘리는 것은 부질없다.	많이 거둬봐야 비효율적인 정부가 낭비만 할 뿐이다.	시장 스스로 치유하는 힘을 믿고 맡겨야 한다.

라도 재정지출을 늘리고, 특히 복지 지출을 늘려 격차 해소를 추구합니다. 큰 정부를 지향합니다.

20세기 경제학 논쟁의 핵심인 케인즈 대 하이에크 논쟁은 1960년대 상당수 국가가 재정지출을 늘려 경기를 부양하면서 케인즈의 승리로 굳어집니다. 그 무렵 닉슨 대통령이 "우리는 모두 케인지언이다We're all keynesians now."라고 선언하면서 쐐기를 박습니다. 프랭클린 루스벨트에서 리처드 닉슨까지(1933~1974년) 미국의 대통령들은 모두 케인즈의 넥타이를 맸습니다.

하지만 이후 정부의 역할이 너무 커지고 규제가 범람했습니다. 그 반작용으로 대처 수상(1979년 취임)과 레이건 대통령(1981년 취임) 이후 자유시장경제를 추구하는 정부가 잇달아 집권합니다. 시장 스스로의 치유능력을 믿고, 정부의 시장 간섭을 배격합니다. 이후 하이에크의 주장은 여전히 힘을 얻고 있습니다.

"정부는 문제에 대한 해결책이 아닙니다. 정부 자체가 문제입니다."

—로널드 레이건, 1981년 대통령 취임사

하이에크는 케인즈의 유효수요이론을 비판하면서 "그 정책은 장기적으로는 효과가 없을 것"이라고 밝혔는데요. 정부가 재정지출을 늘려 경기 부양을 시도해 봤자 장기적으로 시중에 돈이 다시 마르기 때문에 소용없다는 것이죠. 이에 대해 케인즈는 다음과 같이 말했습니다.

"장기적으로 우린 어차피 다 죽는데 뭘……."

20세기 시장경제가 침체에 빠질 때마다 그 해법이 됐던 유효수요이론을 만든 케인즈는 1946년, 63세의 나이로 세상을 떠납니다. 정작 하이에크는 1992년까지 살며 정부의 시장 개입과 그로 인한 경기의 부침을 모두 목격했습니다. 세상을 떠날 때 그의 나이 93세였습니다.

"현명하게 관리되는 시장경제는 경제적 과제를 다른 어떤 체제보다도 더 훌륭하게 충족시킬 가능성이 높다."

—케인즈. 이 책에 가장 자주 등장하는 경제학자

Q⁉ 힐러리 클린턴은
케인즈의 넥타이를 맨다?

시카고학파 Chicago School
정부보다 시장 스스로의 힘을 믿는 공부 잘하는 경제학자들의 모임.

거의 모든 나라가 경기 부양을 위해 재정지출을 늘립니다. 고속도로나 교량만 건설하는 게 아닙니다. 미국 대통령 후보였던 힐러리 클린턴의 공약에도 경기 부양을 위한 케인즈의 인위적 재정지출 확대가 담겨 있었습니다. 물론 그녀도 케인지언입니다.

대학의 부채 해결, 아동 보호를 위한 지원금 확대, 특히 사회보장 혜택 강화 등 대부분의 복지정책이 시장에서 수요를 인위적으로 만들어내는 정책들입니다. 또 하나는 월가에 대한 규제 강화입니다. 증권사나 투자은행들을 규제해 지나친 시장 투기적 요소를 없애겠다는 것입니다. 시장 자율의 지나친 확대를 막는 것 역시 '케인즈의 넥타이'를 매는 것입니다.

  반면 도널드 트럼프 후보는 '대기업 법인세 인하'나 '월가에 대한 규제 완화' 등을 공약으로 제시했습니다. 정부 규제를 줄이고 시장 자율을 확대하는 하이에크의 경제학과 맥을 같이합니다. 그 이론적 토대를 지키는 곳은 시카고대학입니다.

  시카고대학. 자유주의 경제학자들의 산실입니다. 시장경제의 자율과 규제 완화를 신봉합니다. 무역 장벽을 허물고 자유무역을 추구하고, 글로벌 금융시장의 개방, 공기업 민영화 등 작은 정부를 지향합니다. 원칙적으로 노동조합 보호 등 시장경제에서의 정부 개입을 반대합니다.

  그 이론적 토대를 제공한 학자들이 유독 시카고대학에 많습니다. 그중 단연 밀턴 프리드먼 교수, 로버트 루카스^{Robert Lucas} 교수가 있습니다. 루카스 교수는 합리적 기대 이론Rational Expectation Theory으로 우리에게 잘 알려진 시카고 학파입니다. 정부가 현재의 시장 상황에 기초해 정책을 발표해도 소비자들은 이미 그 정책 방향을 예측하고 대응한다는 이론입니다.

바나나맛 우유나 파인애플맛 우유가 큰 인기를 끌어도 주가가 쉽게 오르지 않는 이유는 그 인기가 곧 시들 것이라는 것을 알기 때문이다. 설령 그 인기가 계속돼도 유제품업체들이 곧 모방제품을 출시하리라는 것을 투자자들은 이미 알고 있다.

합리적 기대 때문에 정부 정책은 의도와는 다른 결과를 잉태합니다. 그러니 루카스 교수는 정부의 섣부른 시장 개입을 반대합니다.

2016년 여름, 아파트 분양시장이 지나치게 과열되자 정부는 집단대출을 규제하고, 아파트를 지을 수 있는 공공택지의 공급을 줄였습니다. 그러자 소비자들은 '아파트 공급이 줄어 집값이 오를 것이다'라는 합리적 기대를 합니다. 결과적으로 분양시장이 더 과열됩니다. 10월 무렵에는 일부 지역의 아파트 값이 더 급등했습니다.

루카스 교수는 이 합리적 기대 이론으로 1995년 노벨 경제학상을 수상했습니다. 시카고대학의 노벨 경제학상 수상자는 20명이 넘습니다.

주말에는 늘 영화를 보는 커플이 있다. 여자친구가 남자친구에게 '이번 주말에도 영화나 보겠지' 하는 합리적 기대를 할 경우 남자친구가 미리 예매한 영화표의 효용은 크게 떨어진다. 그러니 정부가 발표할 경기 부양 정책도 국민들은 별로 기대하지 않는다.

시카고학파가 자유주의 시장경제만 신봉하는 보수 경제학자들의 모임은 물론 아닙니다. 넛지^{Nudge} 이론으로 유명한 리처드 탈러$^{Richard\ H.}$ ^{Thaler} 같은 진보 진영 교수도 스카우트합니다. 탈러는 최고의 행동경제학자 중 한 명입니다.

지난 2009년 세상을 떠난 노벨 경제학상 수상자 폴 새뮤얼슨^{Paul} ^{Samuelson}도 시카고대학 출신입니다. 그가 쓴 『새뮤얼슨의 경제학』은 40여 개국에서 출간되었고, 그레고리 맨큐의 『맨큐의 경제학』과 함께 전 세계 경제학도들의 바이블이 됐습니다.

폴 새뮤얼슨은 공공재정과 거시경제학 등에서 현대 경제학의 기초를 다져 신고전학파 종합$^{Neo\text{-}Classical\ Synthesis}$ 이론을 확립했습니다. 신고전파학 종합 이론은 완전고용을 위해서는 정부의 적절한 유효수요정책이 필요하지만, 완전고용이 달성된 후에는 오직 수요와 공급이라는 시장원리가 우선되어야 한다는 이론입니다.

자유방임을 신봉하는 시카고대학을 졸업했지만 정부의 시장 개입을 강조하는 케인즈를 신봉했던 새뮤얼슨은 스스로를 '카페테리아 케인지언$^{cafeteria\ Keynesian}$'이라고 불렀습니다.

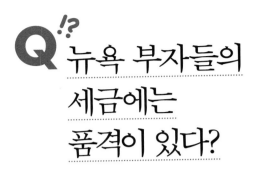

Q!? 뉴욕 부자들의
세금에는
품격이 있다?

백만장자세 millionaire tax
수많은 미국의 부자들이 스스로 이 세금을 내려고 한다.

2016년 3월, 뉴욕 주에 사는 50여 명의 금수저들이 앤드류 쿠오모 주지사와 주상원에 청원문 형식의 편지를 보냅니다. 록펠러 가문(록펠러 가문은 거의 100년째 맨해튼 시민들의 수도요금을 대신 내고 있다. 맨해튼의 수도요금은 공짜다)의 5대손 스티븐 C. 록펠러 주니어^Steven C. Rockefeller, Jr.와 디즈니 가문의 애비게일 디즈니^Abigail Disney 등 51명의 갑부들이 그 편지에 서명을 했습니다. 편지의 제목은 '부유한 뉴욕 주민들은 누진과세를 지지합니다'였습니다.

"우리는 너무 많은 뉴욕 주민들이 경제적으로 고통 받고 있으며, 뉴욕 주의 허약한 인프라에 관심이 절실하다는 사실에 깊이 우려하고 있습니다. 우리는 이런 문제들을 모른 척할 수 없습니다.

뉴욕 주의 아동 빈곤이 도심 일부 지역에서 50퍼센트를 넘어서는 등 기록적인 수준이라는 것은 부끄러운 사실입니다. 8만 명이 넘는 노숙 가족들이 뉴욕 주 전역에서 살아남기 위해 발버둥치고 있습니다. 또한 너무 많은 성인들이 21세기 경제에 필요한 기술을 갖고 있지 못합니다. 지금은 우리의 친구인 뉴욕 주민들이 빈곤에서 벗어날 수 있는 사다리에 오를 수 있도록 장기적인 경제적 생존 능력에 투자해야 할 때입니다.

문제는 '어떻게 투자비용을 댈 것이냐'입니다. 희생 분담 정신으로, 아래에 서명한 우리는 균형 잡힌 해법을 촉구합니다. 더 많은 세금을 낼 수 있는 우리 같은 고소득 뉴욕 주민들에 대한 최고 소득세율을 영구적으로 유지, 확장하는 것이 해법입니다. 이를 위해 우리는 주지사와 주의회에 '뉴욕의 공정 과세를 위한 1퍼센트 계획'을 시행해 줄 것을 요구합니다."

이 편지를 쓴 사람들은 이 과세를 '공정 과세tax fairness'라고 부릅니다. 뉴욕 주는 기존의 소득세와 별도로 지난 2009년부터 이른바 백만장자세를 도입했습니다. 소득 상위 1퍼센트(연 66만 달러 이상) 부자들이 최고 8.8퍼센트 정도 소득세를 추가로 내는 제도입니다. 대신 그만큼 저소득층의 세율이 낮아집니다.

이 제도는 2017년 말 자동으로 법효력이 끝나는 일몰 법안인데요, 편지에 서명한 부자들은 이 일몰을 없애고 백만장자세를 자신들에게 계속 부과해 달라고 청원합니다. 그러니까 자신들이 세금을 계속 내도록 해달라는 부탁의 편지입니다.

청원문에서 그들은 '뉴욕의 경제에 기여하고 많은 혜택을 받아온 우리는 공정한 몫을 부담할 능력과 책임이 있다. 세금을 잘 낼 수 있으며 더 낼 수 있다'고 전하며 심지어 최고 8.8퍼센트인 세율을 더 강화하자고 주장합니다.

이 세금은 소득에 따라 세율이 달라지는 구간별 과세인데요, 뉴욕주 상위 1퍼센트 고소득층에 해당하는 연소득 66만 달러(7.65퍼센트)로 시작해 100만 달러, 200만 달러, 1,000만 달러, 그리고 1억 달러(연소득 우리 돈 1,100억 원 정도) 구간으로 나뉩니다.

예를 들어 연소득 1억 달러 이상은 8.8퍼센트의 세금을 추가로 냅니다. 이들은 여기에 세율을 추가로 인상해 1억 달러 이상 구간은 9.9퍼센트의 세금을 추가로 내겠다고 약속합니다.

'이 제도가 내년에 만료되면 우리는 37억 달러(4조 원가량)가 넘는 뜻밖의 감세 효과를 누리지만, 뉴욕의 중산층은 줄잡아 10억 달러(1조 1천억 원가량)의 세금을 더 내야 한다'며 '더 많이 낼 수 있는 우리들에게 더 많은 세금을 부과해 달라'고 주장합니다.

나아가 이 세금이 '먼 훗날에 대한 투자'라고 정의하는데요, 이 청원문의 끝은 이렇습니다. '모든 사람들이 더 최선을 다할 때 모두가 더 좋아집니다.' 그야말로 부자의 품격입니다.

"우리는 공정한 몫을 부담할 능력도 있고 책임도 있습니다. 우리는 얼마든지 지금의 세금을 낼 수 있습니다. 아니 더 낼 수 있습니다."

—추가 과세 연장을 요구하는 뉴욕 백만장자들의 청원문

Q!? 미국은 왜 유럽보다 기부문화가 발전했을까?

빌 게이츠
떠날 때는 빈손이어야 한다고 믿는, 세계 최고의 부자.

분배, 부의 나눔의 방식에는 크게 과세와 기부가 있습니다. 미국은 기부가 특히 익숙합니다. 카네기나 록펠러 가문의 기부는 널리 알려져 있습니다. 맨해튼 한가운데에 있는 UN 본부 땅도 록펠러 가문이 기부한 것입니다. 최근에 록펠러 가문의 5세가 한국을 찾아 우리 젊은 예술인들을 후원한다는 소식도 들었습니다.

존 데이비슨 록펠러. 지구 최고의 석유사업가. 경제지 《포춘》이 정한 미국 역대 최고의 부자다. 1937년 세상을 떠날 때 그의 재산은 미국 GDP의 1.54퍼센트에 달했다. 하지만 석유 수출로 번 돈이라는 비난이 늘 그를 따라다녔고, 항상 침대 밑에 총을 두고 잠들었다.

그는 이 같은 오명을 씻기 위해 막대한 기부를 했다. 시카고대학도 1890년대에 사실상 그가 기부한 돈으로 건설됐다. 그가 살아서 기부한 금액만 5억 3천만 달러로, 현재 가치로 150조 원에 달한다.

2000년대 들어서는 우리가 잘 아는 워런 버핏이나 빌 게이츠의 기부가 있습니다. 워런 버핏은 지난 2015년에도 3조 원 넘게 기부했습니다. 해마다 세계 10대 부자 안에 드는 이 두 사업가는 사실상 자녀들에게 자산을 거의 물려주지 않겠단 생각입니다.

특히 마이크로소프트의 창업자 빌 게이츠는 기부를 '시장경제의 분배 문제를 해결할 중요한 도구'로 믿습니다. 그는 궁극적으로 사업가는 자기가 번 것은 다 환원하고 떠나야 한다고 생각합니다. 현존하는 지구 최대의 부자 중 한 사람인 그와 부인 멜린다는 죽기 전에 재산의 99퍼센트를 기부할 계획입니다.

멜린다 게이츠는 『나누고 웃고 행복하기』라는 책을 읽고 기부를 시작했습니다. 『나누고 웃고 행복하기』는 《월스트리트저널》 기자였던 케빈 살언Kevin Salwen이 자신의 집을 판 돈 절반을 기부한 이야기를 담고 있습니다. 빌 게이츠는 부인 멜린다의 설득으로 기부를 시작했습니다. 기부는 전염성이 있습니다.

워런 버핏은 지난 1956년 단돈 100달러로 투자회사 버핏 어소시에이츠Buffet Associates를 설립했습니다. 1965년엔 방직회사 버크셔해서웨이Berkshire Hathaway Inc.를 인수해 거대 지주회사로 재탄생시켰다. 버크셔해서웨이는 의류에서부터 가구·보석·식품·보험·철도·금융·에너지 사업 등 80여

개 계열사가 있다.

그의 자산은 650억 달러로 추정된다. 재산의 85퍼센트를 기부한다고 약속했고, 지금까지 약 255억 달러(28조 원가량)를 기부했다. 그는 지난 1958년에 3만 1,500달러에 구입한 오마하의 집에 아직도 살고 있다.

그의 세 자녀 중 하워드 버핏이 그룹을 승계할 계획이다. 그가 회장이 되더라도 경영은 전문경영인에게 넘길 가능성이 높다. 장녀 수잔은 저소득층 어린이들을 위한 비영리재단을 운영하고 있고, 차남 피터는 음악가이자 자선가의 삶을 살고 있다.

그렇게 기부를 많이 하는 워런 버핏이 지난 2011년 《뉴욕타임스》에 기고를 합니다. 자신처럼 주식이나 금융소득(자본소득)으로 큰돈을 버는 사람이 내는 소득세율을 계산했더니 17퍼센트 정도였는데, 자신의 사무실에서 열심히 근로소득세를 내는 직원들의 세율은 최고 36퍼센트나 되더라……. 그는 자신처럼 자본소득으로 큰돈을 버는 사람들에게 더 과세를 하라고 주장합니다.

반면 유럽은 기부문화가 미국보다 아주 약합니다. 대신 소득세율이 높습니다. 분배를 세금으로 해결합니다. 특히 북유럽은 소득세율이 사실상 50퍼센트가 넘습니다. 번 소득의 절반을 세금으로 냅니다. 그래서인지 거부들의 기부문화가 미국처럼 익숙하지 않습니다(기부로 도와줄 빈민도 많지 않다). 가난은 부자가 아니라 정부가 해결할 문제라고 믿습니다. 우리는 대신 세금을 내겠다고 말합니다.

유럽인들은 그래서 유럽 식의 세제를 통한 분배 시스템이 약한 미국이 부자들의 선의에 의존한다고 믿습니다. 타인에 대한 아량과 선의로 분배 문제를 해결하는 데는 한계가 있다고 믿습니다. 오직 '과세'라는 제도가 훨씬 더 분배 효과가 높다는 것이죠. '수주대토식으로 부자들의 선의를 마냥 기다릴 수는 없다'는 것이 세금으로 부의 불공정함을 해소하려는 유럽 학자들의 생각입니다.

분배 문제는 시장경제의 핵심 과제인데요. 그 해결법이 유럽과 미국은 큰 차이가 있습니다. 물론 버핏처럼(그는 1930년생이다) 기부도 많이 하고 세율도 올리자는 부자도 있지만요.

오뚜기의 창업자인 고(故) 함태호 명예회장은 2015년에 300억 원의 사재를 밀알재단에 기부했다. 그리고 2016년에 세상을 떠나며 오뚜기 주식 46만여 주를 장남 함영준 회장에게 정식으로 증여했다(30억 원 이상의 상장 주식 증여세는 50퍼센트다). 함영준 회장이 내야 할 세금은 1,700억 원 정도로 추산됐다.

워낙 세금을 내고 기업을 상속하는 관행이 없는 우리나라에서 이 당연한(?) 상속은 큰 화제가 됐다. 오뚜기는 고 함태호 명예회장의 뜻에 따라 1992년부터 4,242명의 심장병 어린이들의 수술비를 지원했고, 계속 지원할 계획이다.

Q^{!?} 민자 고속도로는 왜 서민들에게 더 불리할까?

민자 民資
'민간 자본'이라 쓰고 '국민 부담'이라 읽는다.

민자 고속도로, 민자 터널, 민자 교량이 갈수록 늘어 납니다. 좋은 점은 정부나 자치단체의 재정 투입 없이 민간 자본으로 짓는다는 점입니다. 이렇게 건설한 지하철이나 도로, 교량을 이용할 수록 경제활동이 활발해지고, 눈에 보이지 않는 부가가치가 만들어집니다. 경제가 성장합니다. 수익자가 부담한다는 원칙에도 맞습니다.

정부는 국립대 기숙사나 도서관 건설, 초·중·고등학교 건물 건설, 하수관 정비, 군인 아파트 건설, 공공 도서관 확충 등에도 민자 투자를 확대합니다. 건국대 기숙사와 경기도 여주의 민영 교도소 등에도 민간 자본이 투입됩니다.

하지만 몇 가지 생각해 볼 문제가 있습니다. 국가가 지으면 건설과 유지, 보수만 하면 되는데, 민간 기업이 지으면 적정 이익까지 떼어줘야 합니다. 쉽게 말해 이용료가 더 비싸집니다. 부산과 거제도를 잇는 거가대교는 소형 승용차가 한 번 지나는 데 통행료가 1만 원이나 됩니다.

게다가 이상하게(?) 민자 사업을 하면 수요 예측이 부풀려집니다. 그럼 부족한 만큼 세금으로 메워야 합니다. '최소운영수입보장MRG 제도'라고 해서 10년간 정부가 지원한 예산이 3조 원이 넘습니다. 인천공항고속도로에만 1조 2천억 원이 추가로 들어갔습니다.

이런 것도 생각해 봐야 합니다. 서민들이 이용하면 부담이 되죠. 특히 매일 이용할 수밖에 없다면 부담이 가중됩니다. 경남 창원에 있는 마창대교는 대형차 통행료가 3,800원입니다.

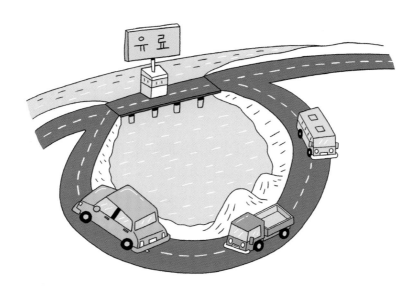

부담이 되면 기사님은 새 교량을 두고 우회도로를 이용하게 됩니다. 서민들의 이용률이 떨어질 수밖에 없습니다. 경제적 약자일수록 이용률이 떨어지는 사회 인프라가 과연 공정한가? 이 부분도 생각해 볼 문제입니다.

민간 자본이 우수한 학교를 설립한 뒤 비싼 수업료로 최고의 교육을 제공하고, 소득이 높은 사람들만 이 학교를 이용한다고 가정해 보죠. 시장경제의 가장 중요한 구성요소 중 하나인 기회균등 원칙을 빗나갑니다. 시장경제가 추구하는 공정함과는 거리가 있습니다. 특정 사회 인프라를 특정 계층만 이용할 수 있다면 그것은 공정하지 않습니다.

미국은 심지어 민간 자본으로 민자 교도소까지 공급한다. 공익성과 함께 수익성을 추구한다. 미 전역 300여 곳의 민자 교도소에 모두 12만 명의 재소자가 수용돼 있다. 이는 전체 재소자의 8퍼센트에 달한다. 일부 교도소는 재소자가 추가로 돈을 내면 더 넓은 방에 더 좋은 침대나 화장실이 공급된다. 주정부는 막대한 교도소 설립 비용과 운용 비용을 절감한다. 그런데 이 시스템은 과연 공정한가?

2016년 미국 정부는 민자 교도소를 단계적으로 폐지하기로 결정했지만, 트럼프 행정부는 다시 민자 투자를 확대할 것으로 알려졌습니다. 2005년 8월 허리케인 카트리나가 미국 남부를 강타합니다. 뉴올리언스 시의 80퍼센트 이상이 물에 잠겼고 1,000명이 넘는 주민들이 숨졌습니다.

재정 자립도가 매우 열악했던 뉴올리언스 시는 상당수의 사회 인프라를 민간 자본에 위탁해 경영했습니다. 민간 투자자들은 연방재난관리청^{FEMA}의 예산과 인력 효율화를 통해 경영 합리화를 추구했고, 재해 위험에 대한 경고는 무시했습니다.

막상 거대한 물난리가 나자 시민을 구조할 인력과 장비는 턱없이 부족했습니다. FEMA가 물난리로 고립된 주민들에게 구조 버스를 보낸 것은 허리케인이 상륙한 지 5일이 지난 후였고, 그때는 '이미 수백여 명의 주민들이 물에 떠내려간 뒤였다'고 미 언론은 보도했습니다.

우리는 사회 인프라가 들어서면 일단 환영합니다. 모 국회의원, 모 시장이 힘을 써서 예산을 확보했다고 반깁니다. 하지만 사회 인프라가 들어서면 유지보수는 보통 자치단체의 몫이 됩니다. 적자가 계속되면 결국 시민들에게 돌아갈 예산이 적자 보전에 투입됩니다. 학교 급식 시설의 보수 예산이나 장애 노인의 택시비 지원, 저소득 아동의 대학 등록금 지원 예산이 슬그머니 사회 인프라의 적자 보전에 투입됩니다.

김해 부산 간 경전철은 수요 예측 실패로 해마다 막대한 적자가 발생합니다. 김해시와 부산시가 투자 비율에 맞춰 5:5로 손실을 보상합니다. 부산보다 훨씬 재정 규모가 작은 김해시는 20년 동안 해마다 600억 원을 손실 보상에 지급해야 합니다. 김해 시민들에게 돌아가야 할 그 예산은 주민들 모르게 삭감될 것입니다.

8장

모르면 돈 잃기 쉬운
투자에 대한
질문들

Q 이병헌의 원네트워크는 뭘 잘못했나?

폰지Ponzi 사기
여기서 받아서 저기로 돌려주는 전형적인 돌려 막기 대출 사기.

영화 〈마스터〉에서 원네트워크 진 회장이 말합니다. "평생 고생해도 흙수저 인생인 인간들, 달콤한 꿈이라도 꾸게 해주고 싶었어요……."

그 달콤한 꿈을 이용하는 사업이 폰지 사기입니다. 대표적인 금융 다단계 사기입니다. 안전하게 연 50퍼센트가 넘는 높은 수익을 보장합니다. 하지만 지구상 어떤 투자자도, 연금술사가 아니라면, 안정적으로 수십 퍼센트의 수익을 보장하지 못합니다. (그런 사람이 있다면 당장 우리 국민연금 곳간의 500조 원을 위탁 운영해 달라고 해야 한다. 국민연금의 내로라하는 매니저들도 연 5퍼센트 수익을 낼 뿐이다.)

턱없이 높은 수익을 약속하는 사람은 100퍼센트 금융 피라미드입니다. 나에게 주는 수익금은 누군가에게 방금 받은 돈일 뿐입니다. 이게 어떻게 가능할까? 누군가 또 가입해 주기 때문입니다.

그래서 아주 정교하게 운영을 합니다. 콜센터에서 전화 와서 "고객님~ 이번 달 저희가 입금할 이자 금액이 32만 8,400원인데 29만 7,200원만 입금된 사실을 뒤늦게 확인했습니다." 이런 식으로 믿음을 줍니다. 그리고 차액을 바로 입금하면서 고객의 믿음을 쌓습니다. 그리고 어떤 사업으로 돈을 버는지 매우 구체적으로 제시하죠. 핀테크 같은 첨단 금융사업도 하고, 북해 유전 투자도 합니다. 하지만 알고 보면 모두 사기입니다.

1920년대 미국에서 찰스 폰지Charles Ponzi가 벌인 희대의 사기행각에서 유래됐습니다. 그래서 폰지 사기입니다. 최근에도 거의 매주 폰지 사기 적발 기사가 등장합니다.

버나드 매도프Bernard Madoff는 월가의 자산 투자자를 사칭하며 650억 달러의 폰지 사기를 벌였습니다. 1960년 자신의 이름을 딴 증권사 버나드 매도프 LLC를 설립한 뒤 20년 가까이 신규 가입자의 돈을 받아 기존 가입자의 수익을 지급하는 방식으로 사업을 확장했습니다.

2008년 FBI에 체포될 당시 피해 규모가 70조 원에 육박했습니다(그는 나스닥 이사회 이사까지 역임할 정도였다). 스티븐 스필버그, 노벨 평화상 수상자인 엘리 비젤Elie Wiesel, 미국 프로야구팀 뉴욕 메츠의 구단주 프레드 윌폰Fred Wilpon 등도 피해자 명단에 이름을 올렸습니다.

심지어 영국의 최대 은행인 HSBC 홀딩스, 스페인의 방코 산탄데르Banco Santander 은행도 매

버나드 매도프
지난 10여 년간 터진 가장 큰
폰지 사기의 주인공

도프에 투자했습니다(방코 산탄데르는 시장 가치로 유럽 최대 은행이다).

지난 2008년 12월 체포된 매도프는 150년 형을 선고받고 복역 중입니다. 2010년 2월 그의 큰아들 마크 매도프는 자살했습니다.

미국은 금융투자의 천국이지만, 서민들의 주머니를 털어가는 금융범죄에 매우 엄격하다. 2000년 뉴욕의 사업가 숄람 와이스^{Sholam Weiss}는 4억 5천만 달러(5천억 원 정도)의 사기 행각으로 845년 형을 선고받았다. 그와 사기를 공모한 키스 파운드^{Keith Pound}도 740년 형을 선고받았다. 이는 다음 생에 태어나도 감옥에 가야 한다는 의미로 받아들여졌다.

희대의 사기꾼이라는 조희팔도 알고 보면 폰지 사기범입니다. 전형적인 금융 다단계입니다. 피해액이 3조 원, 피해자가 수만 명에 달했습니다.

누가 안전하고 높은 수익을 보장한다고 하면, 그건 100퍼센트 사기입니다. 아직 지구에서 '안전하고 높은 수익을 주는 상품'은 발견된 게 없습니다.

그런데 왜 폰지에 속을까?

믿음을 주기 때문입니다. 매월 3퍼센트의 수익이 꼬박꼬박 통장에 입금됩니다. 약간의 의심은 믿음으로 바뀝니다. 가입액을 늘립니다. 그래도 꼬박꼬박 수익금이 통장으로 들어옵니다. 이를 의심하던 동생도 결국 가입을 합니다. 동생은 친구에게 이 상품을 소개합니다. 의심하던 친구도 가입합니다. 친구는 대출까지 받아 가입액을 늘립니다.

그래서 폰지 사기나 금융 다단계는 특정 지역이나 특정 인맥 중심으로 피해가 집중됩니다. 조희팔 사건 피해자 중 1만 5천여 명이 영남권에 집중됐습니다. 이 중 1만 700명이 대구 시민입니다.

최근에는 여러 첨단 금융기법을 동원한 수익상품을 소개합니다. 가입자는 이해하기도 어렵고, 이를 확인하기도 어렵습니다. 고객이 맡긴 돈을 FX 마진 거래를 통해 수익을 낸 뒤, 이를 첨단 핀테크 회사에 투자한다고 설명합니다. 실제 해당 핀테크 회사를 금감원에 등록까지 시킵니다. 하지만 가입자는 이 핀테크 회사가 실제 어떤 수익을 올리는지 확인하기 어렵습니다.

이번 달도 또 이자가 통장에 입금됩니다. 10원의 오차도 없습니다. 그러나 그 돈은 또 어디선가 새로 가입한 사람이 낸 가입금에서 온 것입니다. 언젠가 새 가입자 수가 줄어들거나 끊기면 이 폭탄 돌리기는 끝이 납니다. 수많은 피해자들의 절망이 이어지고, 사건은 지역 신문 귀퉁이의 아주 작은 면에 실립니다.

영국 런던정치경제대학교 교수였던 경제학자 존 케이[John Kay]는 2016년 9월 25일, 《파이낸셜타임스》에 '복지 국가는 잘 짜인 폰지 사기'라는 글을 기고했습니다. 그는 늘어나는 복지예산이 언젠가 다음 세대 누군가에게는 돌아가지 않을 것이라고 주장했습니다.

언젠가 다음 세대의 경제가 그만큼의 성장을 이어가지 못한다면, 이들 세대가 부모 세대의 노후복지를 감당하지 못한다는 뜻입니다. 그는 일단 지출하고 보는 복지예산의 지출 구조가 폰지 사기와 비슷하다고 꼬집었습니다.

"미국의 자유주의자 톰 팔머에 따르면 미국의 건강보험과 사회보장비의 부채가 무려 137조 달러에 달한다. 사회보장은 세대 간 소득 이전이다. 자기가 먹을 빵은 그때그때 직접 만들어 먹는 게 좋다. 그런데 왜 은퇴한 사람들에게까지 빵을 만들어줘야 할까? ······ 칸트의 지상 명령이 답이 될지 모른다. 그렇게 하는 것이 모두에게 좋을 거라는 것이다. 모두가 그렇게 하는 한. 우리는 후대도 우리에게 그렇게 해줄 거라는 기대 속에 부모와 조부모 세대를 먹여 살린다.

그러나 이런 방식은 폰지 사기와 유사한 결과를 맞이할 것이다. 어느 날 세상은 종말을 맞고 마지막 세대는 평화로운 은퇴에 대한 기대를 배반당하는 상황이 올 것이다. 얼마나 천문학적인 기금이 필요한지 미리 계산할 수 있지만, 그것은 문제가 되지 않는다. 그냥 향후 세대들이 감당하는 것으로 하면 된다."

―《파이낸셜타임스》

Q!? 증권사는 항상 매수 추천만 할까?

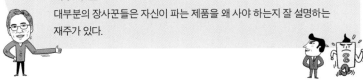

매수 추천
대부분의 장사꾼들은 자신이 파는 제품을 왜 사야 하는지 잘 설명하는 재주가 있다.

증권사는 종목을 추천합니다. 종목만 바뀔 뿐 늘 매수 추천만 합니다. '이런 종목은 사지 마세요'라고 권하지 않습니다. 국내 10대 증권사가 2015년까지 3년 동안 낸 5만여 건의 리포트 중 91퍼센트는 매수 추천입니다. 중립 의견은 겨우 8.57퍼센트. 그리고 '이 종목 파세요!' 하는 매도 추천은 단 3건뿐입니다(2015년 정무위 국감자료). 왜 이럴까?

증권사가 추천한 뒤 실제 기업 주가가 올라가면 투자자와 기업 모두 좋습니다. 그런데 증권사가 매도 추천을 해서 해당 종목이 진짜 내려가면 해당 회사는 물론 투자자들이 아주 싫어할 겁니다. '그 증권사가 매도 추천해서 내린 것'이라는 원성도 들어야 합니다. 어쩌면

서울대, 연·고대 합격자 현수막은 있지만 재수하는 학생들 명단이 담긴 현수막은 없는 이유와 비슷합니다.

또 하나 중요한 이유는 주식시장은 사실상 제로섬이라는 점입니다. 내가 돈을 백만 원 벌면 누군가 저쪽에서 백만 원을 잃을 수밖에 없습니다(상장된 기업이 새롭게 만드는 부가가치가 0이라고 가정한다면요). '주식투자로 1억 벌기'라는 책이 있다면, 이는 사실 '증시에서 주식투자로 남의 돈 1억 뺏기'입니다.

이걸 피하려면 증시 투자자들이 자꾸 더 늘어야 합니다. 증시 자체의 판이, 증시의 볼륨이 커져야 합니다. 링으로 누군가 더 들어와줘야 합니다. 그러니 주식을 팔라고 하기보다 자꾸 '사세요!' 권해야 합니다.

또 하나 특정 기업의 재무 흐름이 안 좋거나, 미래 가치가 떨어져도 '파세요!' 못하는 이유는 대기업들이 회사채 등을 발행할 때 증권사를 주관사로 세우기 때문입니다. 채택된 증권사는 채권 발행을 주관하면서 실무를 대행하고 수수료를 받습니다. 그런데 해당 기업에 대해 부정적인 분석을 하면 기업들은 해당 증권사를 대행사로 선정하지 않습니다. 증권사는 구조적으로 기업의 눈치를 보게 돼 있습니다.

결정적으로 드라마에 멋지게 나오는 연봉 수억 원 받는 애널리스트는 대부분 연봉 계약직이라서 딱히 갑의 지위도 아닙니다. 그러니 뭔가 제대로 된 쓴소리를 하기 쉽지 않습니다.

이런저런 이유로 오늘도 증권사의 매수 추천만 이어집니다. 증권사에 '어느 기업이 위험하다'는 빨간등은 좀처럼 켜지지 않습니다. 그걸 판단하는 건 오롯이 투자자들의 몫입니다. 그리고 어느 날 주가가 급락하면 '주가가 급락할 수밖에 없는 이유'를 담은 보고서들이 이어집니다.

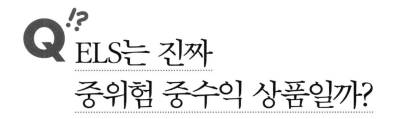

Q ELS는 진짜
중위험 중수익 상품일까?

우리 국민이 가장 좋아하는 파생상품, 단연 ELS입니다. ELS의 구조는 의외로 간단합니다. 예를 들어 '넥센 히어로즈 화이팅 1호 ELS'라는 상품이 있다고 가정하죠. 그리고 배리어barrier를 7위로 설정합니다. 히어로즈가 시즌 내내 7위권에 계속 머물면 6퍼센트 수익률을 보장하는 상품을 출시합니다(조건은 얼마든지 바꿀 수 있다).

넥센 히어로즈 화이팅 1호 ELS

- 기초 자산 : 넥센 히어로즈 시즌 성적 (이 상품의 가격을 기준으로 펀드를 운용한다는 뜻)
- 만기 : 2년

- 6개월마다 조건이 충족되면 조기 상환 (약속한 수익과 함께 원금을 돌려줌)
- 연 수익률 : 6퍼센트
- 배리어 : 7위
- 녹인 : 8위

구체적으로 2년 만기 상품인데, 처음 6개월 동안 한 번도 7위권 밖으로 안 떨어진다면, 약속된 수익을 지급합니다. 6개월이니까 연 6퍼센트의 절반(3퍼센트)을 줍니다. 만약 잘하다가 8위로 떨어진다면 조기 상환이 안 되고 자동으로 만기가 6개월 연장됩니다. 그리고 다행히 다음 6개월 안에 7위권으로 올라온다면 연 6퍼센트 수익을 주는 겁니다.

다시 말해 ELS는 특정 주가의 배리어를 설정하고 그 이하로 내려가지 않으면 약속한 수익을 지급하는 상품입니다. "2학기에 학급 성적이 최종적으로 10등 이하로 내려가지 않으면 아빠가 10만 원을 줄게"라는 약속과 비슷한 구조입니다.

그런데 만약 히어로즈의 성적이 계속 7위권 밖에 머문다면 그때부터 조기 상환이 안 됩니다. 2년 만기까지 기다려야 합니다. 그리고 2년 만기가 됐는데도 7위권 밖에서 끝나면 원금 손실이 납니다. 하락률이 클수록 원금 손실이 크게 납니다. 만약 넥센 히어로즈가 10위를 한다면 원금 대부분을 잃게 될 겁니다.

여기에 녹인knock-in을 설정할 수도 있습니다. 만약 넥센 히어로즈의 성적을 8위로 녹인을 설정한다고 가정하면, 설령 배리어인 7위로 떨어졌다고 해도, 녹인 아래(8위)로 떨어지지 않는다면 약속된 수익을 줍니다. 따라서 녹인은 최후 보루선입니다.

지난 2년 동안 넥센 히어로즈가 8위권 밖으로 벗어난 적이 없었으니까 만약 이 ELS에 가입했다면 설령 지난해 넥센이 7위로 시즌을 마쳤다고 해도 12퍼센트(6퍼센트×2년)의 수익을 받을 수 있습니다.

자신의 몸무게로 ELS를 만들 수도 있습니다. 제 몸무게가 지금 70킬로그램인데, 배리어를 60킬로그램으로 설정합니다. 그리고 앞으로 2년 동안 몸무게가 60킬로그램 이상을 유지하면 약속한 수익률을 지급하는 ELS입니다. 설령 중간에 60킬로그램 밑으로 떨어져도 만기일 하루 전에라도 60킬로그램을 회복하면 약속한 수익을 지급합니다.

여기서 60킬로그램이 배리어입니다. 일종의 '손실 한계점' 같은 것입니다. 제 몸무게를 갖고 만든 ELS의 배리어가 60킬로그램인데, 만일 몸이 아파 52킬로그램까지 떨어졌다 해도 만기 전에 몸무게가 다시 60킬로그램 이상으로 올라가면 약속된 수익을 받을 수 있습니다. 그런데 이 상품에 몸무게가 40킬로그램 이하로 한 번이라도 떨어지면 원금 손실이 나도록 별도 조건을 설정할 수도 있습니다. 이게 녹인입니다.

"학급 성적이 10등 이하로 한두 번 떨어지더라도 학기 말에 10등 이상만 유지하면 약속된 용돈을 주마. 하지만 15등 아래로는 한 번이라도 떨어지면 안 된다. 그러면 용돈은 줄 수 없단다."

이렇게 지수와 가격, 그리고 위험요소가 있으면 얼마든지 금융파생상품을 만들 수 있습니다. ELS가 대표적입니다. 물론 프로야구 ELS로 큰돈이 몰리면 자칫 승부 조작의 가능성이 있습니다(제 몸무게 ELS도 마찬가지죠). 그래서 이런 상품이 현실에서 출시되기는 어렵습니다.

주로 증시에 상장된 종목이나 지수를 추종하도록 설계됩니다. 물론 몇 해 전까지 롯데 자이언츠가 4강 안에 들면 추가로 이자를 더해주는 부산은행의 적금상품이 출시된 적은 있습니다(이건 통계적으로 그만큼 롯데가 4강에 들기 힘들다는 방증이다).

제가 삼성전자와 현대자동차가 함께 편입된 ELS에 가입했다면, 보통 두 주식의 주가 아래 어느 지점에 배리어가 설정됩니다. '정해진 기간 안에 이 배리어 아래로 해당 종목의 주가가 떨어지느냐, 안 떨어지느냐'가 이 게임의 핵심입니다.

의외로 편입 종목들이 배리어 아래로 자주 떨어집니다. 보통 편입 종목이나 지수 중 하나만 배리어 아래도 떨어져도 조기 상환이 안 되고 연장됩니다. 월말고사 반 10등 이하가 배리어인데, 알고 보니 국어, 영어, 수학 모두 10등 아래로 한 번도 떨어지면 안 되는 구조입니다.

따지고 보면 시중 예금 금리가 2퍼센트도 안 되는데, 보통 7~8퍼센트 수익을 보장하는 ELS는 중위험 중수익 상품이 아닙니다. 다들 '중위험 중수익'이라고 하는데, 정작 투자 설명서를 보면 깨알처럼 '고위험 상품'이라고 적혀 있습니다.

2016년 상반기 우리 국민이 ELS에 투자한 돈이 47조 원가량 됩니다. 우리 국민은 이제 ELS를 하는 국민과 ELS를 하지 않는 국민으로 나뉩니다.

도마뱀식 ELS?

2016년 하반기에도 ELS의 인기는 이어졌습니다. 거의 매달 3~4조 원씩 팔렸습니다. 여전히 우리 국민은 ELS를 하는 국민과 안 하는 국민으로 나뉩니다. 최근에는 삼성전자나 현대자동차 또는 다우지수나 홍콩H지수 등 일반적인 기초 자산을 편입시키는 대신, 미국의 벤처 기업들이나 맥도날드 주가를 편입시킨 다양한 ELS들이 시판됩니다.

맥도날드 주가가 2년 동안 85퍼센트 이하로 떨어지지 않으면 9퍼센트 수익을 약속합니다. 글로벌 전기차 제조사 테슬라의 주가를 기초 자산으로 한 ELS까지 출시됐습니다.

심지어 도마뱀식 ELS까지 나왔습니다. 일단 배리어를 한 번 설정한 뒤에, 그 배리어가 혹시 무너지면 도마뱀 꼬리 짜르듯 해당 배리어를 버리고 다시 배리어를 설정하는 방식입니다.

삼성전자의 주가가 80퍼센트 이하로 떨어지지 않을 경우 연 8퍼센트의 수익을 약속하는 ELS를 가정해 보죠. 그런데 5개월 후 삼성전자 주가가 80퍼센트 아래로 떨어질 경우, 자동 상환이 안 되고 계속 만기가 연장됩니다. 이 경우 투자자는 약속된 수익을 8퍼센트에서 4퍼센트로 절반만 받기로 하고 다시 배리어를 기존 삼성전자 주가의 70퍼센트 이하로 설정하는 것입니다.

딸의 학교 성적이 이번 학기 내내 80점 아래로 떨어지지 않으면 아빠는 60만 원짜리 휴대전화를 사주기로 약속했다. 그런데 딸의 중간고사 성적이 75점까지 떨어졌다. 이 경우 아버지와 딸이 이제부터 70점 이하로 떨어지지 않는다면 40만 원짜리 핸드폰이라도 사주겠다고 다시 계약을 맺는다.

우리 증권사들의 대표적인 파생상품인 '롱숏 펀드'와 'ELS' 모두 결국은 위험률과 수익률을 혼합한 '돈 놓고 돈 먹기' 상품입니다. 이들 상품에는 두 가지 기술이 필요합니다. 고객이 맡긴 돈을 수익률이 높으면서 안전한 곳에 투자하는 기술과 고객들에게 높은 수익률에도 안전한 상품처럼 보이게 포장하는 기술입니다.

분명한 것은 기대수익률이 높을수록 위험도 커진다는 것입니다. 투자자가 이를 잊어버리는 순간, 중위험 중수익 상품은 더 이상 중위험이 아닙니다. 고위험으로 둔갑합니다. 그리고 높은 수익에 대한 기대감은 마이너스 수익률로 돌아옵니다.

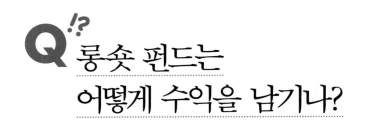

Q 롱숏 펀드는 어떻게 수익을 남기나?

헤지 hedge
금융상품에서 특정 위험을 막을 수 있도록 설계하는 것.

보통 증시에서 롱^{long}은 주식을 사는 겁니다. 반대로 숏^{short}은 파는 겁니다. 따라서 롱숏 펀드^{long-short fund}는 '사기도 하고 팔기도 하는 펀드'라는 뜻입니다. 보통 펀드는 '롱'만 하죠. 주식을 매입해서 수익이 나기를 기다립니다.

하지만 롱숏 펀드는 사기도 하지만 팔기도 합니다. 내릴 것 같은 주식을 빌려 와서 팔고 진짜 내리면 싼값에 다시 그 주식을 사서 갚습니다. 이걸 공매도라고 하죠(3장 참고). 그래서 오를 것 같은 주식을 사서 이익을 내고, 내릴 것 같은 주식은 공매도로 팔아서 수익을 냅니다.

일반적인 펀드는 주가가 내릴 경우 앉아서 시세 하락을 감당할 수밖에 없지만, 롱숏 펀드는 공매도 기법을 통해 위험을 헤지(hedge, 원래는 '울타리'라는 뜻으로, 위험을 막아준다는 뜻)합니다. 물론 전부 주식에 투자하지는 않습니다. 리스크를 줄이기 위해 채권을 섞습니다. 절반 정도는 채권에 투자하고 나머지 절반을 롱숏 기법의 주식투자로 채웁니다.

롱숏 펀드는 특히 우리 증시가 오르다 내리고 내리다 오르는 박스권 장세가 수년간 계속되면서 증권사들의 최고 인기 상품이 됐습니다. 실제 수익률도 좋았습니다. 물론 롱숏 기법은 2015년 중국 증시 불안 같은 본격적인 하락 장세가 펼쳐지면 큰 손실을 피하기 어렵습니다.

ELS도 그렇고 롱숏 펀드도 흔히 중수익 중위험 상품이라고 하죠. '적당하게 수익도 보고, 위험은 크지 않은 상품'이라고 설명합니다. 이 해석을 앞뒤만 바꾸면 똑같은 중위험 중수익인데, '수익은 높지 않고, 적당하게 위험한 상품'이라는 해석도 가능해집니다. 금융상품…… 해석하기 나름입니다.

ETF 등 주식형 상품들

증권사에 가면 '러시아 에너지 펀드' '유로 골드 펀드' '반도체 펀드' 등 다양한 주식형 펀드를 만날 수 있습니다. 그런데 수수료를 내야 합니다(증권사가 공짜로 해줄 수는 없지 않은가). 만약 누군가 이런 펀드를 대신 굴려주고 온라인에서 수수료 없이 가입할 수 있다면? 그게

ETF[exchange traded funds], 상장지수 펀드입니다.

매우 간단합니다. HTS(스마트폰 등에 들어 있는 손쉬운 주식 거래 프로그램)를 통해 삼성전자나 기아자동차의 주식을 사듯이 내가 원하는 펀드를 사면 됩니다. 개별 주식 거래와 똑같은 방식입니다. 당연히 오늘 사서 내일 팔아도 됩니다.

대표적인 상품은 코스피지수를 따라가는 '코스피200'이나 중국 증시 수익률을 추종하는 '타이거 차이나' 같은 상품들입니다(TIGER가 붙은 상품은 미래에셋에서 운용하는 브랜드 펀드다). 만약 미국 달러 상품에 투자하고 싶으면 증권사에 가지 않고 'KOSEF 달러 선물'을 매입하면 됩니다(직접 해보면, 엄청 쉽다).

ETF는 수수료가 저렴하고 가입도 간편하지만(가입이라고 할 것도 없다), 대신 매매가 쉬워 주가가 조금만 오르면 금방 팔고 싶어지는, 다시 말해 장기 투자가 쉽지 않다는 단점도 있습니다(물론 매입한 뒤에 잊어버리면 되지만……).

그런데 주식형 상품을 거래할 때 보면 상품 이름에 레버리지[leverage]가 붙은 것들이 있습니다. 'Kodex 레버리지'나 'Kosef 200 선물 레버리지' 같은 상품들입니다. 이는 수익의 두 배를 준다는 뜻입니다.

예를 들어 'Kosef 200 선물'의 경우 2퍼센트 수익이 난다면, 'Kosef 200 선물 레버리지'는 4퍼센트의 수익을 안겨줍니다. 물론 손실도 두 배로 돌아옵니다. 한국인의 한판 승부 기질 때문인지 유독 레버리지 상품이 인기가 좋습니다.

한편, '타이거 200 선물 인버스' 같은 상품에서 인버스[inverse]는 반대를 의미합니다. 해당 상품이 2퍼센트의 수익이 났다면 2퍼센트의 손실이, 반대로 5퍼센트의 손실이 났다면 5퍼센트의 수익이 붙습니다. 따라서 일본 증시가 지나치게 고점이어서 이제 하락할 것으로 베팅한 다면, '니케이 225 인버스' 같은 상품을 매입한 뒤 주가가 내리기를 기다리면 됩니다.

트럼프 미 대통령이 2017년 1월 16일, "강달러가 미국을 죽인다"고 직접적인 발언을 했다. 그러자 우리 증시에서는 달러 인버스 ETF 거래가 폭주했다. 'Kosef 미국 달러 선물 인버스2X' 같은 상품은 장 시작 초반부터 주문이 폭주하면서 2분 만에 최대 5만 주가 거래됐다. 트럼프의 발언으로 미 달러화 가치가 떨어질 것을 예상한 투자자들이 즉시 달러 인버스 상품을 매입한 것이다.

Q 펀드 이름을 알면 펀드 수수료를 아낄 수 있다?

펀드 수수료

3퍼센트 수익률을 기대하는 투자자가 늘 간과하는 2퍼센트 .

만약 '원장자산운용'이 '성공예감펀드'를 운용한다면, 자산운용사는 가입자들의 돈을 받아 운용해 주고 수수료를 받습니다. 이게 운용수수료(운용보수)입니다. 돈을 여기저기 굴려준 수당으로 받는 돈입니다. 보통 0.6퍼센트 정도 됩니다. 이를 넘는 경우도 있는데, 중요한 것은 매년 부과합니다.

그러니까 펀드에 가입할 때 "운용수수료가 몇 퍼센트예요?"라고 반드시 물어야 합니다. 3년 가입했다면 1.8퍼센트를 운용수수료로 내야 합니다.

성공예감펀드의 판매는 보통 증권사 창구나 은행 창구에서 해줍니다. 그래서 펀드를 판매해 준 증권사나 은행에서 판매수수료를 뗍니다. 이건 펀드를 팔아준 수당입니다. 보통 가입할 때 먼저 뗍니다. 그래서 '선취 수수료'라고 합니다. 이것도 역시 1퍼센트 정도 됩니다. 여기에 환매수수료(후취 수수료)를 받는 펀드도 있습니다.

그런데 왜 판매보수가 돈을 굴리는 운용보수보다 많을까? 운용사 입장에선 누군가 팔아줘야 돈이 들어오고 운용을 합니다. 그러니까 팔아주는 증권사나 은행에 수수료를 많이 떼어주는 구조입니다.

주식형 펀드 수수료

운용수수료 0.6퍼센트 (매년)

판매수수료 1.0퍼센트 (가입 시 1회)

= 첫해 펀드 수수료 1.6퍼센트 + a(환매수수료 등)

게다가 운용수수료는 펀드가 손실이 나도 뗍니다. 그래서 금융당국에서는 손실이 많이 나면 일부 수수료를 떼지 못하게 하는 방안을 논의 중입니다. 그만큼 운용사가 더 책임감을 갖게 하자는 취지입니다. 물론 이런 상품의 경우 만약 수익이 많이 나면 그만큼 수수료도 많이 떼는 구조가 될 겁니다.

주식형 펀드는 펀드 이름에 수수료의 비밀이 들어 있습니다. 만약 이름이 '성공예감 4호 class A'라면, class A는 선취 판매수수료, 그러니까 수수료를 먼저 뗀다는 뜻입니다. 보통 A형은 먼저 떼지만 운용보수가 좀 낮습니다. 그러니까 장기 투자용입니다.

반면에 class C는 선취 판매수수료가 없습니다. 대신 운용 보수가 비쌉니다. 그러니 단기 투자자에게 유리합니다. 이름 끝에 A나 C가

붙어 있다면 이는 은행에서 판매하는 펀드라는 뜻도 숨어 있습니다.

펀드 이름이 E로 끝난다면 온라인 펀드몰이나 펀드 슈퍼마켓에서 가입한 펀드입니다. 이 경우 선취 수수료가 매우 저렴하고, 운용보수도 저렴합니다. S로 끝나는 펀드는 펀드 슈퍼마켓에서만 판매하는 펀드입니다. 운용수수료가 아주 저렴한 반면, 3년 안에 환매하면 일정한 환매수수료를 내야 합니다.

실제 국내 주식형 펀드 중 S클래스의 판매보수는 연평균 0.31퍼센트 수준입니다. 매우 저렴합니다. 이는 A, C, E 등을 포함한 다른 클래스의 연평균 판매보수 0.78퍼센트의 5분의 2 수준입니다. 투자 선수들은 이런 펀드를 장기 투자하며 수수료를 아낍니다.

- 수지사랑 펀드 클래스 A : 선취 수수료 있음, 장기 투자에 유리
- EXXO는 첸백시 펀드 C : 선취 수수료 없지만 운용보수 높음, 단기 투자에 유리
- 잊힌 송중기 펀드 E : 온라인 펀드몰 등에서 가입, 선취 수수료와 운용보수 저렴
- 트럼프는 슈퍼맨 펀드 S : 펀드 슈퍼마켓에서 가입, 운용수수료 아주 저렴, 장기 투자용

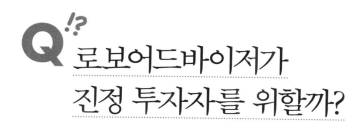

로보어드바이저가
진정 투자자를 위할까?

로보어드바이저 Robo-Advisor
수많은 투자 데이터의 딥 러닝을 통한 로봇 투자 자문 시스템.

1천만 원의 여윳돈으로 해외 주식형 펀드를 할까요? 원자재 ETF를 할까요? 아니면 직접 종목 투자를 할까요? 내 자산이나 소득, 원하는 수익률, 그리고 얼마나 위험한 투자를 감수할 수 있는지 입력하면 로봇이 "고객님은 ○○○○○펀드가 좋겠습니다"라고 답을 줍니다.

이미 여러 증권사가 '○○사이버PB'나 '○○로보 어카운트' 같은 로봇 자문형 신탁상품을 내놓고 있습니다. 미국은 이미 로봇이 굴리고 있는 자산이 2016년 상반기 기준 200억 달러(24조 원가량)나 된다고 하니까요.

"무려 5조 달러(약 5,570조 원)에 달하는 자산을 보유한 세계 최대의 자산운용사 블랙록BlackRock이 일부 펀드매니저들의 형편없는 수익률에 실망해 이들이 맡아온 고객들의 돈을 로봇(알고리즘)에 맡기기로 했다.

28일(현지 시간) 미국의 《블룸버그》 《월스트리트저널》 《뉴욕타임스》, 영국의 《파이낸셜타임스》 등에 따르면 세계 최대의 자산운용사인 미국의 블랙록은 이날 액티브 펀드를 운영해 온 스타 펀드매니저 일곱 명을 해고하고, 이들이 운영해 온 주식형 펀드는 새로운 운용전략에 따라 알고리즘 방식으로 운영된다고 밝혔다.

래리 핑크 블랙록 회장은 "블랙록은 변화를 포용해 기회를 만들어낼 것"이라며 "우리는 거시 트렌드가 앞으로 어떤 식으로 금융산업을 바꾸고, 또 고객 기호의 변화를 가져올 것인지에 대해 면밀히 주시하고 있는 상황"이라고 그 배경을 설명했다. 핑크 회장은 "우리는 현재 중심축을 옮겨가고 있다"고 강조했다. (중략)

비싼 몸값을 주고 고용한 펀드매니저들이 받아든 성적표(수익률)가 수수료가 훨씬 저렴한 패시브 펀드(컴퓨터 알고리즘에 의해 운용되는 펀드)에 비해서도 떨어지자 해고의 칼을 휘두른 것이다."

―《뉴시스》

로보어드바이저 시스템의 장점은 일단 투자상품을 권하는 직원 개인의 개인적 성향이나 편견 없이 금융상품을 선택할 수 있습니다. 판매수수료 높은 상품을 권한다든지, 실적 채우기 위해 이번 달 지점이 집중 판매하는 상품을 권한다든지 하는 일이 줄어들 겁니다.

주식도 증시도 결국 사람이 하는 일입니다. 펀드매니저 입장에서

'저 종목은 매도하는 게 낫겠다' 싶어도 그 종목 담당자가 대학 동기면 주저하게 됩니다. 하지만 로봇은 이것저것 따지지 않고 가장 적합한 상품을 선택하고 운용합니다.

마치 우리 축구 선수들을 너무 잘 알아서 편견이 개입하는 국내 감독 대신 오직 기량으로만 선수를 기용하는 외국 감독을 국가대표 팀 감독으로 기용하는 것과 비슷합니다.

실제 국내 모 증권사의 로보어드바이저는 한 달 새 150여 개 종목을 '매도 추천'했습니다. 우리 증권사들은 '매수 추천'만 익숙한데, 로봇은 이 사람 저 사람 눈치를 보지 않습니다. 주저 없이 매도 추천합니다. 프로그램 편입 종목에서 빼버립니다.

또 하나, 인간은 공포를 느낍니다. 여기저기서 자산가치가 떨어지면 무서워서 쉽게 매도하거나, 투자를 주저합니다. 로봇은 그런 것도 없습니다. 가치에 비해 가격이 낮다고 판단되면 자동으로 사거나 투자를 결정합니다. 그리고 수수료도 저렴합니다. 인간보다 덜 받겠죠.

하지만 생각해 볼 문제 몇 가지가 남습니다. 로보어드바이저 시스템 역시 그 알고리즘을 입력하는 건 결국 인간입니다. 고객의 수익률보다 회사의 이익을 먼저 따질 수도 있겠죠. 아무리 빅데이터를 기반으로 한 알고리즘이라 해도 여전히 상당 부분 인간의 몫입니다. 어느 펀드상품의 매출이 급등하면 판매수수료를 슬그머니 올릴 수 있습니다. 회사가 적극 추천하는 상품을 우선 선택할 수 있도록 몇 가지 조건 변수만 가공하면 됩니다.

인공지능을 이용한 투자는 이미 시작됐고, 빠르게 확대될 것입니다. 하지만 로봇이 완전히 객관적이며 투자자 우선 지향적이라는 생

각은 착각입니다. 물론 객관적 투자를 위한 인류의 새로운 시도가 될 수 있습니다.

언젠가 투자시장이 '내가 선택한 증권사의 로봇이 이길 것이냐, 당신이 선택한 증권사의 로봇이 이길 것이냐?'로 바뀔지도 모르겠습니다. 하지만 그 선택의 뿌리에는 인간의 선택이 숨어 있습니다.

- 로보어드바이저에게 내 개인 투자 정보를 모두 제공해도 될까? 내 모든 금융 기록은 과연 안전하게 보관될까?
- AI(인공지능) 로봇이 내 모든 의료 기록을 분석하여 내가 갖고 있는 병에 대한 최적의 치료법을 제공할 때, 과연 내 의료 정보도 안전하게

유통될까? 내 산부인과 기록까지 모두?

- 우버를 통해 이번 주말 사용하지 않는 내 차를 빌려주려는데, 전혀 모르는 사람에게 내 차를 빌려줘도 괜찮을까?

이 기술적 진보를 받아들이기 위해 필요한 사회적 조건은?

정답 : 신용(CREDIT — 라틴어 'credere'에서 유래했다. credere는 '믿는다'는 뜻이다.)

Q 은행의 스트레스를 테스트하는 이유는?

스트레스 테스트 stress test
만약에 다가올 위험에 대비해 지금 미리 테스트를 해보는 것.

스트레스 테스트는 원래 기술공학 용어였습니다. 위험을 가장해서 얼마나 버티는지 확인하는 테스트입니다. 예를들어 온라인 게임에서 이용자들이 갑자기 늘어 트래픽이 생길 때 게임이 원활하게 진행되는지 미리 예측해 보는 것입니다. 시스템 구성요소나 소프트웨어 프로그램 등에 다양한 충격을 가한 뒤, 게임이 안정적으로 작동하는지 확인하는 테스트를 말합니다.

또는 경주 지진 이후 주변 원전이 얼마나 버틸 수 있는지, 더 높은 강도의 지진을 대입해 모든 원전의 운영시스템을 테스트해 보는 것입니다.

하지만 요즘 스트레스 테스트는 금융시장에서 하는 위험도 테스트에 더 자주 등장합니다. 특정 저축은행이 부실해질 경우, 예금자들이 줄지어 인출해서 뱅크런bank run이 터질 때 해당 저축은행이 버틸 수 있는지 테스트해 보는 겁니다. 만약의 충격에 대한 잠재적 취약성을 측정하는 평가 분석 방법입니다. 1990년대 JP모건 등 대형 투자은행에서 처음 도입했습니다.

2015년 한국은행은 '미국이 기준금리를 조금씩 올려 3퍼센트까지 올린다면 우리 시중 18개 은행은 어떻게 될까?'에 대해 스트레스 테스트를 했습니다.

그랬더니 국제결제은행BIS 기준 총자본비율이 1.26퍼센트나 떨어지는 것으로 나타났습니다. 은행 곳간의 여유 자금에 비해 은행이 지급해야 할 돈(자기자본 대비 위험자본의 비율)이 16조 원 늘어나는 것으로 조사됐습니다.

한국은행은 자체적으로 만든 '시스템적 리스크 평가 모형SAMP'에 따라 18개 국내 은행을 상대로 스트레스 테스트를 해 이런 결과를 얻었습니다. 기준금리를 올릴 경우 시중은행이 감당하기 힘들다는 예측을 스트레스 테스트를 통해 얻은 것입니다. 한국은행이 이런 모든 것을 참고해서 기준금리를 결정합니다.

또한 상하이 증시가 폭락하면 혹시 우리 외화 유출이 가속화되는 것은 아닌가도 테스트할 수 있습니다. 그럼 우리 외환시장은 어떻게 될까? 그래서 실제 여당이 정부(기획재정부)에 중국의 증시 폭락이 우리 금융시장에 미치는 영향을 스트레스 테스트해 달라고 주문하기도 했습니다.

스트레스 금리stress rate도 있습니다. 앞으로 시장 금리가 올라갈 것을 대비해 대출자의 미래 대출상환 위험을 미리 계산해 대출해 주는 것입니다.

대출은 대출자의 현재 신용과 금융시장의 현재 금리를 기준으로 이뤄집니다. 하지만 스트레스 금리를 적용하면 미래에 금리가 오를 것까지 감안해 대출 이자율을 결정합니다. 만약 시중 금리가 올라간다면 변동 금리로 대출받는 소비자는 이자부담이 늘어납니다.

내년 시장 금리가 1퍼센트 오른다고 가정하고, 현재 대출 심사를 할 때 이를 반영하는 것입니다. 이 사람의 소득이나 자산에 견주어 지금은 2억 원의 대출이 가능한데, 시장 금리가 내년에는 1퍼센트 정도 오른다고 가정하고 내년부터는 그 이자까지 갚을 수준으로 대출을 해주는 거죠. 대출액이 1억 9천만 원으로 줄어들 수 있습니다.

스트레스는 우리가 받는 스트레스의 의미도 있지만, 동사로 '압박하거나 강조한다'는 뜻도 있거든요. 만약의 위기 상황에 어떤 결과가 나올지를 압박해 보고 강조해 보는 게 '스트레스 테스트'입니다.

이 단어가 금융시장에 부쩍 자주 등장하는 것은 2000년대 중반부터입니다. 이는 금융시장이 그만큼 불안해졌다는 뜻입니다. 또한 그만큼 시장이 예측하기 어려워졌다는 방증이기도 합니다.

Q
은행은 진짜
우리를 잘 알고
돈을 빌려줄까?

신용등급회사
우리의 신용을 평가하는 권위를 누가 그들에게 부여했을까?

이자는 돈을 빌려준 것에 대한 기회비용입니다. 이자율은 돈을 빌리는 기간이나 대출금의 크기도 중요하지만, 특히 돈을 빌려가는 사람의 신용에 좌우됩니다. 신용이 나쁘면 이자율이 올라가거나 돈을 빌리지 못합니다.

그 신용을 현대 사회는 등급을 매겨 평가합니다. 우리나라는 신용평가사 나이스평가정보와 코리아크레딧뷰로^{KCB} 두 회사에서 평가합니다. 우리 경제활동 인구 거의 모두의 등급을 매깁니다(정육점 쇠고기 등급과 비슷하다). 그리고 그 등급에 따라 대출이자가 결정됩니다. 수능등급에 따라 대학에 가는 것과 똑같습니다.

그런데 자신의 수능등급은 잘 알지만, 정작 자신의 신용등급은 모르는 경우가 대부분입니다. 우리가 의식하지 못하지만 사실 우리 이마에는 보이지 않는 신용등급이 새겨집니다(자신의 신용등급을 모르는 사람은 대부분 신용등급이 좋은 사람들이다).

"신용카드 현금서비스를 받으면 신용등급이 떨어질까?

떨어진다. 2015년 신용카드 현금서비스를 이용한 636만 명 중 296만 명(나이스평가정보 기준)이 실제 신용등급이 떨어졌다. 코리아크레딧뷰로 기준 역시 현금서비스 이용자 629만 명 가운데 208만 명의 신용등급이 내려갔다. 2015년, 모두 535만 명이 개인 신용등급이 하락했는데, 이 중에 현금서비스 이용 때문에 신용등급이 내려간 사람이 무려 296만 명이나 됐다."

—2016년 금융감독원 국정감사 자료

깜깜이 신용등급의 폐해

문제는 이렇게 중요한 개인 신용정보를 누가 어떻게 점수를 매기는지 정확한 기준조차 없다는 것, 그 산정방식이 공개되지 않고 불투명하다는 것, 그런데도 정작 그 깜깜이 신용등급에 우리 금융생활을 맡길 수밖에 없다는 점입니다.

예를 들어 급전이 필요해 한 번 대부업체를 이용하면 어떻게 될까? 신용등급 1등급인 사람이 대부업체에서 신규 대출을 받으면 등급이 평균 3.7등급이나 하락했습니다. 2등급인 사람은 평균 3.3등급이나 신용등급이 곤두박질쳤습니다(2015년 나이스평가정보 국회 제출 자료).

"어떻게 버스나 지하철만 탈 수 있나? 바쁠 땐 택시도 타고……"라는 러시앤캐시 CF는 이런 현실을 무시했다는 이유로 소비자들의 원성을 샀고, 금방 자취를 감췄다. 버스를 타다가 택시를 타고 다시 버스를 탈 수 있지만, 대부업체는 한 번 이용하면 계속 이용할 가능성이 높아진다.

이 때문에 우리 경제활동 인구 열 명 중 세 명 정도는 신용등급에 민감합니다. 등급이 6등급 이하로 떨어지면 신용대출이 사실상 막힙니다. 그래서 신용등급 관리가 중요합니다.

그런데 저축은행 등 제2금융권은 정말 신용등급에 따라 제대로 이자율을 부과할까? 그렇지 않습니다. 죄다 높은 이자율이 적용됩니다. 신용등급이 좋은 사람도 20퍼센트 넘는 고금리를 부과하는 경우가 허다합니다. 여기서부터 진짜 문제입니다.

2016년 9월 한 달 동안 37개 저축은행 중에 16곳이 1, 2, 3등급 고신용자에게도 평균 20퍼센트의 고금리를 적용한 것으로 드러났습니다(저축은행중앙회 조사). 은행이 개인의 신용 평가를 제대로 하지 못하는 것입니다. 아니, 허술한 신용 평가마저 제대로 반영하지 못하는 것입니다. 심지어 CSS^{credit scoring system}라는 신용평가시스템이 없는 저축은행도 많았습니다. 깜깜이 대출, 사실상 눈을 감고 빌려주는 것입니다.

은행은 기본적으로 소비자나 기업의 신용을 평가해서 이자율을 결정해야 합니다. 그런데 어떻게 이런 시스템이 없이 은행업이 가능할까? 높은 이자율에도 당장 돈 빌려달라

CSS
개인신용평가시스템

개인의 신상·직장·자산·신용·금융기관 거래 정보 등을 종합 평가하여 대출 여부를 결정해 주는 자동전산시스템. 선진국의 은행들 대부분이 사용하고 있는 시스템으로, 예금이나 거래 실적보다는 채무 변제 능력을 중요하게 평가한다.

는 사람이 너무 많으니까요. 시장원리가 작동하지 않습니다. 결국 신용만으로 대출을 받기 쉽지 않고, 신용등급이 좋은 소비자까지 높은 이자율로 대출을 받는 경우가 늘어납니다.

신용평가사들의 '깜깜이 낮은 등급 매기기'가 계속되고 은행들은 이를 토대로 높은 이자를 받는 구조가 계속되면 결국 신용등급이 낮을 수밖에 없는 서민 소비자들이 피해를 볼 수밖에 없습니다(신용등급회사들이 고교 내신등급을 낮게 매기고, 대학은 낮은 등급의 학생들에게 무턱대고 높은 등록금을 매긴다면 이를 받아들일 수 있을까? 게다가 낮은 등급의 비율조차 정해져 있지 않다).

금융당국은 CSS 시스템을 빨리 도입해서 신용평가시스템을 선진화할 것을 권합니다. 하지만 대출을 원하는 소비자는 여전히 많습니다. 저축은행들은 서둘러 신용평가시스템을 정비할 필요가 없습니다. 억울한 깜깜이 고금리 대출이 계속됩니다.

정부는 10등급인 신용등급 체계를 수술 중입니다. 대부업체나 저축은행에서 대출을 받았다는 사실만으로 신용등급이 곤두박질치는 일이 없도록 하기 위해서입니다. 중장기적으로 개인 신용평가 체계를 1~10등급의 신용등급제에서 1,000점 만점의 점수로 바꿉니다(지금도 1,000점 제도를 10등급으로 나눈다). 금융당국은 같은 등급 안에서도 점수 차이가 30~70점 나는데도 은행들이 신용등급에만 의존해 획일적 대출을 해주는 폐해를 우선 방지하겠단 계획입니다.

"은행은 당신을 무서운 세상으로 내보낸 뒤, 다른 사람들과 싸우라고 한다."

—베르나르 리에테르, 『돈의 비밀The Mystery of Money』

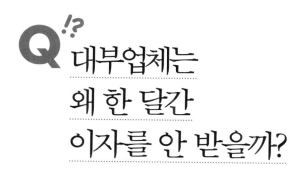

Q!? 대부업체는 왜 한 달간 이자를 안 받을까?

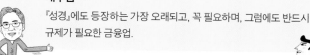

대부업

『성경』에도 등장하는 가장 오래되고, 꼭 필요하며, 그럼에도 반드시 규제가 필요한 금융업.

대부업체는 합법적인 금융기관입니다. 러시앤캐시나 산와머니 같은 유명 대부업체 모두가 허가받고 영업합니다. 그래서 법적인 이자 상한선 27.9퍼센트를 준수합니다.

반면 불법 대부업체라면 신고도 돼 있지 않은 사채업을 말합니다. 그러니 이자 상한선을 지킬 이유도 없습니다. 이자 상한선을 지키지 않아서 불법 사채가 아니고, 등록돼 있지 않아서 불법 사채입니다. 그러니 불법 대부업체는 이자 상한선도 없습니다.

2015년 금융감독원이 적발한 불법 사금융, 불법 대부업체 전화번호가 1만 2,758개나 됩니다. 불법으로 돈을 빌려주는 사금융업체가 판을 칩니다. 이자 상한선을 따져봤자 의미 없습니다. 그런데 합법적인 대부업체들은 왜 한 달간 무이자로 돈을 빌려줄까요?

일단 대부업체를 한 번 이용하면 은행이나 보험사의 신용 대출이 아주 어려워집니다. 소비자를 대부업계로 유인하기 위해서입니다. 급전이 필요한 금융소비자를 정글로 유인하는 것입니다.

"2016년 상반기 중 대부업체와 저축은행에서 신규 대출을 받은 신용등급 2등급 소비자는 신용등급이 평균 3.3단계 하락했다. 3등급은 2.5단계, 4등급 소비자는 1.7단계 하락했다. 신용등급이 5등급 이하로 떨어지면 은행에서 신용대출이 사실상 어려워진다. 계속 저축은행이나 대부업체를 이용할 수밖에 없다. 정글에 갇힌다. 그래서 한 달 무이자 마케팅을 보면 반드시 '신규 대출자에 한해'라고 조건이 붙어 있다."

— 2016년 금융감독원 자료

게다가 한 달 안에 갚지 못하는 소비자가 열 명 중 아홉 명이 넘습니다. 2016년 금감원의 국정감사 자료를 보면 2014년부터 2016년까지 무이자 30일 이벤트를 통해 48만여 명이 1조 6천억 원을 대출받았습니다. 그런데 이 중 95퍼센트인 46만여 명이 한 달 안에 대출금을 갚지 못했습니다.

결국 이들 대부분은 한 달 뒤부터 27.9퍼센트에 육박하는 고금리 이자를 부담해야 합니다. 대부업체의 감동적인 '한 달 무이자' 대출 이벤트는 열에 아홉은 결코 감동적으로 끝나지 않습니다.

대부업체는 왜 유독 여성 고객을 우대할까?

여성을 위한 증권사도 없고, 여성을 위한 은행도 없는데, 여성만 상대로 하는 대부업체는 있습니다. 포털에 여성 대출을 검색해 보면 여성 전문 대출 안내 블로그가 수도 없이 쏟아집니다. 왜일까?

일단 직장이 없으면 여성들이, 특히 주부들이 은행에서 신용대출 받기가 쉽지 않습니다. 보험사나 카드사 같은 제2금융권이 있지만 역시 익숙하지 않습니다. 그래서 이런 여성 고객들을 대상으로 저축은행과 대부업체들이 공격적인 감성 마케팅을 벌입니다. 여성 상담원이 상담해 주고, 상담 기록도 절대 남기지 않습니다. 남편도 모르게 안심콜로 진행해 줍니다.

무엇보다 여성이 연체율도 상대적으로 남성보다 낮습니다. 연체를 할 경우 여성이 추심도 상대적으로 쉽습니다. 위협적인 채권추심에 여성은 여전히 약자입니다. 여성은 직장이나 가정에서 대부업 연체 사실이 드러나는 것을 더 불편해합니다. 덕분에 대부업체의 채권추심이 상대적으로 더 쉽습니다.

결국 여성은 돈을 빌리긴 어렵지만, 일단 빌리면 더 잘 갚고, 연체하더라도 더 쉽게 대출금을 상환합니다. 대부업체가 여성을 좋아하는 이유입니다. 그러니 여성을 위한 대출이 아닙니다. 여성을 대상으로 한 대출일 뿐입니다.

Q 국민연금의 대체투자는 대체 무엇인가?

대체투자 alternative investment
주식투자를 대체한다고 해서 대체투자라고 부른다.

보통 금융투자라면 주식투자나 채권투자를 말합니다. 이런 투자를 대체한다고 해서 대체투자입니다. 그럼 뭘 사느냐? 뭐든 돈 되는 것은 다 삽니다. 호텔이나 대형 빌딩도 삽니다.

우리 국민연금은 런던의 랜드마크 빌딩인 HSBC 본사 건물을 샀습니다(5년 만에 매각하여 7,500억 원 이상의 수익을 남겼다). 독일 프랑크푸르트에 있는 도이체 방크 제2 본사 건물은 3,500억 원을 들여 완공도 되기 전에 사들였습니다. 모두 대체투자입니다. 직접 사는 경우도 있지만, 사모펀드가 사고, 그 자본을 국민연금이 투자하는 경우가 많습니다. 2015년 매물로 나온 홈플러스도 사모펀드가 7조 원 들여 샀는데, 그중 1조 원은 국민연금이 낸 겁니다.

오늘 아침에 서울외곽순환고속도로를 타신 분들 계시죠. 이 역시 국민연금이 투자한 민자 고속도로입니다. 통행료 수입을 민자 주식회사가 챙겨 가고, 국민연금은 민자 주식회사로부터 배당을 받습니다. 심지어 와인 펀드, 즉 와인을 수입하는 회사에 투자한 적도 있습니다. 모두 주식투자나 채권투자를 '대체'하는 대체투자입니다.

기존 금융회사들도 대체투자 비중을 늘리고 있습니다. 돈만 된다면 뭐든 사들입니다. 미래에셋운용이 몇 년 전 상하이에 매입한 빌딩은 지금 가격이 네 배 올라서 시세가 1조 원이나 됩니다. KB운용 같은 데는 발전소도 사들이고, KDB자산운용은 대형 수족관까지 사들였습니다. 돈 되면 다 삽니다. 특히 금리가 낮으니까 대체투자 비중이 더 높아집니다.

지난 5년간 국민연금이 이렇게 대체투자에서 올린 수익률이 연평균 8.29퍼센트입니다. 채권이나 주식에 투자하는 것보다 거의 두 배 가까이 수익률이 높습니다. 2016년에는 60조 원 넘게 대체투자에 투자했습니다. 63조 원어치를 주식이나 채권이 아닌 '무엇인가'를 사들인 것입니다.

경제에서 어느 한쪽은 열심히 재화나 서비스를 생산합니다. 그리고 어느 한쪽에서는 그 자산을 사고파는 데 베팅합니다. 대체투자는 그 베팅의 정점입니다.

'국민연금 따라 하기 펀드'는 어떨까?

국민연금이 연평균 5퍼센트의 수익을 올린다면, '국민연금 따라 하기 펀드'는 어떨까?

기발한 아이디어입니다! 요즘 금리가 낮아서 증권사 CMA에 넣어 둬도 수익률이 연 1.3퍼센트 정도입니다. 그런데 국민연금은 못해도 연평균 4~5퍼센트 수익을 냅니다.

물론 세계 경제가 휘청이면 수익률이 떨어집니다. 2008년 금융위기 때 실제 -0.4퍼센트의 손실이 났습니다. 하지만 그 이듬해 10퍼센트 넘게 수익을 냈습니다(이렇게 기준 시점이 너무 낮아서 비교 시점의 수치가 더 높아 보이는 것을 기저효과라고 한다). 2009년, 2010년 모두 30조 가까운 순이익을 기록했습니다.

그러니까 '국민연금 따라 하기 펀드'를 만들어서 그대로 따라 투자하는 겁니다. 국민연금이 삼성전자 주식 1퍼센트를 사면 펀드도 투자 금액의 1퍼센트를 사고, 국민연금이 러시아 원유 에너지 펀드에 2퍼센트 투자하면 똑같이 2퍼센트를 사는 겁니다.

이런 식으로 똑같이 베끼면 결국 그 펀드도 국민연금만큼 수익률이 나올 텐데요. 그 수익을 투자자들이 나누는 것입니다. 맨날 손실 나는 주식형 펀드, 중도 해지하면서 울고 싶어지는 변액연금보다 100배 좋아 보입니다. 아마 퇴직금을 이 '국민연금 따라 하기 펀드'에 넣는 국민도 급증할 겁니다.

하지만…… 결론적으로 이런 펀드는 현실적으로 도입이 어려워 보입니다. 일단 국민연금은 어디에 투자하는지를 실시간으로 공개하지 않습니다. 워낙 볼륨이 커서 그 사실만으로 시장에 영향을 줄 수 있으니까요.

또 국민연금은 주식이나 채권을 사기만 할까요? 팔기도 합니다. 그럼 '국민연금 따라 하기 펀드'는 어떡하죠? 바로 따라서 팔까요? 이미 주가는 어느 정도 떨어졌을 텐데요. '하나, 둘, 셋!' 해서 함께 팔기도 어렵습니다. 파는 시점을 국민연금이 알려주지 않을 테니까요…….

또 하나 국민연금이 특히 수익률이 높은 게 대체투자라고 설명드렸죠. 북유럽의 유전시설까지 사들이는데, 이건 따라 하기가 더 어렵습니다. 이미 국민연금이 '북스웨덴의 A유전' 지분 81퍼센트를 사들였는데, '따라 하기 펀드'는 뭘 사야 하나요……? 나머지 19퍼센트라도 살까요? 만약 팔지 않는다면요? 주변 다른 유전이라도 살까요? 그건 미래 가치가 다를 텐데요.

그래서 국민연금 투자법을 그대로 베끼는 펀드는 현실성은 없어 보입니다. 하지만 비슷하게 베끼는 펀드는 가능하지 않을까 싶어요. 국민연금의 투자법을 가급적 비슷하게 베끼는 겁니다. '국민연금 따라 하기 ETF'는 어떨까요?

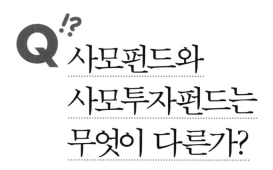

Q^{!?} 사모펀드와 사모투자펀드는 무엇이 다른가?

사모투자펀드 private equity fund, PEF
뭐든 사들이는 거대한 지구 투기자본. 그들이 곧 당신도 사들일지 모른다.

1999년 외환위기 때, 위기에 빠진 우리 외환은행이나 쌍용증권 등을 사 간 투기자본들이 있습니다. 그들이 사모투자펀드^{PEF}입니다. 우리가 흔히 아는, 개인투자자들이 돈을 모아 증시에 투자하는 사모펀드와는 규모와 투자방식이 크게 다릅니다(하지만 둘 다 흔히 사모펀드라 부른다).

사모투자펀드는 거대한 투자자들이 펀드를 만들어서 그 돈으로 유망한 기업을 사는 겁니다. 홈플러스도 MBK라는 토종 사모투자펀드에 7조 2천억 원에 팔렸습니다. 우리 국민연금이나 해외 연기금들이 해당 자금을 댄 것으로 알려졌습니다. 그리고 경영을 정상화시키거나 수익성을 올린 뒤(또는 포장만 요란하게 한 뒤) 다시 해당 기업을 팝니다. 이를 엑시트exit, 투자금 회수라고 합니다.

이렇게 기업을 매입한 다음 경영을 하기보다, 수년 안에 차익을 남기고 되팝니다. 우리에겐 외환은행에 대한 론스타의 먹튀(?)의 기억이 있습니다. 기업을 서둘러 정상화시키고 되팔고 떠납니다. 그 론스타의 투자자들은 해외 유수의 연기금과 큰손들입니다. 수익은 연기금과 큰손들에게 돌아갑니다.

국내 사모투자펀드도 갈수록 거대해집니다. LIG투자증권, ING생명, 코웨이, 할리스커피, 카페베네, 쌍용양회, 동양매직, 대한전선, 모두 국내 토종 사모투자펀드가 샀습니다.

사모투자펀드를 통해 투자하는 이유

그럼 대기업이나 연기금은 왜 직접 인수하지 않고 이렇게 간접적으로 사모투자펀드를 통해 투자를 할까?

일단 직접 사면 부담이 커집니다. 언론의 집중 관심을 받죠. 금호그룹이 자신보다 몸집이 큰 대우건설을 잘못 사서 위기에 빠졌듯이 리스크가 커집니다.

그래서 대기업이나 연기금은 위험 분산 차원에서 사모투자펀드에 투자를 하고, 이 사모투자펀드가 돈 될 만한 기업을 골라 사들이는 겁니다. 금호그룹처럼 7조 원이나 들여 대우건설을 사지 않고 1조 원어치 지분만 투자하는 방식입니다. 또 수익성 높은 기업을 잘 골라서 비효율적인 부분을 잘라내고 기업 경쟁력을 높일 수 있습니다. 그래야 비싸게 되팔 수 있겠죠.

단점은 기업의 단기 수익성을 높여야 하니까 중장기 투자는 외면할 수 있다는 점입니다. MBK가 인수한 홈플러스도 지점별로 경영분석을 해서 돈 안 되는 지점은 구조조정을 하거나 분리 매각할 것이라는 우려가 이어졌습니다. 대규모 인력 감축이 올 것이란 우려가 나오는 것도 빨리 보기 좋게 만들어 되팔아야 하기 때문입니다. 이렇게 주인이 된 뒤 빨리 수익을 내야 합니다. 그래서 배당을 많이 합니다.

2013년 1월 웅진그룹이 무너졌다. MBK는 매물로 나온 웅진코웨이의 지분 30.9퍼센트를 1조 1,900억 원에 샀다. 이후 웅진코웨이는 코웨이로 이름을 바꾼다. 하지만 2016년 7월 정수기에서 니켈 성분이 검출된다는 파문이 일고 기업 가치가 빠르게 떨어졌다. 기업 정상화 이후 매각을 추진하던 MBK는 매각을 미룰 수밖에 없었다. 하지만 대주주 MBK에 대한 배당은 계속됐다. 지분 인수 3년 만에 MBK는 코웨이로부터 배당으로만 1,100억 원 이상을 챙겼다.

MBK는 자산 규모가 벌써 30조 원이 넘습니다. 한화그룹 수준입니다. 돈을 투자하여 돈을 법니다. 이제 기업이 돈을 버는 게 아니고 돈이 돈을 법니다. 월가 격언 중에 '땀을 흘리지 말고 남의 땀을 훔치라'는 말이 있습니다. 여의도의 유명 고깃집 '창고'는 '한우가 아니면 고기 장사를 당장 그만둔다'는 표어로 유명했는데, 어느 날 슬그머니 사모투자펀드에 팔렸더군요. 그 표어는 계속 벽에 붙어 있습니다.

대표적 사모투자펀드 MKIF가 돈을 버는 방식

맥쿼리한국인프라투융자회사[MKIF]는 마창대교 같은 다리부터 부산 백양터널, 수정산터널, 부산 신항만 2~3단계 같은 10여 곳의 인프라에 1조 원이 넘는 투자를 하고 있습니다. 대표적인 사모투자펀드입니다.

MKIF는 먼저 운영회사에 투자를 합니다. 운영회사에 돈을 빌려주고 운영회사가 수익을 내면 이자를 받는 식입니다. 그런데 이자를 시중 이자율의 3~4배 받아서 수익을 냅니다. 운영회사가 바로 수익을 가져가면 우리 정부에 세금을 내기 때문입니다.

예를 들어 '백양터널 운영사'는 지난 12년간 1,300억 원을 통행료 수입으로 벌었습니다. 그중 이자로 MKIF에 1천억 원을 지급했습니다. 그러니 백양터널은 이익을 거의 남기지 않고, 그래서 법인세를 낼 수익이 없습니다. 게다가 이자 수입만 있는 MKIF 역시 세금을 빠져나갑니다.

백양터널 운영사와 수정산터널 운영사는 매년 통행료 수익에다 지자체로부터 재정 보전까지 받습니다. 결국 국민 세금입니다. 그런데도 대주주인 MKIF에 이자를 주느라 지금 자본잠식 상태입니다.

마산과 창원을 잇는 마창대교도 마찬가집니다. MKIF가 운영사인 주식회사 마창대교의 대주주입니다. MKIF는 후순위 채권을 발행해 마창대교의 투자금을 만들었습니다. 그런데 후순위 채권 이자율은 11퍼센트가 넘

맥쿼리한국인프라 투융자회사

한국에서 기막힌 민자 투자 기법을 마음껏 발휘 중인 사모투자펀드

습니다. 그러니 이제 마창대교는 주민들에게 통행료를 받아 11퍼센트가 넘는 이자를 MKIF에 지급합니다. 그래서 또 세금 낼 수익이 없습니다. 돈은 또 MKIF가 벌어갑니다.

과거에는 민자 투자회사들이 최소운영수입보장^{MRG}이라는 제도로 주로 돈을 벌었습니다. 정부를 믿고 교량에 투자했는데 수요 예측만큼 차가 다니지 않는다면 정부가 예상 수요의 80~90퍼센트까지 통행료 손실을 보전해 줬습니다. '땅 짚고 헤엄치기' 투자법입니다.

그런데 인천공항고속도로, 신대구부산고속도로, 부산김해경전철…… 수요 예측이 너무나 엉터리였습니다. 막대한 MRG가 투입됐습니다. 결국 정부는 MRG 제도를 폐지했습니다. 그래서 MKIF는 요즘 이런 식으로 돈을 벌어갑니다.

기본적으로 사회 인프라는 정부가 지어야 하는데, 예산이 부족하고 사업성도 떨어집니다. 하지만 정치적인 이유로, 또 주민들이 원한다는 이유로 짓고 또 짓습니다. 예산이 부족합니다. 그래서 민간 투자자를 찾고 민간 투자자의 돈으로 짓습니다.

정부는 대신 못 지킬 약속을 하고, 훗날 결국 세금으로 이 약속을 대신합니다. 민간 투자자들은 어디선가 또다른 이익을 보장해 줄 편법을 개발하고, 그 편법을 알면서도 외면하는 순간 또 민자 인프라가 들어섭니다. 그 손실은 고스란히 국민들에게 전가됩니다.

Q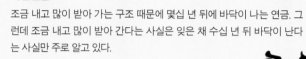 국민연금을 매달 190만 원 받는 사람이 있다고요?

국민연금

조금 내고 많이 받아 가는 구조 때문에 몇십 년 뒤에 바닥이 나는 연금. 그런데 조금 내고 많이 받아 간다는 사실은 잊은 채 수십 년 뒤 바닥이 난다는 사실만 주로 알고 있다.

66세의 국민연금 수급자입니다. 국민연금에는 매월 꼬박꼬박 불입한 뒤 노후에 받는 '노령연금(우리가 노후에 받는 국민연금 대부분이 노령연금이다)'과 연금 대상자가 세상을 떠나 배우자가 대신 받는 '유족연금', 그리고 연금을 받을 때 장애가 생겨 받는 '장애연금'이 있는데요, 이 수급자는 매월 노령연금을 190만 원 받습니다.

그는 1988년 국민연금 시행 첫해부터 22년이나 납입했습니다. 원래는 2010년부터 매월 123만 원 정도 연금을 받을 수 있었습니다. 그런데 5년 뒤로 수급을 미뤘습니다. 그럼 해마다 수급 요율이 높아집니다. 게다가 국민연금은 해마다 물가 인상분을 반영합니다(보험사 등에서 판매하는 노후 민간 연금은 대부분 물가 연동이 안 된다! 매우 중요한 금융 상식이다).

그래서 34퍼센트를 더 받아 매월 190만 원을 받습니다. 그러니까 아주 특이한 사례입니다. 국민연금의 평균 수령액은 월 34만 원 정도. 높은 등급으로 꼬박꼬박 국민연금을 납입한 수급자도 보통 한 달에 140만 원 가량을 받을 뿐입니다.

이를 '연기 연금 제도'라고 합니다. 1년 수급을 미루면 해마다 7퍼센트 정도 연금이 불어납니다. 2016년 7월부터는 전체 연금 중에 일부만 연기하겠다고 신청해도 가능합니다. 늦게 받는 부분에 대해 그만큼 더 주는 거죠. 2016년에만 이렇게 '나는 좀 늦게 받을래요!' 손을 든 가입자가 2만 명에 육박합니다.

반대로 당초 받을 수 있는 연금 수령 연도보다 일찍 받는 '조기 수령 신청자'는 급증 추세입니다. 2016년 말에는 50만 명을 넘었습니다. 국민연금을 1년만 더 일찍 받으면 연금액의 6퍼센트가 줄어듭니다. 그러니 2년만 일찍 받아도 연금이 12퍼센트나 줄어드는데도 수십만 명이 서둘러 국민연금을 타 갑니다.

이유야 당연히 생활이 힘들기 때문입니다. 여기서 생각해 볼 문제가 있습니다. 국민연금은 국민의 노후를 대비하기 위한 제도지만 그 안에 소득 분배 기능이 있습니다. 소득이 넉넉한 사람이 조금 더 내고, 덜 받는 구조입니다. 결국 저소득층일수록 국민연금 10년을 채우면 그만큼 더 받는단 뜻입니다.

실제 국민연금 최소 납입액이 월 8만 9천 원인데, 10년을 납부하면

65세부터 월 16만 원씩 받습니다. (여기서부터 중요하다.) 그런데 10년만 받나요? 65세 여성의 평균 기대수명은 85세입니다. 평균 20년 받습니다. 수익률이 매우 높습니다. 어떤 민간 연금보다 수익률이 높습니다. (그러니 2060년경에 곳간이 바닥난다. 국민연금은 조금 받고 턱없이 많이 돌려주는 구조다.)

그래서 역설적으로 형편이 어려운 분들은 어떻게든 10년을 채워 납부해야 합니다. 그런데 형편이 어려운 분들이 오히려 국민연금을 쉽게 포기합니다. 심지어 중산층도 국민연금보다 변액보험 등 민간 연금상품을 우선 납입합니다.

반대로 이미 국민연금에 가입해 많은 보험료를 납입한 고소득층은 국민연금의 수익률을 이해하고, 굳이 의무 가입이 필요 없는 자녀들까지 임의 가입 제도를 통해 국민연금에 가입시킵니다. 노후 소득격차를 줄이기 위한 국민연금이 자꾸 거꾸로 갑니다.

Q^{!?} 그가 수입차를 타는데
왜 내 보험료가 높아질까?

자동차보험
사고는 그들이 내는데, 내 부담만 자꾸 높아지는 보험.

수입차가 자꾸 많아집니다. 고가의 차량도 많습니다. 자칫 접촉사고라도 나면 낭패입니다. 그런데 수입차는 그가 타는데, 리스크는 왜 내가 감수할까요?

보험개발원 자료를 보면, 수입차는 국산차에 비해 수리비가 세 배나 비쌉니다. 수입차는 차 제조사가 아니라 국내 딜러들이 서비스센터를 운영합니다. 경쟁이 워낙 심해서 수입차 판매가격이 자꾸 낮아집니다. 대신 팔고 난 뒤에 주로 AS에서 수익을 남기는 구조입니다.

2016년 상반기 국내 보험회사가 수입차에 지급한 자기차량 손해담보(자차) 보험금은 평균 309만 원이다. 국산차 평균은 113만 원이다. 그러니

수입차와 5:5의 과실로 사고가 났다면 국산차인 내 차에 들어가는 돈은 100만 원이지만, 수입차인 상대방 차에는 290만 원을 물어줘야 한다. 분명 서로 50퍼센트씩 과실이 있는데, 내가 훨씬 더 부담해야 한다. 그가 수입차를 타는데 왜 내가 더 부담해야 할까?

특히 보험사는 지급하는 추정 수리비도 주먹구구입니다. AS 비용이 워낙 비싸니까 500만 원쯤 견적이 예상될 경우, "선생님, 그럼 400만 원에 합의하시죠"하며 보험금이 새나갑니다.

또 하나, 수입차는 평균 수리 기간도 국산차의 두 배나 됩니다. 다고치는 데 평균 8.8일이나 걸립니다(보험개발원 자료). 이 기간 동안 비슷하거나 더 높은 수준의 수입차를 대차해 줍니다. 여기서도 툭하면 백만 원 넘는 대차 비용이 추가됩니다. 금융당국이 현재 이 추정 수리비 제도와 동급 대차제도를 개선 중입니다.

국산차를 모는 운전자들은 자꾸 수입차와의 사고가 두렵습니다. 그래서 하나둘씩 대물보험 한도를 1~2억 원으로 올립니다. 그런데 가만 생각해 보면, 1억짜리 수입차는 저 사람이 타는데 왜 사고도 나기 전에 내가 비용을 부담해야 할까요? 수입차의 위험비용을 왜 수입차를 몰지도 않는 운전자가 부담할까요?

어느 무도회에 다들 100여만 원짜리 드레스를 입고 옵니다. 그런데 몇몇이 1억짜리 드레스를 입고 왔습니다. 무도회 도중 누군가 음료를 엎질러 1억짜리 드레스를 망쳤습니다. 세탁비로 500만 원이 청구됐습니다.

왜 자신이 입지도 않는 1억짜리 드레스의 위험비용을 다수 대중이

부담할까요? 그래서 요즘 학계에서는 사회적 위험비용을 확대한 수입차 운전자가 보험비용을 상대적으로 더 부담해야 한다는 주장이 이어집니다.

최근 4년간 수입차 수리비 4조 원 중에서 1조 원가량을 국산차 운전자들이 부담했습니다. 이에 따라 보험업계는 최근 수입차 보험료를 최대 15퍼센트 인상했습니다. 수입차 운전자들로부터 800억 원의 보험료를 더 걷기로 했습니다. 그래도 산술적으로 국산차 운전자가 수입차와 사고가 났을 때 져야 하는 부담은 여전합니다. 수입차를 타지도 않으면서 말이죠.

또 하나 생각해 볼 문제가 있습니다. 나는 승용차를, 동생은 SUV를 탑니다. 똑같이 국산차입니다. 시세도 2천만 원 정도로 비슷하니다. 그런데 내가 타는 승용차는 스타일이 멋진 대신 사고가 날 경우 더 많이 부서집니다. 반면에 동생이 타는 SUV는 스타일은 별로 안 좋을지 몰라도 사고가 나면 상대적으로 튼튼합니다. 그런데 제3의 운전자가 내가 운전하는 승용차와 사고가 났습니다. 그 운전자는 더 많은 비용을 부담해야 합니다. 만약 동생이 운전하는 SUV와 사고가 났다면 그의 부담은 크게 줄었을 겁니다. 그는 왜 동일 사고를 냈는데 다른 부담을 져야 할까요?

그래서 금융당국이 차량 모델별로 사고에 따른 비용에 통계를 내고 있습니다. 사고가 났을 때 돈이 상대적으로 더 많이 들어가는 차량은 등급이 낮아집니다. 1~26등급 중에서 더 낮은 등급을 받게 됩니다. 당연히 높은 등급의 차량을 운전하는 운전자는 보험료가 낮아지는 구조입니다(2016년 조정 결과 국산차는 214개 중 73개 차종이 보험료가 낮아졌고 44개 차종의 보험료가 올랐다).

간편심사 보험은 진짜 간편하기만 할까?

이순재 씨가 광고하는 '묻지도 따지지도 않는' 무심사 보험이 소비자들로부터 외면당하고 있습니다. 워낙 보험료가 비싼데도 마치 가입자를 위하는 보험처럼 포장돼 팔렸습니다. 어떤 무심사 보험은 비슷한 보장을 받는 일반 보험보다 보험료가 네 배나 비쌌습니다.

무심사 보험
묻지도 따지지도 않는 대신 보험료가 아주 비싼 보험

간편심사 보험
간편하게 바가지를 씌우는 보험

무심코 가입한 기회비용인 셈입니다.

내가 아픈 사람인지, 담배를 피우는 사람인지, 음주운전 경력이 세 번이나 있는 사람인지를 묻지도 않는 보험은 당연히 보험료가 비쌀 수밖에 없습니다.

그래서 3~4개 질문으로 간단하게 가입이 되는 '간편심사 보험'이 대세입니다. 고혈압이나 당뇨 같은 질병을 갖고 있다는 이유로 보험 가입이 안 되는 가입자들에게 특히 인기입니다.

보험사들이 예전에 비해 몇 가지만 질문해도 가입자 상태를 더 잘 짐작할 수 있는 기술인 언더라이팅^{underwriting} 기술이 계속 발전합니다. 이 정도 환자는 더 묻지 않고 가입시켜도 되겠다고 기술적으로 판단합니다. 큰 틀에서 빅데이터를 활용하는 기법입니다.

물론 이것저것 따져서 가입시키는 일반 보험보다는 간편심사 보험이 보험료가 더 비쌉니다. 그럴 수밖에 없습니다. 그래서 건강한 분들은 간편심사 보험보다 그냥 좀 번거롭더라도 '복잡하게 심사하는 보험'이 더 유리합니다.

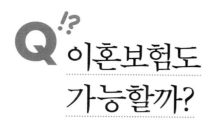

이혼보험도 가능할까?

컨틴전시 보험 contingency insurance
전혀 예기치 못한 상황에 대비하는 보험.

가능합니다. 리스크를 수치로 측정할 수 있으면 얼마든지 보험상품으로 출시할 수 있습니다. 기억나시죠? '크리스마스에 눈이 오면 ○○○가 30만 원을 쏩니다.' 이런 기업 마케팅 대부분이 보험에 가입해서 가능합니다. 실제 눈이 오면 기업은 보험사로부터 보험금을 받아 30만 원씩 지급합니다. 이런 보험을 '컨틴전시 보험'이라고 합니다.

예를 들어 야외 콘서트를 준비하는데, 만약 비가 와서 콘서트를 못 하게 되면 입장권을 물어줘야 합니다. 이런 경우 해당 보험에 가입해 놓습니다. 보험사는 비 올 확률(리스크)과 물어줘야 할 입장권 총액을 계산해서 보험료를 산정합니다. 이 경우 비 올 확률은 거의 통계로 입증됩니다. 물어줘야 할 입장권 총액도 쉽게 계산할 수 있습니다. 그래서 보험 가입이 가능합니다.

그런데 어떤 사람이 이혼할 확률은 아주 계산하기 어렵습니다. 물론 이혼율 통계는 있지만 개인의 조건과 성격 등 변수가 너무 많습니다. 숫자로 가늠하기가 어렵습니다. 정보의 비대칭이 발생합니다. 부부는 그들의 이혼 가능성을 잘 알지만, 보험사는 좀처럼 알기가 어렵습니다. 결국 보험료가 아주 비쌀 수밖에 없습니다. 그래서 사실상 이혼보험은 출시가 어렵습니다.

1984년에 스웨덴에서 출시가 됐다는 기록은 남아 있습니다. 얼마나 팔렸는지는 모르겠습니다.

보험은 가입자가 상황을 조작할 수 있으면 안 된다

보험상품이 유지되려면 가입자가 인위적으로 보험금을 탈 수 있는 상황을 만들 수 있으면 안 됩니다. 상품이 오염되기 쉽습니다(아내가 남편 몰래 보험에 가입한 뒤 남편을 살해하고 사고사로 위장하는 경우가 대표적인 경우다. 이혼보험 역시 보험금을 타내기 위해 일부러 이혼을 할 수 있다. 그래서 출시가 어렵다).

반면 골프 치는 분들을 위한 '홀인원보험'은 있습니다. 보험금을 타려고 맘대로 홀인원을 할 수 없기 때문에 이런 보험은 출시가 가능합니다.

그런데 실손보험은 가입자가 상황을 인위적으로 만들 수 있습니다.

가입자들이 자꾸 안 받아도 되는 과잉 진료를 받습니다. 병의원들은 이런 환경을 일부러 조장합니다. 그래서 해마다 보험료가 올라갑니다.

실손보험 가입자 3천만 시대지만, 실손보험은 심각한 구조적인 약점을 갖고 있습니다. 2016년 평균 19퍼센트나 올라간 실손보험료는 2017년 초 또다시 평균 19퍼센트나 인상됐습니다(11개 보험사 평균). 보험사들은 실손보험의 손해율이 130퍼센트를 넘었다고 말합니다. 보험료는 100만 원 받았는데, 보험금 지출이 130만 원을 넘었다는 말입니다(그런데 왜 굳이 실손보험을 팔까?).

실제 병의원은 실손보험 적용이 되는 도수치료 등 과잉 진료를 유도하고, 가입자들은 일부러 속아넘어가며(?) 보험금을 받아 갑니다(우리 동네 인심 좋은 의원은 약한 볼거리 증상만 보여도 진단서를 끊어준다. 볼거리는 급성 전염병으로, 실손보험금이 100만 원에 육박한다). 그렇다면 실손보험도 자동차보험처럼 사고율에 따라 보험료를 할증하면 어떨까?

병의원에 자주 간 가입자만 보험료를 할증하면, 이 같은 과잉 진료(가입자의 보험 환경 조작)는 줄어들고 보험료 급등도 멈출 텐데요. 또는 한 번도 이용하지 않은 건강한 가입자의 다음 해 보험료를 인하해주는 방법도 있습니다(실제 실손보험 가입자 열 명 중 한 명이 전체 실손보험금의 절반을 타 간다).

동일 상품에 대해 동일 보험료를 적용하는 실손보험 제도를 바꾸는 겁니다. 하지만 문제가 없는 것은 아닙니다. 만일 아파서 자꾸 병의원에 가는 가입자에게 할증이 적용될 경우, 의료쇼핑을 하는 '나이롱 환자'는 병의원 이용을 줄여 실손보험 정상화에 도움이 되겠지만, 불가피하게 자주 아프거나 고질적인 질환이 있는 환자는 부담이 크게 늘어납니다. 결국 실손보험 가입이 어려워지고, 진짜로 몸이 아픈 서민들의 실손보험 가입이 줄어들 수밖에 없는 구조가 됩니다.

금융당국은 이 같은 이유로 실손보험의 할증제 도입은 주저하고 있습니다. 또 실손보험을 한 번도 이용하지 않은 가입자의 다음 해 보험료를 할인해 주기에 앞서, 해당 연도에 실손보험을 한 번도 이용하지 않은 가입자에게 그해의 보험료 일부를 환급해 주는 방안을 긍정적으로 검토 중입니다.

이제 실손보험도 자동차보험처럼 만약의 상황이 닥치면 '이걸 보험 처리하는 게 이익일까?' 고민해야 할지도 모르겠습니다.

케인즈에게
미인대회란?

케인즈의 미인대회
내가 아닌 다수 대중이 원하는 것을 찾아라!

　　다시 케인즈 이야기입니다. 케인즈는 경제학자였지만 자신이 직접 투자도 많이 했습니다. 1928년부터 1945년까지 케임브리지대 킹스칼리지 장학금을 운용해서 학교를 아주 부자로 만들어줬습니다. 특히 1929년 미국의 대공황 이후 주가가 폭락하던 시절, 대학이 맡긴 투자금을 잘 굴려 크게 불렸습니다.

　　그런 케인즈가 주식투자 관련해서 한 유명한 말이 "미인대회에서 미인을 뽑듯이 주식투자를 하라"입니다.

　　백 명의 미인대회 참가자 중에 여섯 명의 최고 미인을 뽑을 때, 내가 가장 예쁘다고 믿는 여섯 명을 뽑지 말고, 다수의 심사위원들이 예쁘다고 믿을 것 같은 여섯 명을 뽑으라는 거죠. 주식투자를 할 때도 내가 주가가 오를 것으로 믿는 기업보다, 다수 대중이 주가가 오를 것으로 믿기 쉬운 기업에 투자하라는 뜻입니다.

기업의 펀더멘털이나 수익성도 중요하지만, 주가는 기업을 잘 모르는 집단심리에 의해 움직인다고 믿었습니다. 이 집단심리를 예측해 투자하라는 것인데요, 사실은 증시의 합리성을 의심하는 것입니다.

케인즈는 또 분산투자보다 자신이 아주 잘 아는 몇몇 기업에만 집중투자하라고 조언했습니다. 일반 투자자가 여러 기업을 잘 아는 것은 어렵다고 판단하고 분산투자를 말렸습니다.

공교롭게 투자의 교본이라 불리는 워런 버핏도 이렇게 권합니다. 자신이 잘 아는 사업에 집중투자하라고. 이는 '계란을 한 바구니에 담지 말라'는 증시의 오랜 경구를 거스르는 것입니다.

분산투자보다 집중투자를 원했던 케인즈는 또 대중과 반대의 투자 패턴을 선호했습니다. 모두가 낙관할 때 주식을 팔고, 시장이 흥분하면 주식을 매도했습니다. 반면 모두 위기를 우려하거나 실제 주가가 급락할 때 주식을 사 모았습니다. 그리고 기다립니다.

역시 경제위기에 우량주를 잔뜩 매입하는 버핏과 비슷합니다. 주식을 사기 전에 안전 마진에 이르도록 주가가 하락하기를 끈질기게 기다리는 것도 비슷합니다.

"존 케인즈, 일하지 않고도 돈을 벌었다."

— 케인즈의 초상화 밑에 적힌 영국 정부의 헌사

케인즈와 버핏이 참여한 투자 시기는 60~90년이나 차이가 나지만

두 사람은 경제위기를 '좋은 주식을 값싸게 매수할 기회'라고 생각했습니다. '주가는 비관 속에 태어나 회의 속에 자라고 낙관 속에 사라져간다'는 월가의 격언을 믿었습니다.

그런데 우리 주식시장은 분위기가 지배합니다. 바이오주, 은행주가 오르면 모두 그 열차에 올라탑니다. 선거철이면 큰 상관도 없는 정치인 관련주가 급등합니다.

보성파워텍의 주가는 2016년 4월 이후 한 달간 4천 원에서 1만 4천 원까지 올랐습니다. 반기문 전 UN 사무총장의 동생 반기호 씨가 부회장으로 재직 중이라는 이유 때문입니다. 이후 반 씨가 부회장직에서 물러난 사실이 알려지고, 주가는 다시 4천 원대까지 폭락했습니다.

원칙은 없고 투기만 난무합니다. 케인즈의 미인대회는 잊힌 지 오래입니다. 케인즈는 1927년 이후 1945년 세상을 떠나기 전까지 연평균 12퍼센트 가까운 수익을 대학에 가져다줬습니다.

Q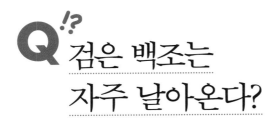 검은 백조는
자주 날아온다?

블랙 스완 black swan
그런 게 정말 있을까 했는데 정말 나타나는 현상.

존재하지 않을 것으로 생각했는데 실제로 발견되는 것을 흔히 '블랙 스완'이라고 합니다. 2007년에 월가의 애널리스트 나심 니콜라스 탈레브^{Nassim Nicholas Taleb}가 쓴 『블랙 스완』이라는 책에서 유래한 표현입니다. 블랙 스완 현상은 크게 두 가지 특징이 있습니다.

예측을 전혀 빗나가는, 심지어 예측 밖의 영역에서 발생한다는 특징이 있습니다. 2006년 가을 이후 미국 부동산 경기가 급락했습니다. 시장에서는 '일시적인 가격 조정이다' '아니다. 거품이 빠지고 급락할 것이다' 등의 분석이 이어졌습니다.

갑자기 사고는 유럽에서 터졌습니다. 프랑스의 BNP파리바은행이 신용부도스와프^{CDS} 관련 상품의 환매를 중단했습니다. 부동산 담보

채권[MBS]을 기반으로 한 CDS 같은 수많은 파생상품이 부도가 났습니다. 리먼 브라더스 같은 대형 투자은행들이 줄줄이 넘어갔습니다. 메릴린치와 시티그룹 등 지구를 대표해 온 금융기업들도 7천억 달러, 우리 돈 800조 원 가까운 구제금융을 받고 겨우 위기를 넘겼습니다.

블랙 스완의 또다른 특징은 그 일이 터지리라는 것을 전혀 예측하지 못하지만, 일이 터지고 난 다음에는 설명이 된다는 것입니다. 서브프라임 모기지 사태나 2015년 상반기 중국 증시나 모두 되돌아보면 설명이 가능합니다. 하지만 일이 터지기 전에는 좀처럼 예측하기 힘듭니다.

위기가 온 뒤에야 전문가들은 입을 모아 '결국 이렇게 될 수밖에 없었다'고 설명합니다. 그것은 마치 증시가 내일을 예측 못하지만, 내일 주가가 폭락하고 나면 왜 폭락했는지 전문가들의 분석이 이어지는 것과 같습니다.

이 세상에서 벌어지는 대부분의 현상은 일반적으로 정규분포에 따라 발생합니다. 그래프로 만들면 가운데가 높은(볼록해지는) 그래프

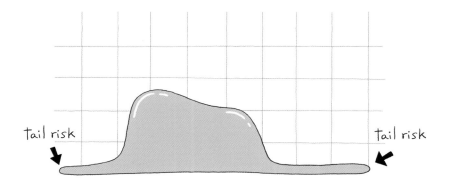

입니다(『어린 왕자』에서 보아뱀이 코끼리를 삼킨 모습).

양쪽 끝부분, 그래프가 아주 낮은 부분에서도 가능성은 낮지만 그런 일들이 일어납니다. '설마' 하지만 일어납니다. 그래서 이걸 '테일리스크tail risk'라고도 합니다. 작거나 희박한 확률이라도 언젠가 한 번은 일어날 수 있고, 실제 일어납니다.

홍콩H지수

홍콩H지수는 중국 본토에 상장된 알짜 기업들의 주가로 만들어진 지수입니다. 우리 ELS에 가장 많이 편입된 기초 자산 중 하나였습니다. 국내 증권사가 판매한 3,000여 개의 ELS가 유행처럼 홍콩H지수를 편입시켰습니다. 이들 ELS에 우리 국민이 넣은 돈이 25조 원이나 됩니다.

2015년 5월 홍콩H지수는 14,000포인트를 돌파했습니다. 흐름은 안정적이었고, 수많은 증권사들이 홍콩H지수를 기초 상품으로 만든 ELS를 출시했습니다. 하지만 순식간에 지수는 반토막이 났습니다. 7,000선까지 추락했습니다. 폭락했습니다.

배리어는 물론 녹인이 깨지는 ELS도 속출했습니다. 증시에 블랙스완이 날아왔다는 분석이 나왔습니다. 2016년 1월, 홍콩H지수가 7,835까지 내려가면서, 홍콩H지수가 편입된 국내 ELS 37조 원어치 가운데 3조 3천억 원 규모의 ELS가 원금 손실 구간에 진입했습니다.

투자자들의 근심이 커집니다. 차라리 주식형 펀드는 매일매일 얼마나 손실이 났는지 확인할 수 있지만, ELS는 손실액을 확인할 수도 없습니다(투자자가 원할 때 환매할 수 있는 상품이 아니기 때문에 확정된 손실액은 만기 때 확인해야 한다. 주식형 펀드가 수시 입출금 예금이라면 ELS는 만기가 확실한 적금 같은 투자상품이다). 만기 전에 지수나 주가가 배리어 위로 올라오길 기도하는 수밖에 없습니다.

알고 보니 ELS는 중위험 중수익 상품이 아니었습니다. 금융감독원은 2015년 공식적으로 ELS에 대해 '중위험 중수익'이라고 광고하지 말 것을 지시했습니다. 그제서야 전문가들과 언론은 '홍콩H지수가 편입된 ELS가 위험할 수밖에 없다'는 분석을 쏟아냈습니다. 마치 이미 알고 있었단 것처럼 말이죠.

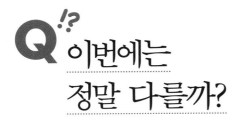

Q!? 이번에는
정말 다를까?

투자 광풍

사람들은 늘 누군가 투자해서 수익을 올리는 걸 눈으로 확인한 후 투자를 마음먹는다. 그때는 이미 자본가들이 돈을 뺄 때다.

1720년대 영국에서 주식 광풍이 불었습니다. 주식 회사가 만들어지기가 무섭게 주가가 폭등했습니다. '납에서 은을 추출하는 방법을 개발했다더라' '국왕이 노예를 수입할 수 있는 독점권을 줬다더라' 소문만으로 런던 시내가 주식을 청약하려는 마차로 꽉 막혔습니다.

사람들은 왜 소문에 열광했을까? 그때도 사람들은 새 시대가 열린다고 믿었습니다. '이번엔 다르다.' 하지만 폭등한 주식은 언젠가 다시 급락합니다. 종잇조각이 됩니다. 예외는 없습니다. 만유인력을 발견한 아이작 뉴턴도 그 무렵 주식투자로 망했습니다.

1980년대 후반 일본에 부동산 광풍이 불 때도 그랬습니다. 소니나 미쓰비시 같은 일본 대기업들이 세계 시장을 장악해 나갔습니다. 세계 1위 기업을 만들어내고, 엔화 가치는 해마다 높아집니다.

그때 연 소득 2만 달러(2,400만 원가량)쯤 되는 30대 일본 직장인들이 빚을 내서 8천만 엔가량, 10억 원 가까운 아파트를 샀습니다. 그들은 새로운 세상을 믿었습니다. '이번엔 다르다'고 믿었습니다. 하지만 일본 부동산은 90년대 이후 폭락에 폭락을 거듭했습니다.

> "지금까지 투자자를 가장 도탄에 빠지게 한 네 단어는 바로 'This time it's different.(이번엔 달라)'라는 말이다."
>
> ─존 템플턴. '월스트리트의 살아 있는 전설'이라 불린 인물

우리도 예외는 아닙니다. 지난 1999년에 코스닥 열풍이 불 때, 다이얼패드를 개발한 '새롬기술'이라는 회사가 있었습니다. 자고 일어나면 주가가 상한가를 쳤습니다. 몇 달 새 120배가 올랐습니다. 시가 총액이 조만간 SK텔레콤을 따라잡을 것이라는 보도가 이어졌습니다.

새롬기술은 뚜렷한 수익 모델이 없었습니다. 하지만 다들 IT기업이 삼성전자나 SK텔레콤과 어깨를 함께할 것이라고 분석했습니다. 다들 믿었습니다. '이번엔 다르다.'

하지만 얼마 가지 않아 주가는 100분의 1 토막이 났습니다. 지금은 사라진 회사가 됐습니다.

물론 새 시대를 이끄는 기술과 기업들이 있습니다. 1910년대 포드나 2000년대 애플처럼 우리 생활을 혁신시킨 기업들이 있습니다. 하지만 이런 글로벌 기업들의 주가도 10년, 20년 이상 걸려서 천천히 오

룹니다. 주가가 폭등하거나 투기 열풍이 불 때 늘 '이번엔 다르다'는 말이 투자자들의 눈을 가립니다.

브라질은 제조업 기반이 매우 약하다. 외환시장이 사실상 외국 자본의 놀이터다. 헤알^{Real}화 가치가 급등락을 거듭한다. 재정이 부족한 브라질 정부는 해마다 10퍼센트가 넘는 수익률을 보장하며 국채를 발행한다. 2012년, 증권사들은 높은 수익률과 비과세를 홍보하며 수천억 원대의 브라질 국채를 팔았다. 하지만 2013년 헤알화 가치가 폭락하며 투자자들은 큰 손실을 입었다. 브라질 정부가 아무리 채권수익률을 보장해도 헤알화 화폐가치가 급락하면 손해를 볼 수밖에 없다.

최근 다시 증권사들이 브라질 채권을 주요 상품으로 출시했다. 다시 브라질 국채 상품을 팔려면 뭐라고 해야 할까?

'이번엔 다릅니다. 진짜 달라요!'

9장

그들만 아는
채권시장에 대한
질문들

Q^{!?} 신용평가기관의 신용은 누가 평가하나?

무디스, 피치, S&P
누가 그들에게 기업의 등급을 매길 수 있는 권한을 줬을까?

　　기업은 회사채를 발행해 돈을 조달합니다. 시장 투자자들은 해당 회사채의 신용등급을 참고해 회사채 인수를 결정합니다. 신용등급은 곧 채권값과 채권수익률을 결정하게 됩니다. 이렇게 중요한 일을 누가 할까요? 한국신용평가와 한국기업평가, 그리고 나이스신용평가 이렇게 세 개 회사가 있습니다.

　　해외 신용평가사도 크게 세 곳이 시장을 지배하고 있습니다. 무디스와 피치, 그리고 S&P가 있습니다. 한국신용평가는 글로벌 신용평가사 무디스가 대주주이고, 한국기업평가 역시 피치가 대주주입니다. 나이스신용평가는 대주주가 토종 자본입니다. 그런데 구조적 문제가 있습니다.

　　기본적으로 기업이 채권을 발행하려면 신용등급을 받아야 합니다.

이를 위해 신용평가사를 선정하는데요, 아무래도 등급을 잘 주는 후한 곳을 찾아갈 수밖에 없는 구조입니다. 이를 흔히 '등급 쇼핑'이라고 합니다. '우리 회사에 좋은 등급 주는 신평사를 선택할게요!'

신용평가사 입장에서도 기업은 수수료를 주는 고객입니다. 자칫 신용평가를 짜게 주면 다음에는 버림받을 수 있습니다. 결국 을이 갑의 신용평가를 하는 구조입니다. 그러니 좋은 신용등급이 남발됩니다.

특히 신용평가사가 등급을 안 좋게 주면 기업은 채권 발행이 어려워집니다. 그럼 기업은 발행금리(이자율)를 높여야 합니다. 추가 비용이 들어갑니다. 그래서 기업은 신용등급에 민감합니다. 자연스럽게

신용등급을 잘 주는 신용평가사를 낙점할 수밖에 없습니다. 이는 마치 기업이 회계사를 선정하는 구조와 비슷합니다.

'우리 회사의 회계 문제점을 잘 눈감아주는 회계사를 선택할게요……' 이렇게 좋은 신용등급 부여가 남발됩니다. 그러다 기업의 문제가 터지고 나면 투자자들은 손실을 보고, 그때서야 신용평가사의 뒷북치기 등급 낮추기가 이어집니다.

"2014년 말 A신용평가사는 '저유가가 3대 주요 해운사의 수익성과 재무 안정성에 미치는 영향'이라는 제목의 리포트를 발표했다. '내년은 유가 하락으로 유류비가 절감되고, 이에 따라 해운사에 긍정적인 환경이 조성될 것'으로 전망했다. 해운사들의 실적도 2014년에 비해 크게 개선될 것으로 분석했다. 하지만 2015년 들어도 해운사들의 영업은 계속 악화됐다. 그리고 리포트가 발표된 지 1년여 만에 한진해운의 법정관리가 결정됐다. 그제서야 신용평가사들은 우루루 해운사들의 신용등급을 크게 내렸다."

— 《조선일보》

그래서 신용평가사들의 우수 등급 인플레 문제를 해소하기 위해 추가로 제4, 제5의 신용평가사들을 추가 허가하는 방안이 논의됐습니다. 경쟁 강화로 신뢰받는 신용평가문화를 강화하자는 취지입니다. 하지만 '지금도 시장 규모가 모두 합쳐 1천억 원밖에 안 되는데 뭘 더 나누느냐'는 반대에 부딪혀 무산됐습니다.

그럼 기업이 신용평가사를 고르지 말고, 기업이 금융당국에 의뢰하면 금감원 등 금융당국이 좋은 신용평가사를 배정하자는 주장도 나왔습니다. 하지만 지나치게 시장원리에 맞지 않다는 지적에 역시 추진이 안 됩니다.

오늘도 기업의 신용등급을 보고 건전성을 평가하는 게 아니라, 기업에 빨간불이 들어오고 투자자들이 피해를 본 다음에 등급을 낮추는 뒷북 신용평가는 계속됩니다. 세 신용평가사의 시장점유율도 3분의 1씩 비슷하게 잘(?) 나뉘어 있습니다. 평화로운 신용평가시장에서는 '등급 장사' 엉터리 신용등급이 계속 남발됩니다. 물론 그 피해는 다음 투자자들의 몫이 될 것입니다.

가이던스보다 스프레드가 더 올라간다?

채권 발행이라는 것은 돈을 빌리는 것입니다. 지금처럼 시장 분위기가 냉랭하면 당연히 더 얼어붙는 경향이 있습니다. 기업이 돈을 빌리기 더 어려워지는 것입니다. 실제 신용평가사들의 채권시장 동향 보고서에 따르면, 2016년에는 연평균 발행량의 절반 정도밖에 발행이 되지 않았습니다(물론 일부 기업은 현금이 필요 없어서 발행량이 줄어든 부분이 있다).

먼저 회사는 회사채 발행을 위해 시장조사를 합니다. 수요 예측입니다. '우리 회사 채권 인수해 줄 분 있어요?' 수요 예측을 영어로는 'book building'이라고 합니다.

그런데 2016년 6월에 모집 금액의 네 배를 채웠던 A라는 기업도 12월에 수요 예측을 했더니 거의 수요가 없습니다. 수요가 미달이면 발행을 연기하거나 취소할 수밖에 없습니다. 심지어 며칠 전 대한항공 회사채(BBB+)마저 만기를 1년으로 했는데도 수요 예측에서 단 한 건의 접수도 들어오지 않았습니다.

채권시장의 전체 거래량도 줄어듭니다. 채권은 한번 발행되면 계속 사고팝니다. 지난 2016년 5월에는 약 12조 원 정도 거래됐는데, 12월에는 5~6조 원 정도로 거래량이 크게 줄었습니다. 이렇게 자금 조달 시장이 얼어붙으면 기업은 이자를 더 주고라도 채권을 발행해야 합니다.

보통 국고채 금리를 기준으로 해서 여기에 일정 퍼센트의 금리를 더해 채권을 발행합니다. 여기서 기준이 되는 금리에 더해주는 금리를 '스프레드'라고 한다고 설명드렸죠?(6장 참고) 예를 들어 3년물 국고채 금리가 1.76퍼센트 정도 되는데 A기업은 여기에 1.5퍼센트 정도 스프레드를 얹어주기로 예측했습니다. 그런데 수요 예측이 실패했습니다. 좀처럼 채권을 인수해 주지 않습니다.

그럼 이제 스프레드를 올려야 합니다. 웃돈(이자)을 더 얹어줘야 합니다. 이를 '가이던스보다 스프레드가 올라간다'라고 표현합니다. 최초 예상했던 발행금리(가이던스)보다 웃돈 발행금리가 더 올라가는 것입니다. 당연히 채권 발행 기업의 이자 부담이 높아집니다.

예를 들어 미국의 기준금리 인상이 가시화되면 다음 날 채권값은 떨어집니다. 그러면 채권시장은 더 얼어붙습니다. 이런 경우 산업은행이 해당 기업 채권에 대해 보증을 해줍니다. 그럼 믿고 채권을 인수합니다. 채권 발행 이자율도 더 내려가 기업은 부담이 줄어듭니다. 이를 '신용 보강'이라고 합니다.

이제 채권에 대해 더 자세히 알아볼까요?

Q

금리와 채권값은
왜 반대로 갈까?

채권가격 bond price

채권의 가격은 금리와 반대로 움직인다.

딸기주식회사가 돈이 필요해서 100만 원짜리 회사채를 발행했습니다. 만기는 1년, 이자율은 5퍼센트입니다. A가 이 채권을 인수했습니다. 1년 후 수익률은 5퍼센트입니다. 100만 원 주고 이 채권을 인수해서 1년 후 만기 때 105만 원을 받는 겁니다. 그런데 딸기주식회사가 장사를 못해서 5만 원 이자를 못 준다는 소문이 돕니다. 그러자 A는 그냥 90만 원만 받고 이 채권을 B에게 팝니다. 채권값이 100만 원에서 90만 원으로 떨어진 것입니다.

그런데 딸기주식회사는 다행히 별 문제 없이 경영을 이어갔습니다. 만기가 돼 B는 약속대로 105만 원을 받습니다. 90만 원을 투자해 15만 원을 벌었습니다. 채권가격은 떨어졌는데 채권수익률^{bond yield}은 오른 것입니다. 이렇게 채권가격과 수익률은 반대입니다. 다시 말해 채권의 표시 이자율은 불변이기 때문에 채권을 싸게 살수록 만기 때 이익이라는 뜻입니다.

채권가격과 시중 금리도 반대로 갑니다. 시중 금리(이자율)가 올라가면 돈이 은행으로 몰립니다. 채권을 사려는 사람이 줄어듭니다. 채권값이 떨어집니다. 채권수익률이 높아집니다.

기준금리가 내려서 시중 이자율이 낮아집니다. 채권의 발행이자율도 낮아집니다. 너도나도 채권을 인수하려 할 텐데 채권 발행사는 이자를 많이 줄 필요가 없습니다. 채권의 발행이자율(표면금리)이 낮아집니다. 당연히 채권투자의 기대수익률도 낮아집니다.

그래서 요즘 같은 저금리 시대에는 증권사 창구에서 '확정 금리형 채권상품'은 인기가 없습니다. 아무래도 공격적으로 수익률을 높이려는 채권형 펀드들이 나오게 마련입니다. 채권형 펀드는 채권이 원래 약속한 이자수익과 금리 변동에 따른 채권가격의 매매차익을 동시에 노립니다. 물론 얼마든지 주식투자를 더 할 수도 있습니다.

만약 내가 채권형 펀드에 투자를 했는데 기준금리가 올라가면? 펀드는 손실이 난다. 은행에서 이자를 더 주기 때문에 사람들은 채권을 내다 판다. 채권 수요가 줄어든다. 채권가격이 떨어진다. 내 채권은 만기 때 5퍼센트 주는데 은행이 6퍼센트 준다고 하면 내 채권값은 시장에서 헐값이 된다. 이 채권에 투자한 채권형 펀드는 당연히 손실이 난다. 따라서 기준금리가 올라가면 채권형 펀드는 손실이 난다.

오늘 아침 미 연준이 시장 기대치만큼 기준금리를 올리지 않을 가능성이 조금 더 높아졌다는 보도가 나왔습니다. 그럼 채권값은 오름세를 보입니다. 그럼 채권수익률은 떨어집니다. 그리고 이런 기사가 이어집니다.

'금리 동결 가능성에 힘이 실리면서, 10년물 재무부 채권수익률이 0.038퍼센트 떨어졌다.'

이렇게 채권투자는 금리를 예측하는 베팅입니다. 그런데 최근 펀드매니저와 채권 브로커들의 대규모 '채권 파킹'이 적발됐습니다. 채권 파킹. 보통 이렇게 합니다.

자산운용사나 기관투자자 소속 펀드매니저가 아침에 채권을 한 1천억 원어치 매입합니다. 그걸 펀드 장부에 기록하지 않고(편입시키지 않고) 일단 중개인(증권사)에게 맡깁니다. 그냥 들고 있는 겁니다. 그래서 '파킹parking'이라고 합니다. 그랬다가 오후 들어 예상대로 채권값이 10bp(0.1퍼센트) 정도 올랐다면 1억 원의 차익이 생겼죠. 그럼 이 1억 원을 뒤로 챙기는 겁니다.

장부에는 애초에 기록된 게 없어서 남은 기록도 없습니다. 남는 차익을 물론 중개인(증권사)과 나눠 가질 수도 있습니다. 사실은 증권사 운용 펀드에 정식으로 그 채권이 편입이 돼서, 펀드에 가입한 투자자가 가져가야 할 이익을 증권사 펀드매니저와 자산운용사 브로커가 편법으로 챙겨가는 겁니다.

자산운용사 브로커는 오를 것 같은 채권을 자신의 한도 이상으로 사서 증권사에 파킹해 놓습니다. 기본적으로 이런 채권 파킹이 가능한 것은 대부분의 채권 거래가 장외에서 이뤄지기 때문입니다. 일단 사놓고 장부에 올리지 않은 다음 채권값이 오르면 그 차익을 챙기는 겁니다.

금리가 내려가면 채권값이 올라가기 때문에, 금리가 내릴 것을 예상하고 채권 파킹을 한 뒤, 실제 금리가 내려 채권값이 오르면 차익을 뒤로 챙깁니다. 펀드 가입자가 가져갈 이익을 중간에서 가로채는 것입니다.

검찰은 2015년 7개 증권사를 불법 파킹 혐의로 압수수색하고, 4,600억 원 상당의 불법 파킹을 한 혐의로 모 펀드매니저를 구속했습니다. 검찰은 이들이 불법 파킹으로 고객 자산에 113억 원의 손실을 입혔다고 밝혔습니다.

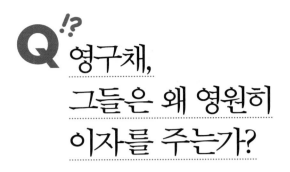

Q 영구채,
그들은 왜 영원히
이자를 주는가?

영구채 consol bond, perpetual bond
마치 영구적으로 돈을 빌려주는 것처럼 포장한 채권.

영구채는 영구적으로 갚을 필요가 없는 채권입니다. 그러니까 만기가 없습니다. 마치 돈을 빌려주는 게 아니라 그냥 주는 것과 비슷합니다. 만기가 없으니까 원금을 상환하지 않고 계속 이자만 내면 됩니다.

그럼 한없이 이자만 지급할까? 그건 아니고 보통 영구채 발행사(돈을 빌리는 회사)가 예를 들어 5년 후 콜옵션^{call option}을 행사할 수 있는 조건을 걸어둡니다. 그러니까 5년 뒤에 '갚을 수도 있고 안 갚을 수도 있습니다'. 2016년 발행된 현대오일뱅크 영구채도 5년 콜옵션을 뒀습니다.

만약 5년 뒤에도 회사 형편이 어려워 조기 상환하지 못하면? 콜옵션을 행사하지 않을 수도 있습니다. 채권 상환을 못 하는 것입니다. 다시 말해 돈을 못 갚는 것입니다. 이 경우 "대신 이자율을 연리 1퍼센트 올려줄게요." 이렇게 발행합니다. 발행이자율이 5.5퍼센트라면 5년 뒤부터는 6.5퍼센트로 올라가는 겁니다. 스텝업step-up 구조입니다. 10년 후에는 7.5퍼센트까지 올라갈 수 있습니다. 이렇게 약속하는 겁니다. 돈을 빌리는 회사 입장에서는 다른 채권에 비해 미래 특정 시점의 회사 상황을 보고 그때 다시 결정할 수 있다는 장점이 있습니다.

다른 채권은 만기 때 안 갚으면 부도가 나지만, 영구채는 다시 기회를 주는 채권입니다.

단점도 있습니다. 만기가 정해져 있지 않아서 그 회사가 부도나면 상환 순위가 꼴찌로 밀립니다. 그러니까 채권 인수자 측에선 위험합니다. 그래서 발행이자율이 높습니다. 그래서 스텝업 구조로 돼 있는 경우가 많습니다. 콜옵션을 행사하지 않으면 대신 해마다 이자율을 더 높여줍니다.

스텝업은 계단을 한 칸씩 올라가듯이 이자율을 올려준다는 뜻입니다. 그러니까 채권을 발행한 회사는 그때 가서 상환을 하지 않는 대신 그만큼 이자 부담이 커집니다.

당연히 영구채는 돈이 급한 회사들이 주로 발행합니다. 또 하나. 영구채는 돈을 빌리는 채권이니까 당연히 부채로 잡힐 것 같지만, 언제 갚는다는 만기가 없는 채권이니까 회계 기준에 자본으로 인정받습니다. 빌린 돈이지만 저축한 돈으로 취급합니다. 그래서 부채 비율을 높이지 않고 채권을 발행하고 싶은 회사들이 주로 이용합니다.

대우조선의 영구채 발행은 뭐가 문제인가? 2016년 11월 무너져가는 대우조선의 최대 채권자인 수출입은행은 대우조선이 발행하는 영구채 1조 원어치를 매입하기로 했다. 만기 없이 또 1조 원을 빌려주는 것이다. 대우조선은 덕분에 부채가 아닌 1조 원의 자본금이 채워진다. 하지만 대우조선의 재무 구조가 건강해지는 것은 아니다. 눈속임이 아니냐는 지적이 이어졌다. 만약 내가 운영하는 식당에 친구가 만기 없이 1억 원을 빌려준다면 이 돈은 내 자본금일까? 빚일까?

우량한 회사가 발행하는 회사채는 당연히 우량채로 평가받습니다. 보통 신용등급이 AA 이상인 회사채를 우량채라고 합니다. 그런데 경기가 어렵다 보니 2016년 하반기 들어 자꾸 우량채만 발행됩니다. 다시 말해 우량한 회사만 시중에서 돈을 빌려갑니다.

예를 들어 2016년 10월 우리 대기업들의 회사채 발행이 모두 38건이었는데, 32건이 신용등급 AA 이상 우량채였습니다. 정작 어려운 회사들의 회사채 발행은 그만큼 어렵다는 뜻입니다. 비가 오는데 우산이 있는 사람에게만 자꾸 우산이 지급됩니다.

이들 회사채를 시장이 평가합니다. 신용평가사들이 민간 기업들의 회사채를 평가해서 그때그때 이자율을 매깁니다. 일종의 채권값입니다. 이게 '민평 금리(민간 평가 금리)'입니다. 시장에서 그 회사를 평가하는 평균 금리쯤 됩니다.

민평 금리
민간 채권 평가 기관들이 산정한 해당 채권의 평균 이자

예를 들어 연리 3.0퍼센트로 유통되던 성공예감 채권이 성공예감의 매출이 늘면서 인기가 높아집니다. 채권 수요가 높아집니다.

그럼 민평 금리는? 낮아집니다. 너도나도 성공예감의 채권을 사려고 하면 발행 기관은 이자를 조금만 줘도 채권 발행에 성공합니다.

반대로 어떤 기업의 유동성이 흔들리면 시장에서 민평 금리는 치솟습니다. 외환위기 때 대우채의 경우 이자율이 30퍼센트에 육박했습니다. 1억 원짜리 그 회사 채권을 들고 있으면 1년 만기 때 이자로 3천만 원을 준다는 뜻입니다. 바꿔 말하면 그만큼 대우가 위험했다는 뜻입니다. 실제 그때 대우그룹이 부도나면서 투자자들은 큰 손실을 입었습니다.

'A파이낸셜(1회 차)의 여전채 거래 금리는 2.793퍼센트로 민평 금리 대비 약 80bp 높았다.'

→ A파이낸셜이라는 여신 전문 금융기관(캐피털회사처럼 예금을 받지 않고 돈을 빌려주기만 하는 금융사)들의 채권이 민간 평가사들이 제시한 채권 금리보다 0.8퍼센트 높게 거래됐다는 뜻.

Q!? 삼성전자가 갚지 못한 양키 본드가 있다?

양키 본드 Yankee bond

달러화 표시 채권, 미국에서 발행된 채권.

채권은 돈을 빌린 증서입니다. 기업들이 돈을 빌릴 때는 회사채를 발행합니다. 그러니 삼성전자처럼 곳간에 돈이 수십조 원 있는 기업은 회사채를 발행할 필요가 없습니다. 그런데 삼성전자가 발행한 양키 본드가 남아 있습니다. 이자율도 7.7퍼센트나 됩니다. 꼬박꼬박 이자를 내며 갚아나가고 있습니다.

양키 본드는 '달러화 표시 채권'이라는 뜻입니다. 그러니까 삼성전자가 양키 본드를 발행했다면 미국에서 달러로 돈을 빌렸단 뜻입니다. IMF 외환위기 직후에 빌렸습니다. 그때는 삼성전자도 급전이 필요했나봅니다……. 그런데 중간에 조기 상환이 안 되는 조건이 담겨 있습니다. 그러니 해마다 20조 원 가까이 순이익을 올리는 삼성전자가 1천억 원의 양키 본드를 상환 못하고 이자를 꼬박꼬박 내고 있습니다.

이렇게 그 나라에서 발행되는 채권임을 알기 쉽게 표시하기 위해 그 나라를 대표하는 별명을 붙입니다. 일본에서 발행되는 채권이면 '사무라이 본드'입니다. 홍콩에서 성공예감이 채권을 발행하면요? '딤섬 본드'라고 합니다. 우리나라에서 발행되면 '아리랑 본드' '김치 본드' 이렇게 부릅니다. 그럼 '캥거루 본드'는 어느 나라 채권인지 아시겠죠?

그런데 일본에서 발행하는데 엔화로 발행하지 않고 달러로 발행될 수도 있습니다. 기업이 일본에서 달러가 필요할 경우입니다. 이 경우 '쇼군 본드'라고 부릅니다. '쇼군'은 일본의 무신 정권인 막부의 수장을 일컫는 말입니다. 별다른 의미는 없이 그냥 알기 쉽게 그 나라 상징을 붙이는 겁니다.

삼성전자는 지난 10여 년 동안 채권 발행을 한 게 없습니다. 삼성전자가 돈을 빌릴 이유가 없죠. 기업이 채권을 발행하면 신용등급이 매겨지죠. 그런데 삼성전자는 채권을 전혀 발행하지 않으니까 시장에서 등급이 필요 없습니다. 대학을 간다고 해야 내신을 매기죠. 굳이 매긴다면 트리플A, 거의 국가 신용등급입니다. 삼성의 계열사 중에는 아주 조금 신용등급이 낮은 계열사도 있긴 합니다. 그래서 삼성그룹에는 삼성전자와 삼성후자가 있습니다.

2015년 말, 우리 정부가 최초로 위안화 채권을 발행했습니다. 중국에서 위안화로 발행했으니까 '판다 본드'입니다. 우리 정부가 중국에서 위안화로 돈을 빌렸다는 뜻입니다.

중국 현지 주관사가 시장조사를 합니다. '한

판다 본드
중국에서 위안화로 발행된 채권. 중국에서 돈을 조달했다는 뜻이다.

국 정부의 국채 3년물(3년 만기)로, 이자는 연 3퍼센트인데 살 사람 없어요?' 그렇게 30억 위안(5,400억 원 정도) 채권 발행에 성공했습니다. 우리 국채를 중국 투자자들이 인수한 겁니다.

채권 종류는 외평채입니다. '외국환 평형기금 채권'입니다. 외환시장의 평형을 맞추는 데 쓰려고 돈을 빌린 겁니다. 외환시장이 워낙 출렁거리니 외환보유고를 든든히 채워둬야 하는데, 그러려면 언제든 달러를 살 수 있는 탄환이 필요합니다. 그 돈을 빌리는 겁니다. '외환시장 안전자금'쯤 됩니다. 우리 외환보유고 곳간에는 달러나 미국 국채가 주로 들어 있는데(금이나 위안화도 있다), 판다 본드를 발행했으니 위안화 돈이 들어온다는 뜻입니다. 정부는 위안화 탄환도 좀 챙겨두려나 봅니다.

중국은 해외투자자의 자국 내 채권 발행에 보수적이었습니다. 이를 허용하면 위안화가 해외로 빠져나가는 거니까요. 그런데 곳간에 달러가 너무 많아진 중국은 이제 점점 중국 안에서 외국인들의 채권 발행을 허용하는 추세입니다. 중국인들이 달러 투자를 받는 게 아니라, 외국 자본에 위안화를 빌려주는 시대가 왔습니다.

그런 맥락에서 홍콩에서 발행되는 딤섬 본드보다 중국 본토에서 발행되는 판다 본드의 발행액이 점점 커지고 있습니다. 반대로 2016년 9월에는 중국 동방항공이 우리나라에서 원화로 채권 발행에 성공했습니다. 아리랑 본드 발행에 성공한 것입니다. 우리 투자자가 중국 기업에 우리 돈 원화를 빌려준 것입니다. 우리나라에서 달러로 발행되는 김치 본드 대신 원화로 발행되는 아리랑 본드를 발행했다는 것은 동방항공이 우리나라 안에서 우리 돈 '원화'를 쓸 일이 있다는 뜻입니다. 다시 말해 원화 투자를 하겠다는 뜻입니다.

이자율 5퍼센트
특판 RP의 비밀은?

RP repurchase agreement, 환매조건부채권
곧 다시 사준다고 약속하고 파는 채권.

　　최근엔 5퍼센트가 넘는 RP 상품도 가끔 등장합니다.
연 6퍼센트의 3개월 RP라면, 3개월 뒤 1.5퍼센트(6퍼센트의 4분의 1)의
이자를 주는 상품입니다. 시중 예금 이자율보다는 훨씬 높습니다. 시
장의 관심이 높습니다. 환매조건부채권을 RP라고 합니다. 석 달이면
석 달, 일정 기간이 지난 뒤 채권을 돌려주면 약속된 이자와 원금을
주겠다는 '환매가 약속된 채권'을 말합니다.

　다시 말해 증권사가 '반드시 저희가 다시 살게요!'라고 약속하며
채권을 파는 겁니다. 투자자 입장에선 몇 달 만에 확정 이자를 받으
니까 만기 예금이나 다름이 없고(다른 채권은 수시로 수익률이 바뀐
다), 증권사 입장에서는 쉽게 현금을 받을 수 있어 좋습니다. 특히 최

근에 각종 프로모션의 미끼상품으로도 인기입니다. ISA 통장 신규 가입 고객에게 'RP 500만 원 한정 판매' 하는 식입니다.

ISA 통장(개인자산 종합관리 계좌)은 예금이나 적금, 주식이나 연금을 하나의 통장(당연히 한 금융회사)에 넣는 것이다. 여기서 나오는 각종 수익에 비과세 혜택이 주어진다. 정부가 국민들의 금융투자를 유도하고 수익률을 높이기 위해 2016년 하반기에 출시했다. 특이한 점은, 통장 안에서 특정 펀드에 손실이 나고(마이너스 100만 원) 다른 펀드에서 이익이 났다면(플러스 300만 원) 300만 원-100만 원=200만 원의 수익에 대해서만 과세한다.

이렇게 고객이 RP를 사면서 맡긴 돈을 증권사가 주식이나 국고채, 은행채 등에 투자해서 거기서 나오는 수익으로 고객들에게 이자를 돌려주는 방식입니다. 물론 비교적 높은 수익을 보장하기 때문에 이를 보전하기 위해선 고객이 맡긴 돈을 보다 수익률이 높은 상품에 투자하겠죠.

RP 투자는 안전할까?

꼭 그렇지는 않습니다. 일단 5천만 원까지 원리금을 보호해 주는 예금자 보호 대상 금융상품은 아닙니다. 하지만 비교적 안전한 곳에 투자하기 때문에 증권사가 그 석 달 동안 망하지만 않는다면 안전하다고 할 수 있습니다. 보통 채권을 담보로 발행하니까 만약 증권사가 문을 닫는다고 해도 그 채권을 유동화해서 원금을 받을 수도 있을 겁니다.

그래도 대형 증권사나 신용등급이 높은 증권사의 RP를 사는 게 좋습입니다. 만약 작은 증권사가 특판 RP라며 너무 높은 이자율을 제시하면 좀 위험할 수도 있습니다.

요즘은 달러 RP 상품도 나오더군요. 이자율이 거의 시중은행 이자율 수준인데, 이건 그 기간 동안 달러 값이 오르면 그만큼 수익률도 올라간다는 장점이 있습니다. 환차익을 노리는 상품이니 당연히 환리스크에도 노출된 상품입니다. 달러 값이 내려가면 수익은커녕 손실을 볼 수도 있습니다.

RP는 사실 한국은행이 금리정책을 펼 때 씁니다. 중앙은행이 기준금리를 올린다면 "오늘부터 은행들은 일제히 금리를 올리세요!"라고 지시하지 않습니다. 시장에 RP(주로 국고채)를 내다 팝니다. 7일 후에는 반드시 되사준다는 '7일물 환매조건부채권'을 팔면, 시중은행이 이 RP를 매입합니다.

그럼 돈이 중앙은행으로 들어오고, 그만큼 시중은행 곳간은 돈이 마릅니다. 돈이 마른 시중은행은 이자율을 올리겠죠. 곳간을 채우기 위해서요. 시중 금리가 올라갑니다.

이렇게 금리 조절을 해나가는 겁니다. 그러니까 중앙은행의 기준금리는 엄밀히 말하면 기준금리 목표치입니다. 중앙은행이 기준금리를 1.25퍼센트로 결정했다는 것은 시중 기준금리를 RP를 통해 1.25퍼센트 수준으로 맞춰나가려고 노력하겠다는 뜻입니다.

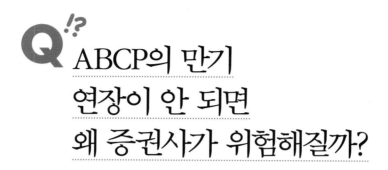

Q⁉ ABCP의 만기 연장이 안 되면 왜 증권사가 위험해질까?

ABCP asset-backed commercial paper
제가 이 땅을 담보로 돈 빌리려는데, 믿어주실 건가요?
대신 유명 건설사가 보증을 해줍니다.

PF project finance 사업은 특정 프로젝트를 보고 제3자가 투자한 사업을 말합니다. 만약 제가 대형 SF영화와 관련한 프로젝트가 있다면, 누군가 이 영화에 자금을 대는 방식입니다. (우리나라에서 PF사업은 대형 건설사업을 말하는 경우가 대부분이다.)

이런 식입니다. A시행사가 땅을 사들입니다. 해안가에 초대형 주상복합을 짓는 사업입니다. 문제는 막대한 공사비입니다. A시행사는 사업계획서를 들고 C은행을 찾아가 사업을 설명하고 대출을 받습니다. 이 과정에서 이 아파트를 시공하는 유명 B건설사가 보증을 섭니다. 이렇게 발행되는 채권이 ABCP입니다.

ABCP는 '자산담보부 기업어음'입니다. 사업 부지를 담보로 채권을

410

발행하는데, 여기에 건설사의 보증이 더해져 신용 보강을 하는 구조입니다(투자자들은 삼성물산이나 대우건설 같은 대형 건설사의 보증을 믿고 이 채권을 사들인다. 신용 보강은 이렇게 투자를 강화하고 유도한다).

이 ABCP를 은행이나 증권사가 인수합니다. 은행이나 증권사가 돈을 빌려주는 겁니다. 그리고 이 ABCP를 대중에게 팝니다. 유동화하는 겁니다. 은행이나 증권사는 이 ABCP를 팔면서 "혹시 건설사나 시행사에 무슨 문제가 생겨도 저희가 되사줄게요!" 하며 환매를 약속하는 경우도 많습니다.

금융권의 신용 보강이 더해지는 것입니다. 채권을 사는 투자자들은 더 안심하고 ABCP에 투자합니다. 이렇게 돈이 모이고 해당 투자금은 대형 건설사업으로 들어갑니다.

그런데 2016년 말, 대우건설에 문제가 생겼습니다. 대우건설의 회계 장부를 들여다본 회계사가 장부가 너무 엉터리여서 회계감사를 못하겠다며 '회계감사 거절의견'을 냈습니다. 성적이 너무 안 좋아 담임선생님이 채점 불가 판정을 내린 겁니다.

그러자 대우건설의 ABCP를 들고 있던 투자자들이 불안해집니다. 채권 만기를 기다렸다가 보통 차환(채권의 만기를 연장하는 것으로, 롤오버roll-over라고 한다)할 텐데, "그냥 돈으로 돌려주세요" 하고 돈을 찾아갈 가능성이 높아집니다.

이 경우 보증을 선 증권사가 이 돈을 먼저 물어줘야 합니다. ABCP를 되사줘야 하는 겁니다. 보증 금액이 많은 증권사일수록 더 많은 돈을 물어줘야 합니다. 2016년 말 기준 대우건설이 참여한 현장에서 대우건설이 보증해 준 ABCP만 1조 원어치에 육박합니다.

이들 ABCP가 증권사 입장에서는 위험에 노출되는 겁니다. 이를 해당 ABCP의 '익스포저exposure가 커진다'고 표현합니다. 위험 노출 금액이 커진다는 뜻입니다. 참 쉬운 영어를 어렵게 표현합니다. 이 ABCP의 위험 노출은 당연히 부동산 경기와 밀접한 관련이 있습니다.

2010년 이후 건설 경기가 부진해지면서 건설사들이나 증권사가 보증한 ABCP가 일제히 익스포저가 커졌습니다. 금융당국이 증권사들에게 ABCP 보증액을 공개하라고 할 정도였으니까요. ABCP가 금융 시장의 뇌관이 되는 것 아니냐는 걱정도 커졌습니다. 하지만 다행히 관리가 잘 됐습니다.

Q !? 국민주택채권, 꼭 깡해야 할까?

채권 할인 bond discount
채권 만기를 기다리지 못해 얼마 손해 보고 채권을 미리 돈으로 바꾸는 것.

5억짜리 아파트 사면 국민주택채권을 한 800만 원 정도 구입해야 합니다. 주택 면적과 공시 가격을 토대로 채권 매입 금액이 결정됩니다. 당연히(?) 구입하자마자 할인을 해서 팝니다. 흔히 깡한다고 하죠.

할인율까지 구청 창구에 친절하게 적혀 있습니다. 이 경우 한 10~20만 원의 할인 비용을 부담하는 것입니다. 차라리 그냥 주택 취득세를 10~20만 원 정도 더 부과하면 될 텐데 왜 이렇게 복잡하게 할까?

국민주택채권은 주택도시기금 마련을 위한 겁니다. 임대 주택이나 전세 자금 융자 등에 사용됩니다. 주택복권도 이 주택도시기금을 마련하기 위한 것입니다. 사실 이 세목을 따로 거두면 됩니다. 하지만 정치인들이 임기 중 가장 하기 싫어하는 게 세금 인상입니다. 그래서 이 이상한 제도는 계속됩니다.

만약 이 채권을 할인하지 않고 만기까지 계속 들고 있으면 어떻게 될까요? 자동차 등록할 때도 도시철도채권과 지역개발채권을 바로 샀다가 그 자리에서 할인해서 팝니다. 물론 할인하지 않고 보유해도 됩니다. 당연히 만기 되면 원금과 이자 다 줍니다.

문제는 이자율입니다. 이자율이 아주 낮습니다. 복리 5년 만기 국민주택채권 연이자율이 1.25퍼센트밖에 안 됩니다. 은행 이자율보다 낮아서 굳이 갖고 있을 필요는 없어 보입니다. 그래서 다들 사자마자 10~20만 원 손해 보고 파는 겁니다.

그런데 은근히 갖고 있는 분들이 많습니다. 지난 1980년 무렵에는 집 전화를 신청할 때도 전화채권을 매입해야 했는데요, 그때 채권을 아직도 갖고 계신 어르신도 있을 정도니까요. 아버지나 어머니 문갑을 한번 뒤져볼 필요가 있어 보입니다. 만기가 5년, 길게는 20년씩 되다 보니 만기가 지나도 깜박 잊고 안 찾아간 분들도 많습니다.

2014년에는 국민은행 직원들이 짜고 국민주택채권을 위조해 돈을 타 가다 적발된 적도 있습니다. 국민은행은 만기가 다 된 채권 번호를 아니까 이 번호에 맞춰 국민주택채권을 위조했습니다. 그리고 은행 창구 가서 돈으로 바꿔 가는 수법입니다. "만기 됐으니까 원금과 이자까지 주세요!" 하며 111억 원을 타 가다가 적발됐습니다. 다들 구속됐습니다. 심지어 이미 환매해 간 채권을 다시 지급한 사례까지 있었다고 하니, 사기 친 직원도 직원이지만, 국민은행도 참 허술합니다.

10장

마켓에
한 걸음 더 다가간
질문들

Q 한정판 다이어리가 왜 그토록 갖고 싶을까?

한정판 다이어리
연말에 꼭 득템해야 하는 아이템 중 하나.

이상하게 사고 싶어집니다. 마케팅의 힘입니다. 한정판이 유행입니다. 연말이면 한정판 다이어리, 한정판 부츠, 한정판 패딩, 심지어 한정판 담배까지 잇달아 출시됩니다. 포장도 예쁜데 값은 그대로입니다. 소비자들의 손이 갑니다. '무슨 에디션'이라고 하면 왠지 사야 할 것 같습니다. 그것을 가진 나는 더 특별할 것 같습니다. "나는 있는데, 너는 있니?"

이런 한정판 마케팅은 당연히 소비자의 심리를 이용합니다. 사람은 하지 말라고 하면 더 해보고 싶은 호기심이 있죠. "이거 곧 품절되면 다신 안 나와요" 하면 사서 열어보고 싶습니다. 그것이 인간입니다. 연말에 나오는 커피전문점들의 다이어리도 커피를 15잔에서 많게는

17잔까지 사서 마시고 쿠폰을 모아야 무료로 줍니다.

그럼 커피값만 5만 원 정도, 많게는 7~8만 원어치를 마셔야 합니다. 그런데 사실 그 다이어리는 누가 봐도 원가는 5만 원도 안 됩니다(KBS 직원들에게 지급되는 고급 다이어리의 원가는 2,700원이다). 그러니 커피전문점 입장에서는 무조건 남는 장사입니다.

그런데 만약 "이 다이어리 재고가 충분하니까 천천히 구입하셔도 돼요" 하면 잘 안 삽니다. 한정판이라 빨리 구입해야 한다고 하니까 부지런히 17잔의 쿠폰을 모으고 또 모읍니다. 크리스마스 전까지 모두 채워야 합니다……. 낮에 마셨는데 저녁에 또 한 잔 해야 할 것 같습니다. 마침 친구들이 그 커피전문점에 가자고 하면 너무 반갑습니다.

유명 화장품 브랜드가 크리스마스 한정판을 내놓으면서 12월 25일까지만 판매한다고 해요. 당연히 26일이 되면 살 사람도 없을 텐데…… 하지만 판매 시점이 정해져 있으면 소비자는 마음이 급해집니다. 이런 한정판만 사서 다시 비싸게 파는 리셀러도 등장할 정도니까요. 중고 사이트에서 한정판을 검색하면 상당수는 원래 판매가격보다 비쌉니다.

이런 마케팅은 명품 브랜드도 마찬가지입니다. 분명히 매장 안에 들어갈 공간이 있는데 고객들에게 줄을 세웁니다. "손님, 잠깐만 기다리세요!" 그럼 '나도 저기 줄에 서고 싶다, 기다려서라도 들어가고 싶다'는 마음이 강해집니다. 심지어 매장 안에 들어온 손님들끼리 동질감까지 느낍니다.

일전에 ○○○○감자칩이 동난 적 있습니다. 장안의 화제였습니다.

맛을 보거나, 한 개라도 구해 오는 친구는 능력자였습니다. 편의점 주인은 단골들을 위해 재고를 따로 아껴둘 정도였습니다. 인기가 치솟고 해당 제과업체의 주가가 치솟았습니다. 하지만 지금은 누구나 쉽게 살 수 있습니다. 그랬더니 인기가 시들합니다. 눈에 보여도 구매하지 않습니다. 알고 보니 그냥 감자칩이었습니다.

비단 몇천 원짜리 감자칩만 그러는 게 아닙니다. 수억 원짜리 아파트도 마찬가지입니다. '광교에 들어서는 마지막 역작' '9호선 황금 노선의 최후 아파트'…… 더 늦기 전에 사야 하나……. 소비자들의 마음이 급해집니다.

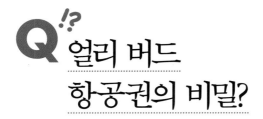

Q 얼리 버드
항공권의 비밀?

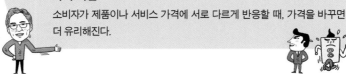

가격 차별

소비자가 제품이나 서비스 가격에 서로 다르게 반응할 때, 가격을 바꾸면 더 유리해진다.

대한항공이나 아시아나항공만 해도 이코노미석이 15단계, 비즈니스석이 5~6단계로 나뉘어 있습니다. 항공권을 보면 Y, M, N, H, E 등으로 좌석이 세분화돼 있습니다. 좌석별 등급표입니다. 같은 이코노미 미주 노선이라도 S, H는 성수기 정상가 좌석으로 1,800달러 수준, L은 비수기 정상가로 거의 절반까지 가격이 떨어집니다.

기본적으로 항공사는 비행기 좌석이 한 석이라도 빌 경우 손실 처리합니다. 이 리스크를 줄이기 위해 통계적으로 손님이 적을 것으로 예상되는 항공편은 미리 일부 표를 헐값에 팝니다. 그래서 김포 - 제주 7천 원짜리 표가 나오는 겁니다.

이들 항공권은 X나 V 표시가 돼 있는 경우도 있는데요, 이 경우 마일리지 적립이 안 되거나 일부는 환불이 안 되는 조건이 붙습니다. 물론 고객에게 '우리 여객기 한번 타보세요!' 홍보 효과는 덤입니다. 기본적으로 싸게 보여야 하는 브랜드가 있고, 비싸게 보여야 하는 브랜드가 있습니다.

명품 브랜드는 절대 할인 행사를 하지 않고, 가급적 비싼 고급 제품을 앞에 배치합니다. 샤넬의 진열장에는 최근에 나온 7,200달러짜리 파우치가 전시됩니다. 하지만 저가 항공사는 저렴하다는 것을 강조해야 합니다. 그래서 9천 원짜리 김포 – 제주 항공권을 수천 장씩 보란 듯이 내놓습니다. 사실은 우리나라 저가 항공사들은 1년에 5백만~1천만 장의 표를 팝니다. 이런 초저가 항공권은 전체 유통 항공권의 1퍼센트 수준입니다.

최근에 항공사들이 가격 차별을 더 심화시킵니다. 동일한 이코노미석 1,000달러짜리 항공권도 짐이 없는 승객에게는 800달러, 식사도 하지 않는 승객에게는 700달러…… 이렇게 세분화합니다. 반대로 옆자리가 비어 있는 좌석은 900달러입니다.

이런 가격 차별은 사실 소비자도 정당한 서비스를 제값에 받을 수 있다는 장점이 있습니다. 하지만 소비자들이 이런 가격 차별과 자신이 얻는 효용 가치를 제대로 계산하기는 쉽지 않습니다.

2016년 하반기부터 CGV 등 주요 멀티플렉스 영화관들이 구석 자리와 앞에서 두 번째 줄까지는 할인을 해줍니다. 바꿔 말하면 가운데나 뒤쪽 좋은 자리는 요금이 조금 올랐습니다. 그런데 가운데나 뒤쪽 자리가 전체 좌석의 85퍼센트나 됩니다.

소비자는 잘 모른다

KTX도 요일에 따라 가격 차별이 있습니다. 그런데 주중 요금 할인은 자세히 따져보면 주말 요금 인상입니다. 최근에는 거리에 연동해서 받던 요금을 KTX가 정차한 역의 수에 따라 받기로 했습니다. 이제 KTX 평균 요금이 내려갈까요? 올라갈까요?

모 항공사가 A380의 앞자리 이코노미석을 프리미엄으로 만들어 더 넓게 더 좋은 식사를 제공하기로 했습니다. 좌석 차별화가 심화됩니다. 이 프리미엄 이코노미석의 요금은 일반 이코노미석의 1.5배입니다.

가격 차별처럼 기업이나 장사꾼은 소비자의 마음을 열기 위해 수많은 보조 장치를 도입하는데요. 이걸 흔히 '마케팅'이라고 합니다. 마케팅의 사전적 의미는 '상품이나 서비스를 팔기 위해 생산자가 벌이는 모든 활동'입니다. 결국 소비자의 지갑을 열게 하는 절차와 방법입니다.

추운 겨울 고속도로에서 LA로 가는 차를 얻어 타기 위해 히치하이킹을 한다. 다음 문구를 어떻게 고쳐서 들고 있는 것이 더 쉽게 차를 얻어 타는 방법일까?

TO LOS ANGELES ⟶ ?

모범 답안 : TO MOM FOR CHRISTMAS

마케팅은 제품이나 서비스의 숨은 가치를 잘 알려야 합니다. 장점을

설명합니다. 대형 마트들은 오늘만 이 가격이
라고 저렴한 가격을 강조합니다. 그런데 알고
보면 내일도 일주일 후도 그 가격일 때가 있
습니다. 1+1 가격을 자세히 보니까 심지어 두

개 사는 것보다 더 비쌉니다. 오늘만 39퍼센트 세일한다는데, 알고 보
니 어제 슬그머니 50퍼센트 가격을 올렸습니다.

2016년 11월 공정거래위원회는 이런 엉터리 마케팅(?)을 한 대형
마트들에게 시정 명령과 과징금 6,200만 원을 부과했습니다. 그렇다
면 대형 마트들의 이런 행위는 사기일까, 마케팅일까?

아이폰은 사실 중국에서 만들었고, 벤츠의 일부 차종은 남아공에
서 생산됩니다. 하지만 아이폰도 벤츠도 이런 사실을 알리지 않습니
다. 아이폰은 앞선 첨단 개성을, 벤츠는 여전히 독일 제조업의 상징이
라는 사실을 강조합니다. 캘리포니아 해변이 연상되는 유명 글로벌
의류 브랜드의 티셔츠도 사실은 우리 중소기업이 중국 현지 공장에
서 만들어요.

불리한 건 숨기고 유리한 건 강조하죠. 마케팅의 특징입니다. '주유
소에서 ○○카드 사용하면 5퍼센트 할인해 줍니다!'라고 표시하지,
'○○카드 안 쓰면 5퍼센트 더 받아요!' 이렇게 표시하지 않습니다.
무가당 음료는 당이 없다는 뜻이 아니라 '당분을 인위적으로 더하
지 않았단' 뜻입니다. 그래서 무가당 음료는 주로 당분이 높은 과일
을 재료로 씁니다. '콩 100퍼센트로 국내에서 직접 만든' 된장은 꼭
우리 콩을 쓴 것 같지만, 자세히 보면 중국산 콩으로 국내에서 만들
었단 뜻입니다.

원래는 고객이 원하는 것을 만들고 판매하는 전략이 마케팅입니다. 이벤트와 가격 차별, 사은품 제공……. 그런데 갈수록 소비자를 현혹하는 값싼 마케팅이 늘어납니다.

상조 서비스, 가입하면 안마의자를 줍니다. 유명 탤런트가 광고합니다. 그런데 사실 560만 원의 상조 가입비 중에 198만 원의 안마의자 가격이 숨어 있었습니다. 그냥 안마의자를 198만 원에 끼워 판매한 것입니다. 가입자가 뒤늦게 해약하려고 했더니 '안마의자 회사에 문의하라'는 답변이 돌아옵니다.

지나친 마케팅은 결국 시장을 다시 '레몬마켓(판매자와 소비자 사이에 제품에 대한 정보가 비대칭적으로 주어지다 보니 우량품은 자취를 감추고 불량품만 남아도는 현상)'으로 만듭니다. 부족한 정보를 찾던 소비자들은 온통 오염된 잘못된 정보 앞에서 지갑을 닫습니다. 공정거래위원회는 안마의자를 끼워 파는 상조 서비스에 대해 '소비자 피해 주의보'를 발령했습니다.

Q!?
그녀가 중고차를 샀는데, 이것도 GDP 성장률을 올릴까?

GDP gross domestic product, 국내총생산
지구인들이 가장 많이 쓰는 부의 측정법.

GDP는 가장 흔한 부^{wealth}의 측정 방법입니다. 어떤 나라 안에서 생산된 재화와 서비스의 합입니다. 그러니까 우리나라에서 1년에 10만 원짜리 자전거를 10개만 만든다면 우리나라의 GDP는 10만 원×10개=100만 원입니다. 간단하죠?

그런데 재화만 생산하는 것은 아닙니다. 서비스도 있습니다. 그래서 이 10만 원짜리 자전거 완제품을 어떤 상인이 2만 원씩 이익을 내고 12만 원에 팔았다면, GDP는 120만 원으로 올라갑니다. 그 자전거 점포 사장님의 노동 서비스 가치인 2만 원을 포함해야 합니다. 그러니까 GDP는 생산된 재화와 서비스의 총합입니다.

생산된 금액 = 거래된 금액 = 소비된 금액

여기서 '생산된'이라는 뜻은 '거래된'이라는 뜻도 됩니다. 다시 말해 소비된 금액의 총합이라는 말과도 같습니다. 그럼 최종 판매가격 10만 원짜리 자전거의 부품 중 하나인 페달을 1만 원에 만들어 납품하는 사람은요? 자전거 바퀴의 납품 가격이 2만 원이라면? 이 사람들도 각각 1만 원과 2만 원의 생산을 한 것입니다.

그러니까 각 생산라인에서 생산한 각각의 재화의 가격을 합친 값인 12만 원도 GDP입니다. 또는 간단하게 최종 판매가격 12만 원으로 GDP를 계산해도 됩니다. 그러니까 단계별로 하나씩 합쳐도 되고, 마지막 가격만 GDP로 계산해도 됩니다.

밀가루 5천 원+단팥 1만 원+가게 임대료 1만 5천 원+베이커리 이윤 2만 원

= 단팥빵 선물세트 5만 원

= GDP 5만 원

그럼 중고차는 GDP에 포함될까요? 이건 최종 산물이 아니잖아요. 만약 1,500만 원짜리 신차를 10년 타다가 500만 원에 팔았다면? 1,500만 원짜리 신차만이 최종 산물입니다. 생산과정에 들어간 각종 부품의 GDP와 판매 상인의 생산 가치가 GDP에 이미 포함됐습니다.

따라서 10년 뒤에 거래된 중고차 가격 500만 원은 GDP에 포함되지 않습니다. 새로 생산한 부가가치가 아닙니다. 다만 이걸 판매한 중고차 상인이 마지막에 50만 원의 이익을 남기고 팔았다면 중고차 서

비스업에서 50만 원 부가가치가 새롭게 GDP에 포함됩니다.

만약 이 차를 폐차했어요. 그럼 늘어난 부가가치는 0원입니다. 하지만 이렇게 폐차된 차를 영화 촬영 현장에서 쓴다고 해서 또 30만 원에 팔았어요. 그럼 GDP가 또 30만 원이 오릅니다. 영화산업이 30만 원의 부가가치를 올린 것입니다.

같은 논리로 한 번 분양이 된 아파트를 아무리 사고팔아도 GDP는 올라가지 않습니다. 만약 허물고 다시 지으면요? 이건 당연히 새 부가가치를 만든 거니까 GDP에 포함됩니다.

그럼 GDP를 올리기 위해 아파트를 계속 허물고 새로 짓고 허물고 새로 지으면 우리는 부자 나라가 될까요? 그런 일은 일어나지 않습니다. 시장 참여자는 항상 합리적으로 시장에 참여하거든요. GDP 올리겠다고 자기 아파트 허무는 사람은 없습니다.

중고용품을 사고팔면 GDP 성장률에 도움이 안 될까?

제가 50만 원 주고 새 식탁을 사면 GDP가 50만 원 올라갑니다. 경제가 50만 원 더 성장한 것입니다(편의상 그렇게 계산한다). 이렇게 누군가의 소비는 누군가의 소득입니다. 그 소득으로 경제가 성장합니다.

그런데 새 식탁을 사려다 중고시장에 갔더니 멀쩡한 식탁이 10만 원에 나와 있습니다. 그래서 샀습니다. 그럼 제가 50만 원을 소비할 기회가 사라졌죠. 그 40만 원 차이만큼 경제가 GDP 성장을 놓친 거예요. 그럼 뭔가를 중고로 다시 활용하면 경제 성장에는 손해일까?

예를 들어 헌책방이 늘면 경제는 손해를 볼까? 성장률은 그만큼 떨어질까? 아닙니다.

저는 중고 식탁으로 아낀 40만 원을 틀림없이 다른 데에 소비할 것입니다. 아껴둔 40만 원으로 중장비 학원에 등록해서 자격증을 땄다고 가정해 보죠. 일단 40만 원이 학원에서 소비됐습니다. 또 자격증 땄으니까 언젠가 포크레인을 구입하려 할 것입니다. 그렇게 되면 소비가 늘고 누군가의 소득이 늘어납니다. 우리 경제에는 훨씬 좋을 수 있습니다.

결국 관건은 '50만 원을 쓰는데, 어디에 쓰느냐'입니다. 답은 '그렇게 소비한 돈이 자꾸 돌고 돌아야 한다'입니다. 여기서 돌고 돈다는 것은 돈이 계속 거래되고 소비된다는 뜻입니다. 이는 누군가가 계속 소득을 올린다는 뜻입니다. 그 소득의 합이 GDP입니다.

반면 나쁜 소비는 돈이 어디선가 돌지 않고 잠겨버리는 것입니다. 누군가 돈을 벌어 금고에 넣어버리거나 은행에 단기성 예금을 하면 이는 경제 성장에 큰 도움이 되지 않습니다. 시중에 1억 원이 풀렸는데 한 번 소비되면 1억 원이지만, 100번 소비되면 우리 경제는 100억 원어치만큼 경기가 좋아집니다. GDP는 그 거래의 합입니다.

만약 정부가 어떤 건설사업에 1조 원을 투입했다고 가정해 보면, 대기업부터 시골의 덤프트럭 기사까지 돈이 흘러 들어갑니다. 그 돈이 또 돌고 돌아야 합니다. 하지만 1천억 원이 어느 대기업에 들어가서 잠겨버린다면, 또 5만 원권 1,000장이 뇌물이 돼서 중소 건설사 사장의 김치냉장고 안에 잠겨버린다면 더 이상 돈이 돌지 못합니다. GDP 성장은 거기까지입니다.

반면 정부가 초등학교 급식 시설이나, 비만 어린이의 체육 교육이나, 교통사고로 부모 중 한 명을 잃은 가정의 주거비를 지원한다면요? 이 예산은 일단 그 돈을 받은 기업이나 단체, 또는 선생님에게 소비되고 그 후에 무궁무진한 잠재력을 갖고 돌게 됩니다.

비만 아동이 건강을 지켜 성장하면서 시장에서 올린 소득(소비)은 두고두고 시장에서 유통됩니다. 거래를 늘리고 소득을 늘립니다. 그가 제2의 정주영이나 이병철이 될 수도 있습니다. 그러니까 시장에 돈을 공급할 때는 돈이 부족한 공간에 먼저 공급해야 합니다. 복지예산이 자꾸 늘어나는 이유가 여기 있습니다.

어젯밤에 술 마신 돈은 GDP에 포함될까?

당연히 포함이 됩니다. 술도 팔리면(거래가 되면) 그만큼 누군가의 소득이 됩니다. 어제 내가 마신 술로 호프집 사장님의 소득이 5만 원 올랐다면, 이는 GDP가 5만 원만큼 올라간다는 것을 의미합니다. 호프집 사장님의 서비스로 5만 원의 부가가치를 새롭게 생산한 것입니다.

게다가 자꾸 술을 마셔서 그 술꾼이 병원까지 가면 병원의 매출도 올라갑니다. 심지어 너무 술을 마셔 세상을 떠난다면 장례식장의 매출까지 올라갑니다. 국가 GDP가 자꾸 올라갑니다. 과연 경제에 좋을까요?

하지만 그 사람이 술을 마시지 않고, 병원에도 가지 않고, 건강하게 생존했을 때 올릴 수 있는 GDP의 기회비용을 따져야 합니다.

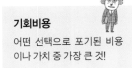

기회비용
어떤 선택으로 포기된 비용
이나 가치 중 가장 큰 것!

기업에 취직을 했거나, 책을 쓰거나, 누군
가에게 영감을 줬다면요? 그런데 그 영감을
받은 사람이 스티브 잡스였다면요? 그 사람
이 올린 GDP는 수천억 달러까지 올라갈 수
있습니다. 유해한 활동의 소비는 한계가 있습니다. 단기적으로 소비를
늘릴 뿐입니다. GDP도 단기적으로 올라갈 뿐입니다.

강변에 오염물의 배출이 많은 식당을 허가하는 것과 똑같습니다.
일시적으로 그 식당이 올리는 부가가치보다 오염되지 않은 강이 장기
적으로 주는 부가가치가 틀림없이 높을 겁니다.

또 만약 대기업이 강에 식당을 차려 매출이 크게 올랐는데, 그곳
손님들이 대부분 주변 동네 식당에서 왔다면 GDP는 그만큼 오르지
않습니다. 동네 식당은 그만큼 손님이 줄었을 것입니다.

결국 동네 자영업자의 부가가치가 이전됐을 뿐입니다. 새로운 부가
added 가치value를 올려야 합니다. 그것이 부가가치value added입니다. 그 부
가가치의 합이 GDP입니다.

따라서 만약 어느 대기업이 오염원이 없는 아주 혁신적인 배를 띄
워 창조적 공연을 해서 수많은 사람들을 불러온다면, 이 부가가치의
대부분은 GDP의 순증으로 이어집니다.

물론 GDP는 오직 소비된 것만 계산합니다. 따라서 어머니가 길러
보내준 사과나 연인이 읽어준 시의 부가가치는 계산되지 않습니다.
GDP는 오직 소비돼야 합니다. 그러려면 재화나 서비스가 만들어져
서 팔려야 합니다. 그 소비의 합이 GDP입니다.

Q 연봉 1억 원 받는 상무님이 한국의 평균소득에도 못 미치는 이유는?

국민소득 3면 등가의 법칙
우리가 '벌어들인 돈'과 '쓴 돈'과 '분배할 돈'의 합은 일정하다.

지난해 1월에 딸기를 열 개 생산했습니다. 올해 1월에는 딸기를 열두 개 생산했습니다. 생산은 두 개 늘었고, 따라서 전년 같은 기간에 비해 20퍼센트 성장한 거죠. 뉴스에서는 이걸 "지난해 동기 대비 20퍼센트 성장했습니다"라고 합니다. GDP 계산도 똑같습니다.

만약 1월에 딸기를 열두 개 생산해서 시장에서 개당 1천 원씩 1만 2천 원에 팔았다고 가정합시다. 그럼 GDP에 1만 2천 원이 포함됩니다. 이게 생산국민소득입니다. 이걸 누군가 사서 먹었을 테니까 지출국민소득도 1만 2천 원입니다. 그리고 1만 2천 원을 벌어들인 딸기 농부가 임대료도 내고, 농약 값도 내고, 농기계 값도 내고 세금도 냅니다. 이 돈의 합계도 1만 2천 원이죠. 이걸 분배국민소득이라고 합니다.

생산국민소득 1만 2천 원 = 지출국민소득 1만 2천 원 = 분배국민소득 1만 2천 원

이걸 흔히 '국민소득 3면 등가의 법칙'이라고 합니다. 그럼 그냥 시골 할머니가 딸기 농사를 지어서 손주 먹으라고 줬다면요? 이건 성장률, GDP에 포함 안 됩니다. 시장에서 거래가 돼야 GDP입니다.

그런데 우리나라의 1인당 국민소득은 2016년 기준 2만 8천 달러 정도입니다(정확하게는 2만 7,561달러다). 우리 돈 3천만 원이 조금 넘습니다. 1년에 한 명이 평균 3천만 원 정도 번다는 뜻입니다. 1인당 대략 3천만 원 번다는 말은 1인당 3천만 원 정도 소비한다는 뜻입니다.

그럼 4인 가족으로 치면 가구당 연 1억 2천만 원 정도 벌어야 평균소득 가정입니다. 그러니까 아버지가 7천만 원, 어머니가 5천만 원 버는 집이 평균입니다. 여기서 납득이 잘 안 됩니다. 1년에 1억 원 소득을 올리는 변호사도 4인 가구에 외벌이라면, 이 집은 평균소득에도 못 미치는 가구가 됩니다. 무슨 GDP 통계가 이 모양일까요?

1인당 국민소득 2만 8천 달러(약 3천만 원) = 4인 가구 평균소득 1억 2천만 원?

이유는 일단 국민소득은 기업과 가계의 소득을 모두 합친 것이기 때문입니다. 기업의 소득이 더 많지만, 이를 우리 인구 4,500만 명으로

나눠 1인당 국민소득을 계산합니다. 때문에 상대적으로 가계소득까지 높아 보입니다. 그런데 GDP에서 가계소득이 차지하는 비중이 자꾸 줄어듭니다. 기업소득 부분이 자꾸 커집니다.

OECD의 2016년 경제개혁보고서를 보면, 1995년 이후 2013년까지 한국은 GDP에서 가계소득이 차지하는 비중이 5.3퍼센트나 하락했습니다. 이는 기업이 버는 소득이 가계로 이전되지 않고 상당 부분 기업의 곳간에 남아 있다는 뜻입니다(물론 기업은 이 돈으로 미래를 위한 투자도 하고 주주에게 배당도 해야 한다).

가계소득이 잘 늘어나지 않는데 전체 GDP는 자꾸 높아지면서 GDP 통계와 현실 사이의 괴리도 자꾸 커집니다.

또 하나 '평균값의 오류'도 있습니다. GDP는 평균값입니다. 통계는 대부분 평균값을 구합니다. 그런데 최고값과 최저값의 편차가 커지면 평균값은 참 의미 없어집니다.

어느 군대가 강을 건너야 했다. 장군이 한 병사에게 강의 깊이를 알아보라고 지시했다. 병사가 강의 평균 깊이를 150센티미터로 보고했다. 병사들 중에는 키가 150센티미터가 안 되는 사람이 없었다. 장군은 강을 건너기로 결심했다. 하지만 강 건너편에 도착한 병사는 한 명도 없었다. 강의 평균 깊이는 150센티미터였지만, 중간에 아주 깊은 곳은 300센티미터가 넘었다.

평균값은 이처럼 현실을 왜곡할 수 있습니다. 상위 일부의 소득이 자꾸 높아지면서 1인당 GDP는 계속 현실과 멀어집니다. 내 소득은 제자리걸음인데 평균 소득만 올라갑니다. 평균값은 사실 믿기 어려운 친구입니다.

"누군가 자꾸 불균형 문제를 알아차리려고 하면 그때마다 평균값을 쓰면 된다고!"

—니콜라 사르코지, 프랑스 제23대 대통령

Q 암표상과 증권사는 뭐가 다른가?

암표상

미래 수요를 예측해 이익을 남기는 첨단 직업 중 하나.

크게 다르지 않습니다. 둘 다 미래를 예측해서 베팅을 하고 수익을 냅니다. 다만 암표상은 정당하게 줄 서서 표를 사려는 사람들의 자리를 새치기합니다. 분명하게 피해를 주는 대상이 있습니다. 그리고 증권업은 등록된 장사니까 세금을 냅니다. 암표상은 내지 않고요(오스트리아 잘츠부르크 시에서는 암표상도 등록을 받아서 세금을 내게 하는 경우도 있다).

이 두 가지만 빼면 암표상이나 증권사는 큰 차이가 없습니다. 미래의 리스크를 감수하고 수익을 위해 노력합니다. 게다가 나름 과학적으로 접근합니다.

시장경제에서 거래의 본질은 상호 이익의 교환입니다. 소비자 후생을 높입니다. 비슷한 기회비용을 지급하며 거래를 합니다. 여기에 현재 가치는 물론 미래 가치가 숨어 있습니다. 그런데 일부 거래는 남의 기회를 슬그머니 뺏어 갑니다. 예를 들어 뉴욕 필하모닉 오케스트라가 뉴욕 센트럴파크에서 무료 공연을 합니다. 해마다 서민들이나 학생들은 이 기회를 기다려 최고의 공연을 즐깁니다. 그런데 어느 '대리 줄 서기 회사' 직원이 대신 줄을 서서 이 공연의 공짜표를 받습니다. 그리고 그 표를 자사 홈페이지에서 판매합니다.

가격은 '보이지 않는 손'에 의해 공정하게(?) 결정됩니다. 하지만 이 거래는 공정하지 않습니다. 설령 이 거래가 소비자 후생을 높여준다고 해도 공정하지 않습니다. 이유는 경제적으로 힘없는 계층이 뉴욕 필하모닉 공연을 볼 기회를 뺏었기 때문입니다. 뉴저지에서 온 가난한 노부부는 더 이상 줄을 서도 표를 구할 수 없습니다. 암표상에게 표를 살 기회를 뺏긴 뉴욕 양키스 골수팬도 마찬가지입니다.

마이클 샌델 하버드대학 교수가 우리나라에 와서 이런 질문을 한 적이 있어요. "인기 가수 비에게 자신의 소득 절반을 헌납하는 조건으로 군 복무를 면제해 주면 그게 옳은 것인가?"

그럼 수백, 수천 명의 소득세만큼 세수효과가 있겠죠. 하지만 이런 사회는 건강하지 않습니다. 합리적 가격 결정이라고 해도 사회적 가치를 약화시킵니다. 그러니 합리적인 거래가 꼭 옳은 것은 아닙니다. 경제학의 합리성은 절대 만능이 아닙니다.

암표를 막으려면 보다 세세하게 가격을 배분하면 됩니다. 가격 할당제라고 합니다. 야구장에서 포수의 숨소리까지 들을 수 있는 자리는 100만 원, 내야의 치어리더가 있는 자리는 20만 원, 이렇게 자리를 세분화합니다. 외야 구석 자리는 3만 원에 판매합니다.

수요 예측이 쉽지 않은 암표상은 어느 좌석에 어느 정도 표를 미리 구입해야 하는지 선택이 매우 어려워집니다. 하지만 이렇게 되면 또 서민은 좋은 자리에서 야구를 절대 볼 수 없게 됩니다(그 전에는 일찍 줄을 서면 가능했다).

어떤 가치를 합당한 시장 가치로 사고파는 게 반드시 좋은 것만은 아닙니다. 그래서 몇 해 전 방한한 마이클 샌델 교수의 강의도 출판사에서는 무료로 준비했습니다. 그런데 워낙 보겠단 사람들이 많아서 또 암표가 팔렸습니다.

유명 햄버거 가게는 왜 기다리는 사람들에게 대기표를 안 줄까?

파리바게뜨 계열사에서 미국의 유명 햄버거 체인점을 오픈했습니다. 한여름에도 줄이 길게 이어집니다. 워낙 줄이 길어서 회사는 대기표를 줄 것을 검토했지만, 그만뒀습니다. 회사는 왜 대기표를 포기했을까?

그럼 심부름 대행앱에서 대신 줄을 섭니다. 지금도 배달 서비스앱에서 대신 줄을 서서 배달 서비스를 해주는데, 대기표까지 주면 대리표를 사고팔게 되는 사태(?)를 걱정하고 있었습니다. "○○햄버거 맨 앞 줄 표 3만 원에 팔아요."

줄 서기 아르바이트생은 고생을 하고 대신 이 대기표를 팝니다. 대

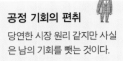

공정 기회의 편취
당연한 시장 원리 같지만 사실
은 남의 기회를 뺏는 것이다.

기표의 값은 그의 신성한 노동의 대가입니다. 이 거래가 과연 공정한가?

역시 공정하지 않습니다. 그럼 지급 능력이 있는 사람은 줄을 서지 않고, 지급 능력이 없는 선량한 소비자들의 줄은 더 길어집니다. 결국 암표를 단속하는 것도 이런 이유에서입니다. 이런 기회의 유용은 대기업 시장에서는 훨씬 판이 커집니다.

이를 '공정 기회의 유용' 또는 '공정 기회의 편취'라고 합니다. 대기업이 총수 일가 지분이 많은 회사와 거래하는 게 뭐가 잘못인가? 그 대기업과 거래하고 싶은 수많은 작은 회사들의 기회가 사라집니다. 그 수많은 작은 회사들의 기회를 편취하는 거죠. 그래서 정부가 일감 몰아주기를 규제합니다.

시장경제는 무한 경쟁을 권장합니다. 거래는 시장의 효용을 증가시킵니다. 하지만 그 조건은 공정해야 합니다. 남의 기회를 뺏어서는 안 됩니다. ○○햄버거가 대기표를 지급하지 않는 이유입니다.

Q '최대 다수의 최대 행복' 이론은 왜 위험할까?

최대 다수의 최대 행복
그런데 당신이 그 최대 다수가 아니고 소수라면?

시장경제에서 핵심은 효율성입니다. 시장경제는 효과와 능률을 믿습니다. 따지고 보면 우리 일상 대부분의 행동이 효율적인 결과를 위한 것입니다.

기업은 100원 투자해서 150원을 버는 것이 중요하고, 근로자는 100원의 임금을 받고 150원의 생산성을 보여주는 것이 중요합니다. 학생은 한 시간 공부해서 두 시간 반의 학습 효과를 기대합니다. 정부 역시 효과적인 국가 운영이 지상 과제입니다.

여기서 효율이란 일반적으로 '투입한 자본이나 노력^{cost} 대비 얼마나 혜택^{benefit}이나 효과, 수익이 나오느냐'입니다. 이 익숙한 이론은 제레미 벤담이나 존 스튜어트 밀 같은 이론가들을 통해 확인되고 강화돼 왔습니다. 그것이 공리주의^{功利主義}입니다.

곧 어떤 행위의 옳고 그름이 그 행위가 다수 대중에게 얼마나 이익을 주느냐에 따라 결정됩니다. 다수가 좋다는 것은 선^{善}입니다(다수의 이익을 뜻하는 공리^{公利}와는 조금 다르다). 우리는 그렇게 배웠습니다. 그래서 공리주의는 어떤 결정이 가급적 더 많은 사람의 이익에 부합해야 좋다고 설명합니다. '최대 다수의 최대 행복' 이론입니다. 그런데 이 '최대 다수의 최대 행복'이 항상 정답일까?

기독교인 검투사와 사자가 죽을 때까지 싸운다. 검투사가 느끼는 공포와 고통, 불행의 값은 10점이다. 수많은 관객이 이 싸움을 지켜본다. 보고 소리 지르고 즐긴다. 수만 명의 관객이 느끼는 희열과 즐거움은 모두 합쳐 10,000점이다. 다수의 행복에 비해 이 기독교 검투사의 고통은 1,000분의 1 수준이다. 죽음을 앞둔 기독교인 검투사의 고통은 수많은 관객들의 즐거움에 비하면 아무것도 아니다. 관객들의 즐거움은 검투사의 고통을 상쇄하고도 남는다. 이제 대중은 기꺼이 이 기독교인 검투사와 사자의 사투를 즐길 것인가?

그럼 우리 사회는 이 효율성 높은 경기를 매주 열어야 할까요? 장사도 잘되고 수익성도 높을 텐데요. 이처럼 '최대 다수의 최대 행복'이 항상 '절대 반지'가 될 수 없는 이유는 일단 그 손실과 효용의 점수를 정확히 측정하기가 어렵기 때문입니다.

어느 개발회사 사장님은 1억 원의 이익을 얻고, 작은 시골 마을 학생들은 1천만 원의 손해를 보는 사업이 있습니다. 최대 다수의 행복을 위해 이 학교를 폐교하는 것이 합리적입니다. 그런데 그 작은 시골 학교의 가치를 어떻게 계산할까요? 그 학교에서 만약 미래의 스티브 잡스나 이세돌이 탄생할 수도 있을 텐데요.

최대 다수의 수익을 계산할 때, 자칫 비도덕적 요소가 개입할 수 있습니다. A라는 선택이 B라는 선택보다 다수의 선택이고 최선의 선택일 수 있지만, 만약 부도덕한 가치가 개입한다면요?

열 명의 친구가 A라는 식당에 가기로 했다. 그런데 단 한 명의 친구가 굳이 B식당에 가자고 고집한다. 우리는 아홉 명의 의견을 따르는 것이 효과적이고 능률적이라고 믿는다. 그것이 합리적인 시장 참여다. 그런데 알고 보니 A라는 식당은 탈세를 해서 가격이 저렴하다. 이 사실을 확인한 친구 중 일곱 명은 여전히 A식당에, 나머지 세 명의 친구는 B식당에 가자고 주장한다. 이들은 어떤 식당에 가는 것이 옳은 선택인가?

계산이 어렵습니다. 게다가 부도덕이라는 측정 불가능한 가치가 끼어듭니다. 수많은 생명을 살릴 수 있지만, 인간 유전자에 동물 배아를 주입하는 실험을 허용하지 않는 이유도 이 때문입니다. 최대 다수의 최대 행복은 늘 정답은 아닙니다.

또 하나, 효율적인 생산을 하더라도 분배가 잘 이뤄지면 좋은데, 이게 또 쉽지 않습니다. 인류가 누진세 등 수많은 장치를 개발했지만, 여전히 쉽지 않습니다. 아니 오히려 더 심해집니다. 그래서 최대 다수의 최대 행복이 꼭 정답은 아닙니다. 정답일 때가 많을 뿐이죠. 그렇다면 인류는 지금까지 얼마나 다수의 행복을 우선해 왔을까?

"1798년 맬서스는 '식량은 산술급수적으로 늘어나는데 인구는 기하급수적으로 늘어난다'는 인구론을 발표한다. 먼 훗날 인구 과잉으로 식량 부족이 필연시 되고, 인간은 빈곤과 죄악에 떨어질 거라고 주장했다. 그는 이에 따라 노동자들의 임금이 생계 유지 수준에 머물러야 한다고 주장했다.

그는 또 14세기 유럽 인구의 절반을 몰살한 페스트에서 살아남은 사람들이 오히려 부를 축적했다고 주장했다. 그의 이론은 실제 식량 증산이 어렵던 시기, 영국의 지배 계층을 공포로 몰고 갔다. 영국 의회는 결국 가난한 농민들을 위한 복지 예산을 크게 줄인다. 소수의 가난한 계층을 희생해 인구를 줄이기 위해서였다. 결국 다수의 행복을 위해서였다."

— 토드 부크홀츠, 『죽은 경제학자의 살아 있는 아이디어』

존 롤스^{John Rawls}는 정치철학자이자 하버드대 교수입니다. 그런 그가 경제학자들에게 관심을 모은 것은 지난 1971년 『정의론』이라는 책을 펴내면서부터입니다.

"자유 의지에 따라 일을 해서 보상을 받는 것이 자유주의다. 구성원들이 공평하게 분배받는 것이 평등주의다. 능력에 따라 일하고 필요에 따라 분배받는 사회가 평등주의 사회다.

시민의 자유권은 평등하게 나뉘어야 한다. 누구는 이만큼 자유롭고 누구는 그보다 덜 자유로우면 안 된다. 분배 과정은 공정해야 한다.

불평등은 불가피하지만, 그래도 가장 형편이 어려운 사람에게 가장 혜택이 주어지는 선택을 해야 한다."

존 롤스는 어떤 결정에 열 명이 찬성하고 두 명이 반대하면 열 명의 뜻에 따르는 것이 합리적이라는 주장을 믿지 않았습니다. 다수의 더 큰 선을 위해 소수의 자유를 뺏는 것

존 롤스
정의가 무엇인가를 마이클 샌델보다 30년 먼저 고민한 하버드대 교수

을 정의라고 생각하지 않았습니다. 그 과정에서 소수의 자유를 강조했습니다. 또 다수를 위한 결정을 하더라도, 사회적으로 소수에게 혜택을 줘야 한다고 믿었습니다.

"사회주의 국가는 불평등을 인정하지 않는다. 자유주의 국가는 개인의 능력만 강조한다. 이들 국가는 정의롭지 않다. 정의로운 사회에서 동등한 시민적 자유는 보장된 것이다. 정의에 의해 보장된 권리들은 그 어떤 정치적 거래나 사회적 이득에도 좌우돼서는 안 된다."

창조적 능력을 지닌 사람이 더 많이 가져가는 것은 인정하지만, 그 경쟁은 공정해야 하고 능력이 뒤처지는 사람도 사회적으로 배려해야 한다는 것입니다. 불과 200년 전, 인류는 다수에게 이익이 된다는 이유로 아동의 하루 14시간 노동을 허가했습니다. 그것이 공장주는 물론 아이들에게 이익이 된다고 믿었습니다.

롤스는 공리주의의 이런 단점을 배격합니다. 롤스는 결국 가난한 사람, 장애를 가진 사람이 사회로부터 많은 혜택을 받는 사회가 정의로운 사회라고 정의합니다. '힘없는 소수의 최대 행복을 추구하는 사회가 정의롭다'고 말합니다.

롤스의 '정의론'이 다시 주목받는 이유는 시장경제가 지나치게 다

수의 이익을 신봉하기 때문입니다. 그것은 승자 독식[Winner takes all.] 사회로 이어집니다. 사회적 격차가 커지면서 롤스의 반론은 더 설득력을 갖습니다. 그는 불평등이 인정되려면 기회가 균등해야 한다고 강조했습니다.

지금 우리 청년들의 불평등이 인정되려면, 청년들에게 최소한의 균등한 기회가 보장돼야 합니다. 우리 사회는 과연 청년들에게 공정한 기회를 주고 있는가? 40여 년 전 정치철학자 롤스가 던진 질문은 지금도 유효합니다.

시장, 묻고 의심하고 생각하라

20년이 넘었다. 주로 경제부 기자로 일하면서 수많은 경제적 질문을 만난다. 그 질문은 매우 복잡하고 어렵다. 우리는 이 질문을 쉽게 풀어 시청자들에게 설명해야 한다. 보통 9시 뉴스에서 1분 20초의 시간이 주어진다. 예컨대 이런 거다.

- 물가가 오른 것만큼 내 소득도 따라 오른다면 내 지갑은 손해 본 것일까 아닐까?
- 달러화 가치가 오르면서 엔화 가치가 크게 내렸는데, 왜 우리 수출이 불리해졌다고 하는 것일까?
- 트럼프 미 대통령이 재정을 강화해 경기를 부양한다고 하는데, 왜 연준은 금리를 인상한다고 하는 것일까?

- 마트의 반찬값은 계속 오르는데, 도대체 왜 한은은 물가상승률을 1퍼센트대로 끌어올리기 위해 안달일까?

이런 질문들에 답할 수 있는 기자는 수도 없이 많다. 사실 그렇게 어려운 문제가 아니다. 그러니 이런 질문들에 답할 수 있는 학자나 교수, 전문가는 더 많다. 그런데 훨씬 더 일차원적이고 간단한 문제들은 어떨까? 예컨대 다음과 같은 질문들에 대해서는 답할 수 있는 사람의 수가 확연하게 줄어든다.

- 실업률은 전체 경제활동 인구 중 실업자의 비율이 아니다. 사실은 구직 의사를 밝힌 전체 구직 희망자 중에 실제로 직업을 구하지 못한 사람들의 비율이다. 그럼 '구직 의사를 밝힌 구직 희망자'라는 사실은 어떻게 확인할까? 기재부 직원이 노량진 학원가를 다니며 일일이 묻고 다닐까? "죄송한데요, 혹시 지난달에 어딘가 구직 의사를 분명히 밝히신 적 있나요?"
- 지난달 서울의 아파트 전셋값 상승률은 0.0981퍼센트다. 이건 도대체 어떻게 계산하는 것일까? 만약 한 아파트의 전체 가구 수가 1,200가구 인데, 이 중 700가구가 지난해 새로 전세 계약을 맺었다면, 이를 통계에 어떻게 반영할까? 나머지 500가구의 전셋값은 그대로인데? (이 질문은 실제로 기자실에서 문제가 된 적이 있다.)
- GDP는 한 나라 안에서 새로 생산된 부가가치의 합이다. 누군가 소비한 금액이 누군가의 소득으로 이어진다. 내가 미용실에서 오늘 소비한 3만 원은 미용실 주인의 소득 3만 원으로 이어진다. 그 3만 원은 또다른 곳

에서 소비된다. 우리 경제를 이롭게 한다. 미용실 주인이 올린 수입 3만 원은 따라서 3만 원의 GDP를 올린다. 우리나라의 1년 총 GDP인 1조 3,212억 달러 중 3만 원이 그 3만 원이다. 그렇다면 내가 스트레이트 파마를 하고 팁으로 지급한 추가적 1만 원은 GDP에 포함될까?

우리는 왜 이런 질문들에 답하기 어려운 것일까? 이들 문제는 기자실에서도 답이 빨리 나오지 않는다. 행정고시를 우수한 성적으로 통과한 수많은 공무원들도 답을 주저한다. 미안하지만 교수 사회는 더 잘 모른다. GDP 계산법은 잘 알지만, 가깝게는 노점상에서 영수증을 발행하지 않고 파는 어묵이 어떻게 GDP에 포함되는지를 아는 경제학자는 드물다.

우리는 어떤 진실이나 현상에 대해 주류^{主流}적 가치를 주로 찾는다. 곁가지는 대중의 관심을 받기 힘들다. 곁가지 문제도 대중의 관심을 받는 문제만 크게 부각된다. 게다가 답을 우선 찾는 사회다. 과정은 두 번째다. 과정을 잘 찾지 못한다. 학교 시험에서 늘 답을 우선적으로 찾았기 때문일까?

그런데 이제부터가 더 문제다. 답이 나오지 않는 경제적 문제들이 사실은 우리 주변에 더 많다. 그럼 해답이 아닌 모범답안을 찾아야 한다. 안 되면 차선 또는 대안이라도 찾아야 한다.

우리는 그런데 정답을 찾는 데 더 익숙하다. 아니면 모범답안을 고르는 게 더 편하다. 이도 저도 아닌, 답이 없는 문제가 나오면 우리는 당황한다. 가족이나 친구가 답을 찾아본 적이 없는 문제를 만나면 우리는 스스로 창의적 답을 찾는 데 익숙하지 않은 자신을 발견하게 된다. 예를 들어 이런 것이다.

- 한국의 재개발은 산동네를 허물고 아주 좋은 고층 아파트를 짓는 방식이다. 그런데 사업성이 좋은 재개발 단지는 지난 20여 년 동안 거의 대부분 사업이 완료됐다. 이제 사업성이 떨어지는 노후 주택 단지만 남는다. 고층 아파트를 올릴 사회적 에너지가 부족해진다. 그럼 이제 어떻게 할 것인가? 선진국은 어떻게 하나 살펴보려 했더니, 그들은 좀처럼 아파트에 살지 않는다……

- 우리는 왜 20만 원짜리 스피커를 사기 위해 7천 원 더 싼 소셜커머스를 찾아 헤매면서, 자동차 등록을 하면서 받은 도시철도채권은 별 생각 없이 바로 할인해서 팔아버릴까?

- 주로 주가지수를 추종하는 ELS 상품은 주가가 오를 때 좀처럼 손실 구간에 진입하지 않는다. 이 때문에 주가가 오르면 계속해서 투자자들이 유입되고, 그럴수록 인기상품이 된다. 하지만 주가가 계속 오르기만 할 수 없다. ELS의 인기가 지속될수록 뒤에 가입한 투자자나 해당 ELS의 위험은 더 커질 수밖에 없다. 그런데 왜 우리는 어떤 금융상품이 제일 인기일 때 그 금융상품에 가입할까? 그리고 손실을 볼까?

이런 질문들에 답이 어려운 이유는 뭘까? 우리가 살아온 방식이 늘 누군가를 따라 해 왔기 때문이다. 늘 제일 앞서가는 '1등'이나 '최고'를 따라왔기 때문이다. 1등이 되기 위해 1등이 사는 방식을 따라 하다 보니 그 방식이 최고라는 인식이 지배한다. 잠실의 중·고등학생들은 상당수가 버스를 타고 대치동으로 학원을 다닌다. 공부 잘하는

1등들이 주로 대치동까지 가서 수업을 하기 때문이다. 그래서 어머니들은 가급적 아이들을 대치동으로 보내려 한다. 공부를 잘하는 아이들은 자연스럽게 대치동 학원을 다닌다.

대치동 학원을 다녀서 공부를 잘하는 것인가? 공부를 잘하는 아이들이 그냥 대치동 학원을 다니는 것인가? 하여튼 잠실에서 자녀를 대치동 학원으로 보내는 것은 이제 '참' 명제가 됐다. 그러니 이제 '대치동 학원'이 아닌 답을 찾으려면 어려워진다.

우리 교육 현장에서는 주로 정답을 찾는 방식을 선택한다. 우리는 늘 정답이 있는 문제를 풀어왔다. 객관식에서 정답을 찾거나 아니면 주관식에서 정답을 찾거나……. 우리는 정답 또는 모범답안을 찾아야 했다. 오답은 잘못된 것이라고 교육받는다.

이 논리는 결국 남과 다른 생각은 '다른 것'이 아니라 '틀린 것'이라는 생각이 되기 쉽다. 아파트가 아닌 주택에 사는 것은 '다른 것'인데, 꼭 '틀린 것' 같다. 그래서 다들 아파트에 산다. 아니면 오피스텔.

우리는 시장의 방향이나 미래 가치를 예측할 때 한 방향으로 믿는 것을 좋아한다. 그래서 투자상품도 늘 한쪽으로 치우친다. 돈이 몰리고 사람들이 붐빈다. 심지어 책이나 영화도 남들이 주로 보는 상품을 선택한다. 하지만 돈은 늘 흐르고, 시장은 늘 바뀐다. 뒤늦게 그 투자 열차에 탑승한 시장 참여자(주로 중산층과 서민들이다)는 손해를 볼 수밖에 없는 구조다.

이렇게 우리가 시장에서 맞다고 생각한 수많은 진리(공리)들이 진짜 진실일까? 어느 범위까지, 언제까지 진실일까? 그 전문가가 오늘 던지는 해법이 진짜 해답일까? 그 교수의 설명, 그 경제신문의 분석은 진짜 미래를 올바르게 예측한 것일까?

수많은 전망과 예측이 난무하지만, 거시적으로는 어떤 경제위기도 예측하지 못한다. 위기는 늘 불쑥 찾아온다. 미시적으로 작은 주가의 흐름조차 빗나가기 일쑤다. 폭락하고 난 뒤에 분석만 요란하다. '얼치기 분석'과 '맹목적인 신봉'만 늘어간다.

우리는 혹시 우리가 원하는 답만 들으려 하는 것은 아닐까? 그렇게 제시된 해답은 어쩌면 '동굴 안에서 우리의 촛불에 비친 우리의 그림자'는 아닐까? 플라톤의 말처럼.

늘 큰 흐름을 따라가면 안심이 된다. '그들도 그렇게 하니까……' 하지만 그게 맞는 길일까? 진짜로 강한 경제학적 진실은 분석과 의심에서 나온다. 시장은 변하니까.

예컨대 재정지출이 정말 경기를 부양할까? 고용이 유연해지면 일자리가 늘어날까? 세금을 적게 거두면 소비가 늘어날까? 트럼프 식 경제는 정말 미국 경제를 망칠까? 인구가 줄면 진짜 잠재 성장률이 떨어질까? 복지를 늘리면 우리는 게을러질까? 금리를 낮추면 인플레가 찾아올까? 금리 인상은 진짜 증시에 불리할까? 미래엔 정말 VR시장이 커질까?

진짜 그럴까? 시장경제가 그렇게 단순할까? 우리가 예측할 수 있을 만큼? 이 중 몇 개의 질문은 이미 오답으로 드러나고 있다.

한 가지 답을 좋아하고 추종하는 우리는 그래서 더 오답을 고르기 쉽다. 금융시장도 부동산시장도, 기업들의 투자시장도 마찬가지다. 게다가 특정 시장은 오답을 유도한다. 그들은 우리가 그 골목으로 들어오길 기다린다. 그리고 수많은 사람들이 그 골목에 들어서면 골목의

문이 닫히고 어둠이 찾아온다. 손실이 난다. 후회가 이어진다.

　오늘 아침, 연초부터 이어진 '달러 상승 전망'에 베팅한 투자자들의 손실이 이어진다는 기사가 실렸다. 달러 관련 상품의 하락률이 커진다. 그 전망은 도대체 누가 한 것일까? 그리고 우리는 그 전망을 왜 믿었을까?

2017년 5월

김원장

현실을 직시하며 미래를 준비하는 경제 질문

초판 1쇄 2017년 6월 20일
초판 2쇄 2017년 8월 15일

지은이 | 김원장
펴낸이 | 송영석

편집장 | 이혜진 · 이진숙
기획편집 | 박신애 · 정다움 · 김단비 · 정기현 · 심슬기
디자인 | 박윤정 · 김현철
마케팅 | 이종우 · 김유종 · 한승민
관리 | 송우석 · 황규성 · 전지연 · 황지현 · 채경민

펴낸곳 | (株)해냄출판사
등록번호 | 제10-229호
등록일자 | 1988년 5월 11일(설립일자 | 1983년 6월 24일)

04042 서울시 마포구 잔다리로 30 해냄빌딩 5 · 6층
대표전화 | 326-1600 **팩스** | 326-1624
홈페이지 | www.hainaim.com

ISBN 978-89-6574-624-9

이 도서의 국립중앙도서관 출판예정도서목록(CIP)은 서지정보유통지원시스템 홈페이지(http://seoji.nl.go.kr)와
국가자료공동목록시스템(http://www.nl.go.kr/kolisnet)에서 이용하실 수 있습니다.(CIP제어번호:CIP2017012357)